Reliure Denel 1985

# INVENTAIRE DES TITRES

## DE LA

# MAISON DE MILLY

Tiré a cent cinquante Exemplaires

N°

Planche I.

## MAISON DE MILLY

MILLY DE THIL ou THY

# INVENTAIRE DES TITRES

DE LA

# MAISON DE MILLY

PAR

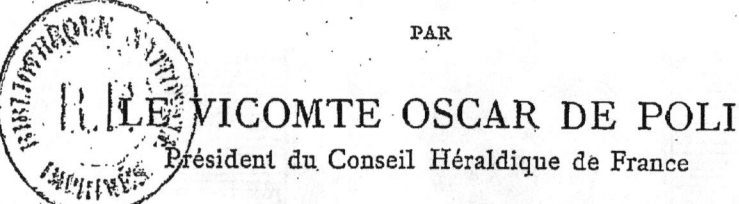

LE VICOMTE OSCAR DE POLI

Président du Conseil Héraldique de France

> Cui genus a proavis ingens...
> VIRGILE.

PARIS

CONSEIL HÉRALDIQUE DE FRANCE

21, AVENUE CARNOT, 21

1888

# INVENTAIRE DES TITRES

DE LA

# MAISON DE MILLY

## INTRODUCTION

### ÉTYMOLOGIE

Le nom de Milly, en latin *Miliacus, Milliacus, Melius, Meliacus, Milleius, Miletus, Milletus*, etc., se rencontre, dès le IX$^e$ siècle, dans deux diocèses très éloignés l'un de l'autre : des diplômes de Charles le Chauve, en 853 et 875, mentionnent *Miliacus*, en Biterrois[1], et *Miliacus*, près Chablis.[2] Milly, près Mâcon, apparaît dans un titre d'envi-

---

[1] Dom Bouquet, VIII, 525 ; « Fiscum qui dicitur Miliacus »
[2] *Id.*, VII, 253. — Du Chesne, *Scriptores*, III, 359.)

ron 950,[1] et, vers 1007, Guichard donne à Saint-Vincent de Mâcon une portion de ses héritages assis au territoire de Milly.[2] A partir du xie siècle, ce nom se multiplie et, sous des formes françaises qui varient selon les régions et les idiomes, s'applique à de nombreux fiefs, en Picardie, en Normandie, en Gâtinais, en Anjou, en Brie, en Poitou, en Périgord, en Lorraine, un peu partout.[3]

L'étymologie de *Miliacus* est des plus simples : elle indique un lieu où se cultive le mil.[4] Mais il serait téméraire d'en conclure que tous les fiefs en question durent leur vocable à cette culture. Avec l'hérédité des noms de famille, on voit naître un usage dont les exemples abondent, et qui explique, autrement que par une commune étymologie, l'homonymie de localités situées le plus souvent dans le même rayon, mais parfois très distantes les unes des autres : par un légitime sentiment d'orgueil et de piété familiale, les puînés imposaient à leur apanage, ou

---

[1] Ragut, *Cartul.*, p. 59 : «... in Milliaco villa ».

[2] *Ibid.*, p. 155, 156 : « Ego Wicardus dono.... in agro Meliacense... »

[3] Voy. le *Dict. des Postes* aux noms de Milly, Millay, Millet, Millé, Milay, Meilly, Milhac, Millac.

[4] Voy. Du Cange, V. *Miliacius, Miletum, Milletum.*

même aux biens qu'ils acquéraient par le mariage, le nom vénéré du berceau de leur race ; ils affirmaient ainsi la constance de leur attachement pour les lieux où ils avaient reçu le jour, où s'était épanouie leur enfance ; « c'était ce même sentiment qui portait les croisés à donner à tels de leurs fiefs de Terre Sainte des noms de France » ; [1] et, de fait, quand l'on constate au royaume de Jérusalem l'existence d'un fief du nom de *Melius*, [2] on ne peut douter qu'il le reçut de son premier possesseur, Guy de Milly, un des héros de la première croisade. [3]

---

[1] Voy. mon *Essai d'introd. à l'hist. généalogique*, p. 212, et mon *Précis généal. de la Maison de la Noüe*, p. 4.
[2] Pauli, p. 2. — Rey, *Colonies franq. de Syrie*, p. 412.
[3] *Inventaire*, 31, 33, 34, 41 44-49, 53, 56, 57, 67, etc.

ORIGINES

L'auteur de la maison de Milly fut peut-être un des compagnons de Rollon, du nom de « Sawalo » et d'origine finnoise. Sawalo ou Sawwalo est encore le nom d'un village de la Virlande,[1] qui fait partie de l'Estlande (Empire de Russie). Le w et le g s'employant indifféremment l'un pour l'autre, *Sawalo*, Sawalon, était identique à *Sagalo*, Sagalon, forme la plus usitée de ce nom, que les scribes anciens et modernes ont parfois étrangement dénaturé.[2]

Son origine finnoise est assurément plausible ; mais il convient de tenir compte de sa forme initiale, *Sasgalo, Saxwalo*, et il ne serait pas téméraire de la considérer comme

[1] Lettre de Mr H. R. Hiort-Lorenzen, 20 avril 1886 : « Je présume que le nom de Sawalo est d'origine finnoise. »

[2] Saswalo, Sasgalo, Saxwalo, Senswalo, Sasgualo, Sanxiwalo, Sanciusvalo, Saxovale, Sasunato, Sagolinis, etc. (Inventaire, 1-5, 13, 16, 22, 58, 75, 101.)

indiquant une origine Saxonne; plus d'une de nos grandes races féodales n'en eut pas d'autre, et, d'ailleurs, tel conquérant Northmann était d'origine Saxonne, comme par exemple Bernard le Danois, tige de l'illustre maison d'Harcourt.[1] Sans parler de Witikind, la maison de Gand descend de Wichmann, issu des anciens rois Saxons, et à qui l'empereur Othon Ier donna, en 949, à titre de comté, le château de Gand, qu'il venait de construire. Je suis de ceux qui inclinent à penser que l'usage des armoiries, des couleurs héraldiques, est plus ancien qu'on ne l'admet. Je note, sans prétendre en déduire une preuve quelconque, que les maisons de Gand et de Milly ont eu de temps immémorial le même blason : *de sable au chef d'argent.* [2]

Sagalon, vicomte d'Amiens en 985, peut être présumé père de Sagalon, sénéchal du

---

[1] Bernard le Danois « descendoit en ligne masculine de la Maison de Saxe et des anciens roys de Danemark. » (La Roque, *Maison d'Harcourt*, t. III, p. 1.)

[2] C'était aussi le blason de « Garnier de Greis », cousin de God. de Bouillon, qu'il suivit à la conquête de Jérusalem : « Wernerus de Greis castro ». (Alb. d'Aix, *Hist. hierosol.*, II, 22 ; ap. Bongars, p. 205.) « Greis » pourrait être identifié avec Grez, en Beauvaisis ; mais c'est plutôt Greux, arr. de Neufchâteau (Vosges), et non Gray (Haute-Saône), comme on l'a dit. (Borel d'H., *Ann.*, II, 342. — Goussencourt, *Armor. des Croisés.)*

comté de Champagne à partir de 1019, présent en 1032 à la fondation de l'abbaye d'Épernay, — vers le même temps, témoin avec Hugues de Milly (*Hugo de Melius*) d'une donation faite à l'abbaye de Saint-Père de Chartres par Eudes, comte de Champagne, — châtelain de Lille en 1039 et fondateur de l'abbaye de Saint-Christophe de Phalempin.[1] La filiation des sires de Milly, en Beauvaisis, partie intégrante de la Picardie, se suit par titres authentiques à partir de Sagalon de Milly, qui, en 1042, fut témoin d'une donation faite à l'église d'Amiens par Thibaut, comte de Champagne, et Étienne, son frère.[2] Les Milly du Gâtinais, de Champagne, de Flandre, d'Anjou, et très probablement les Milly de Normandie, ne furent que de puissantes ramifications du même tronc antique, fixé dès le x$^e$ siècle en Picardie : c'est ce que nous essaierons d'établir après avoir étudié leurs armoiries.

[1] Num. 2-5, 7, 8. — Dès le milieu du x$^e$ siècle, il y avait à Milly, près Mâcon, une chapelle consacrée à Saint-Christophe (Ragut, p. 59.)
[2] *Inventaire*, 9.

## ARMOIRIES

Les sires de Milly, en Beauvaisis, portaient : *de sable au chef d'argent.* Supports : *deux lions d'argent.* Cimier : *un cygne.*

Les sires de Milly, en Gâtinais : *de sable au lion d'argent.*

Les Milly, de Champagne : *bandé d'argent et de sable, de six pièces.*

Les seigneurs de Milly, au comté de Mortain : *de sable au chef d'argent.* [1]

Les seigneurs de Milly, en Anjou : *de sable au chef denché d'argent.* [2]

Toujours et partout les mêmes couleurs : noir et blanc. [3] Avec le temps et la multipli-

---

[1] Rietstap, *Armor.*, 2ᵉ éd., p. 227.
[2] Denais, *Armor. de l'Anjou*, II, 387.
[3] La Maison de Bulles est tenue par maints auteurs comme étant du même tronc que la Maison de Milly. Manassès, sire de Bulles, mort à la Croisade en 1148, portait *gironné de sable et d'argent de 8 p.* (Salles des Croisades), ce qui équivaut à *de sable à la croix d'argent.* (Borel d'H., *Ann.*, II, 355.)

cité des brisures, s'attaquant aux meubles ou aux couleurs de l'écu originel, celui-ci finit, dans quelques branches, par s'altérer et se déformer; mais, jusques au xiv$^e$ siècle, les sceaux et les recueils des hérauts attestent l'authenticité des blasons ci-dessus décrits, et il en résulte une présomption grave de communauté d'extraction entre tous ces lignages homonymes ; présomption que viennent encore étayer, comme on verra, d'autres données.

GATINAIS

Milly en Gâtinais faisait partie du diocèse de Sens. Jonas, moine de Saint-Wandrille, auteur d'une vie de saint Vulfran, évêque de Sens au VII$^e$ siècle, note que Vultbert, vaillant guerrier, père du saint évêque, possédait en bien patrimonial le lieu de *Mauriliacum* en Gâtinais,[1] et dom Bouquet, après d'autres auteurs, identifiant ce lieu avec *Milliacum*,[2] on a voulu voir dans Vultbert l'auteur des sires de Milly en Gâtinais ; mais le nom de Milly n'y apparaît qu'au XI$^e$ siècle, et d'ailleurs, *Mauriliacum* n'est certainement pas la forme initiale de *Milliacum* ; ce sont deux dénominations absolument distinctes ; il suffit de se rappeler qu'autrefois les finales *illy* et *igny* s'employaient fréquemment l'une pour l'au-

---

[1] *Hist.*, III, 637 : «... exordium nativitatis territorio Wastinensi habuit, patrimonio nuncupante Mauriliaco... »

[2] *Ibid.*, note 1 : « Pagus Wastinensis, vulgo *le Gastinois*, in quo Mauriliacum seu Milliacum, *Milly*... »

1*

tre, pour concevoir que *Mauriliacum* doit désigner l'importante terre de Maurigny ou Morigny en Gâtinais.[1]

Vers 1033, Sagalon et Hugues de Milly (des Milly du Beauvaisis) sont témoins d'une donation faite par Eudes, comte de Champagne, à Saint-Père de Chartres, et, vers le même temps, Guy, fils de Sagalon, est témoin d'une restitution faite à cette abbaye par Dreux, comte d'Amiens. En 1066, Sagalon est témoin d'une autre restitution faite à la même abbaye par la veuve d'Hugues de Mantes, chevalier.[2] Or le diocèse de Chartres confine au Gâtinais, où nous trouvons, en 1085, Adam, sire de Milly,[3] à partir duquel la filiation des Milly du Gâtinais se suit par titres. Je n'hésite pas à le considérer comme le premier possesseur de ce fief, auquel il imposa le nom de son lignage, et comme issu des sires de Milly en Beauvaisis. Quelques indices viennent appuyer cette présomption : tout d'abord, l'identité des couleurs héraldiques ; puis les très anciens rapports des Milly du Gâtinais avec le diocèse de Beauvais, berceau de leur race. Vers 1100,

---

[1] Auj. commune du canton d'Étampes (Seine-et-Oise).
[2] *Inventaire*, 4, 6, 11.
[3] *Ibid.*, 19, 25, 26.

Foulques, fils aîné du dit Adam, est témoin de donations faites à Saint-Michel de Beauvais. Vers 1220, Guillaume, sire de Milly en Gâtinais, possède encore en Beauvaisis des fiefs qu'il vend au comte de Saint-Pol.[1] Mais une preuve irrécusable de consanguinité originelle est celle-ci : vers la fin du XIIIe siècle, les Milly du Gâtinais vont s'illustrer, sous le surnom de l'Estendard, dans le royaume de Sicile, où ils font souche de hauts et puissants barons sous le nom de Stendardo. Au siècle suivant, les Milly du Beauvaisis, pour affirmer la communauté d'origine et de gloire, se parent du surnom de l'Estendard.[2]

Appauvris, sans doute par l'exercice de la noblesse et les charges militaires, les Milly du Gâtinais vendent, en 1287, leur terre patrimoniale ; alors commence leur décadence, la ruine se précipite avec la déchéance : en 1568, Étienne de Milly est procureur au Châtelet de Paris ! Procureur, c'est-à-dire exerçant un office tenu pour bas, le descendant d'un lignage de puissants châtelains, alliés aux Nemours, aux Lorris, aux Bouteillers de Senlis, aux sires de Sully, de Sancerre, de Baux, aux comtes de Flandre, de la maison

---

[1] *Ibid.*, 27, 312.
[2] *Ibid.*, 619, 623, 625, 627, 630, 638, 641, 651, 667.

de Dampierre !... Voilà comme on tombait, mais voici comment on se relevait : de 1569 à 1585, cet humble procureur est qualifié chevalier, conseiller du Roi et premier président en la cour des Aides.[1]

[1] *Ibid.*, 520, 540, 567, 914, 916, 933, 940, 943.

## NORMANDIE

Vers 1068, Riwallon est seigneur de Milly, au comté de Mortain.[1] Il avait très probablement été des compagnons de Guillaume le Conquérant en 1066, puisque Roger de Milly, présumé son fils, était possessionné en 1081 dans le comté de Leicester. Roger peut être présumé père de : 1° Guillaume, seigneur de Milly en 1082, dont le fils aîné, Alfred, mourut à la croisade ; 2° Rasse, doyen de Mortain ; 3° Hugues, vivant en 1088. Je n'ai pu, malgré d'opiniâtres recherches, découvrir un seul sceau de ces Milly normands. J'incline à les considérer comme un ramage des Milly du Beauvaisis, sans autre fondement que l'homonymie et l'identité parfaite des armoiries. J'ajoute qu'on y trouve en 1264 un *Garnier* de Milly, qui devait très probablement son prénom au retentissant éclat jeté

---

[1] Auj. commune du canton de St Hilaire-du-Harcouët (Manche).

sur sa race par le glorieux trépas de Garnier de Milly, dit de Naplouse, grand-maître des hospitaliers de Jérusalem, tué à la bataille de Tibériade.[1]

Je me fais un devoir de signaler aux érudits normands un tableau filiatif de cette maison chevaleresque,[2] alliée aux Clinchamp, Crespin, Carrouges, Soissons, Mallet, Brucourt, la Rivière, Angerville, Bricqueville, Beaufort, Manneville, Achey, Bricquebec, Foulognes, des Hayes, Préaux, Limésy, Longeville, Maillard, Assigny, Voves, etc.

[1] *Inventaire*, 12, 15², 20, 21, 241, 489.
[2] *Pièces Orig.*, Milly, 52.

FLANDRE

Sagalon, — présumé fils de Sagalon, vicomte d'Amiens en 985, et présumé père de Sagalon, sire de Milly (Beauvaisis) en 1042, — était châtelain de Lille en 1039. L'origine des Milly du comté de Flandre peut remonter à cette date. Ce qui est certain, c'est que vers 1095 Manassès, évêque de Cambrai, fit don de plusieurs fiefs à Albod de Milly, chevalier,[1] père de Guy, qui fut un des preux de la première croisade, l'époux de Stéphanie ou Étiennette de Flandre, et l'auteur d'une vaillante lignée de défenseurs de la Terre Sainte.

Garnier de Milly, dit de Naplouse, grand-maître des hospitaliers, portait *de sable à la croix ancrée d'argent*;[2] c'était vraisembla-

---

[1] *Inventaire*, 7, 8, 24, 50, 108-111.
[2] *Ibid.*, 240.

blement le blason adopté par les Milly établis dans le royaume de Jérusalem, et l'identité des couleurs héraldiques est un sérieux indice de leur communauté d'extraction avec les Milly du Beauvaisis.

ANJOU

En 1117, Geoffroy de Milly, chevalier, restitue à Saint-Florent de Saumur des biens qu'il avait usurpés. Il paraît avoir été l'auteur des Milly angevins, et avoir donné le nom de sa race au fief [1] qu'il possédait près de Saumur. Son sceau portait un écu à un chef denché. Il était très probablement issu des Milly du comté de Mortain. [2]

[1] Auj. Milly, en la comm. de Gennes.
[2] *Inventaire*, 37, 38, 141.

BOURGOGNE

En 1035, Sagalon (des Milly du Beauvaisis) souscrit une charte de Thibaut, comte de Champagne, en faveur de l'abbaye de Saint-Germain d'Auxerre. En 1167, Eudes de Milly est posessionné près de cette ville. Il n'est pas téméraire de déduire de ce rapprochement la communauté d'origine entre les Milly du Beauvaisis et leurs homonymes bourguignons. Ces derniers possédaient, près de Chablis, le fief de Milly, qui fut peut-être le domaine originel de la race et celui d'où elle tira son nom, car on le voit cité dans un diplôme de Charles le Chauve, de l'an 875 [1]. Les fiefs de Milly, non loin de Beaune, de Milly, près Dun-sur-Meuse, et de Milly, près Mâcon, durent peut-être leur dénomination à des membres de cet antique lignage ; mais il importe de noter que ce dernier fief était

[1] Dom Bouquet, VII, 253. — Du Chesne, *Scriptor.*, III, 359.

ainsi nommé dès la seconde moitié du xe siècle.[1] J'ajoute qu'il ne m'est pas prouvé que les noms de famille ne soient pas d'un usage plus ancien qu'on ne l'admet; s'ils n'apparaissent pas dans les chartes antérieures au xie siècle, n'est-ce point parce qu'elles étaient écrites par les moines ou les prêtres, qui professaient un parfait dédain pour tous autres noms que ceux du baptême[2]?

Le sceau de Jean, dit Bourgoing de Milly, en 1376, porte un écu à un chef denché. Bourgoin de Milly, son fils, était en 1410 écuyer du comte de Nevers, frère du duc de Bourgogne[3].

[1] Ragut, p. 59.
[2] Voy. mon *Essai d'introd. à l'hist. généalogique*, p. 218.
[3] *Inventaire*, 32, 39, 158, 644, 711.

CHAMPAGNE

Les Milly de Champagne et de Brie sont indubitablement issus des Milly de Beauvaisis. Dès l'an 1019, ces derniers remplissent les plus hautes charges à la cour des comtes de Champagne [1]; on voit qu'ils étaient possessionnés très anciennement près d'Epernay, puisqu'en 1074 Sagalon de Milly donne à l'abbaye de Saint-Martin d'Epernay l'église de Chamery. Plusieurs donations faites aux abbayes et aux hôpitaux du diocèse de Beauvais, de 1175 à 1229, par les Milly Champenois, attestent irrécusablement leur origine [2].

[1] *Invent.*, 2-5, 9, 13, 14, 16, 150, 160, 172, 176, 177, 180, 188, 193, 205, 209, 214, 228-230, 246, 265, 276, 278, 283, 287, 295, 318, 319, 321, etc.
[2] *Invent.*, 13, 182, 192, 352.

## MILLY DE THY

La seule branche vivante de la Maison de Milly a eu pour auteur « Richard de Milly, damoiseau de Villars » [1], marié vers 1275 à Aline ou Hélène de Thil, d'une antique et illustre maison de Bourgogne[2]. Leur postérité, suivant un usage dont on trouve d'innombrables exemples, adopta le nom de Thil, qui se prononçait Thi, et qui est aujourd'hui défiguré sous la forme de Thy [3]. Villars était un des fiefs des Milly du comté de Champagne; Richard de Milly, damoiseau de Villars, était donc indubitablement issu de ces derniers. Ses descendants ne portèrent plus, pendant

---

[1] *Ibid.*, 528.

[2] Milon de Thil fit, en 1008, une donation à l'abb. de Flavigny. *(Cartul. de Flavigny.)*

[3] Messieurs de Milly de *Thy*, ayant un droit six fois séculaire au nom de *Thil*, devraient restaurer dans leur appellation patronymique la forme initiale de ce grand nom chevaleresque.

longtemps, que le nom de Thil; mais ils affirmèrent leur origine, le souvenir de leur extraction, en imposant à leur fief de Courcelles le nom de Milly, qu'il ne devait plus quitter [1]. Lorsque s'éteignirent les Milly du Beauvaisis, au XVIIIe siècle, ceux de leurs titres que le temps avait épargnés passèrent aux mains des Milly de Thy; ils forment aujourd'hui la portion la plus importante du chartrier du château de Berzé [2], appartenant à M. le comte Gabriel de Milly.

[1] *Inventaire*, 894.
[2] Près Saint-Sorlin (Saône-et-Loire).

SERVICES RENDUS A LA RELIGION

On ferait un livre rien qu'avec l'historique des services rendus à la religion, à la civilisation chrétienne, par les Milly, depuis neuf cents ans. Les donations charitables, les legs pies, les fondations religieuses abondent dans leurs annales de famille. Ils ont donné à l'Église un nombre considérable de dignitaires, dans les diocèses de Beauvais, de Sens, de Chartres, de Reims, de Soissons, de Laon, d'Orléans, de Coutances, de Noyon, d'Amiens, des abbés et des abbesses de monastères dès le XII$^e$ siècle, une foule d'écclésiastiques et de religieux. Tel de leurs preux, comme Guillaume de Milly, dépouilla le harnois chevaleresque pour revêtir l'humble bure des cloîtres[1]. Sous Henri III et son successeur, on les voit au service de la Sainte Union catholique [2], qui empêcha le royaume très chrétien de verser

[1] *Inventaire*, 21.
[2] *Ibid.*, 943, 949, 952.

dans la prétendue réforme. On ferait un livre aussi, et quel beau livre ! des bienfaits dont les Milly comblèrent, avec une prodigalité héditaire, les abbayes, les prieurés, les établissements hospitaliers, toutes les institutions qui servaient au bien-être moral et matériel des populations ; noble et libéral lignage qui savait être riche, une science qui s'en est allée, comme tant d'autres vertus d'autrefois ! En 1540, Jehan de Milly, entre autres preuves irrécusables de sa noblesse de race, invoque devant les élus de Beauvais ce fait que ses ancêtres ont « toujours vécu de leur bien et revenu noblement, faisant gagner mécaniques (aux ouvriers) leur vie en leur service » [1].

[1] *Ibid.*, 873

## SERVICES MILITAIRES

Les Milly sont à Bouvines, en 1214, avec Philippe-Auguste [1]. Leur glorieux nom se rencontre ensuite, presque à chaque page de nos fastes nationaux, dans le formidable duel de 300 ans entre la France et l'Angleterre. Ils sont chevaliers bannerets, chevaliers bacheliers, écuyers, hommes d'armes, archers des ordonnances, centeniers, colonels, capitaines des vaisseaux du Roi, chevaliers de Saint-Louis. Pour eux, le patriotisme n'est pas le sang des autres, et c'est le leur qu'ils prodiguent héréditairement ; leurs branches disparaissent successivement dans un rayon de gloire ; c'est une traditionnelle et superbe émulation de sacrifice ; il n'en subsiste qu'une, fidèle obstinément aux nobles et saintes amours des aïeux. Jean de Milly, chevalier, est tué à Poitiers, en 1356. Jacques de Milly, dit

---

[1] *Ibid.*, 284, 350, 392.

l'Estendard, écuyer du brave Dunois, est fait chevalier en 1429, sur ce champ de bataille de Patay dont un magnanisme héroïsme a ravivé de nos jours la vieille et splendide auréole. François et Christophe de Milly sont tués en Italie dans les guerres du roi chevalier; Louis de Milly, en 1656, au siège de Valenciennes; Jacques et Louis-François de Milly de Thy, en 1672, dans les guerres de Hollande; Jean de Milly de Thy, lieutenant au régiment de Normandie, en 1702; Nicolas, capitaine au régiment d'Aquitaine, en 1760; le chevalier de Milly, en 1761, dans la Hesse; Georges de Milly, capitaine au 7e chasseurs à cheval, en 1871, au siège de Paris. Et je ne nombre pas les blessures reçues au service du Roi, c'est-à-dire de la Patrie Française. Ce que Jehan de Milly disait avec un légitime orgueil, en 1540, de ses ascendants, nous pouvons le dire de ses descendants : « Beaucoup ont esté occis belliqueusement, comme gens de noble couraige. »

CROISÉS

La gloire la plus grande de cette chevaleureuse lignée est la part considérable qu'elle prit aux guerres saintes et qu'attestent près de 80 chartes. De la première à la dernière croisade elle ne cessa de donner au Christ d'impavides soldats, d'arroser de son généreux sang la terre du divin Sépulcre.

Trois cents ans avant les chrétiennes vaillantises de Godefroy de Bouillon, le pape Jean VIII avait proclamé « que les victimes de la guerre sainte étaient des martyrs, et que leur sang, versé les armes à la main, entraînait la rémission de leurs péchés [1]. » Guy de Milly, époux de Stéphanie de Flandre, accompagna le comte de Flandre, son seigneur et parent, à la première croisade et fit souche en Palestine d'une grande et glorieuse dynastie féodale, investie par les rois de Jérusalem

[1] *Arch. de l'Orient latin*, t. I, p. 22-23.

des principautés de Naplouse (Samarie), de Montréal et de l'Arabie Pétrée. Philippe de Milly, fils aîné de Guy, fut grand-maître des Templiers ; Garnier de Milly, dit « de Naplouse », tué à la bataille de Tibériade, fut grand-maître des Hospitaliers. Vingt chevaliers du nom de Milly, outre Guy, Philippe et Garnier, se comptent parmi les défenseurs de la Terre Sainte : Alfred, mort à la première croisade ; Henri, dit le Buffle, et Guy, dit le Français, frères du dit Philippe ; Baudouin, Raymond et Bohémond le Buffle (1150-1175); Rainier, fils aîné du dit Philippe (1150-1178); Étienne le Français, appelé aussi Étienne de Naplouse (1158-1168); Guérin de Naplouse, chevalier du Temple (1175); Baudouin le Français (1178); Pierre, sire de Milly, en Beauvaisis (1146); Sagalon et Robert, templiers (1147-1179); Robert, chevalier champenois, croisé en 1179 et 1189; Sagalon, sire de Milly (Beauvaisis), et Pierre son fils aîné (1190) ; Guillaume, sire de Milly en Gâtinais (1220); Jean, chevalier et Trésorier du Temple (1214-1229); Gautier de Milly (Champagne), en 1241 ; Barthélemy, templier; Foulques de Milly, aussi chevalier du Temple et commandeur de Sérier (1270-1309); Pontus, Pierre et Jean, croisés, en

1372 pour aller au secours de l'Ordre Teutonique ; Pierre, chevalier de Rhodes en 1397 ; Jacques, grand-maître des Hospitaliers en 1454; Pierre, chevalier de Rhodes en 1472; François de Milly de Thy, chevalier du même ordre (1547); puis plusieurs chevaliers de Malte, de 1602 jusqu'à nos jours. Quel saisissant exemple de la perpétuité des traditions héroïques, de la constance héréditaire dans le dévouement à Dieu, dans le culte de l'honneur, dans l'esprit de chevaleresque sacrifice ! Historiquement, le cycle des croisades était depuis longtemps fermé, que cette race de preux bataillait toujours contre les Infidèles : tel, Antoine de Milly de Thy, commandant l'armée navale des Vénitiens, tué en 1669 en défendant Candie contre les Turcs.

Notons qu'à la chute du royaume de Jérusalem, les descendants de Henri de Milly, surnommé le Buffle, passèrent au service des rois de Chypre, où nous trouvons en 1374 Jacques le Buffle, chevalier, et j'incline à rattacher au même estoc « Nicolas de Milias », chevalier chypriote, vivant un siècle après [1].

[1] *Inventaire*, 639, 801.

HONNEURS

*Fidelis sed infelix* ! C'est la devise des Milly de Thy ; elle pourrait être, comme pour tant d'autres maisons d'ancienne chevalerie : *Plus d'honneur que d'honneurs !* Et pourtant, combien d'honneurs depuis neuf cents ans ! Dès le XIIe siècle, les sires de Milly comptent parmi les châtelains de France, tant en Gâtinais qu'en Beauvaisis. Sous Philippe-Auguste, ils ont trois chevaliers bannerets. A Jérusalem, dès la conquête, ils prennent rang parmi les hauts barons du royaume. C'est la seule famille qui ait donné un grand maître à la chevalerie du Temple et deux grands maîtres aux Hospitaliers. Pendant toute la période féodale, ils paraissent dans les chartes avec les qualifications les plus relevées : sire, monseigneur, noble et puissant seigneur. Au XIe siècle, ils ont un sénéchal de Champagne ; au XIIIe, des baillis d'Amiens, d'Arras, de Mâcon, du comté d'Eu, un lieu-

Planche II.

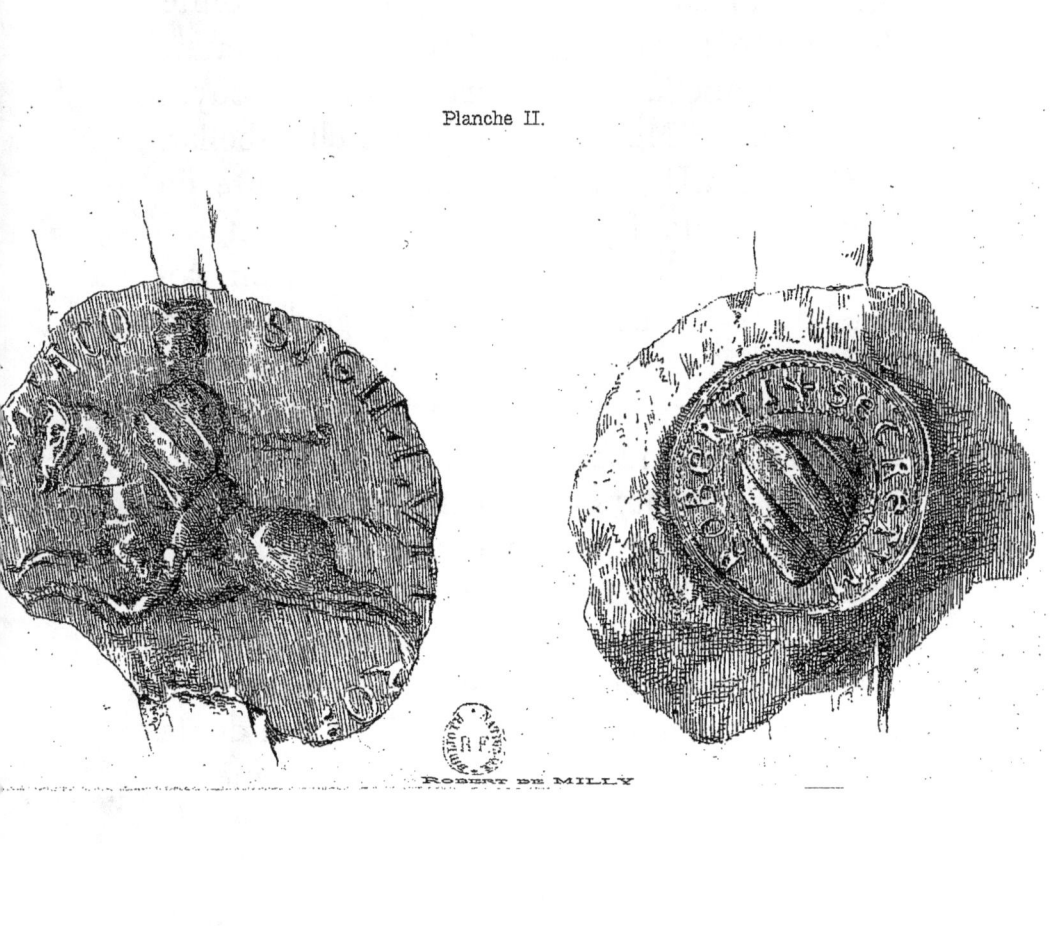

Robert de Milly

tenant du Roi en Albigeois, deux grands chambellans de Champagne; en Sicile, il sont comtes de Loreto, grands sénéchaux, maréchaux, amiraux. Un bailli royal de la comté de Bourgogne (1319); un écuyer, un panetier, deux chambellans de Charles VI; un écuyer du comte de Nevers (1410); un chambellan de Charles VII; au XVIe siècle, un comte de Saint-Jean de Lyon, un commandant de l'arrière-ban du Beaujolais; au XVIIe, un colonel du régiment de Milly, un page du grand maître de Malte; au siècle suivant, un mestre de camp de dragons, des chevaliers de Saint-Louis, des chambellans et des dames d'honneur dans les cours de Wurtemberg, de Saxe-Cobourg et de Brandebourg-Anspach, un grand-croix de l'Aigle-rouge, un lieutenant des maréchaux de France, des capitaines de vaisseaux, des chefs d'escadre, des chanoinesses de Coize et de Leigneux, un élu de la Noblesse de Mâconnais; un gentilhomme de la Chambre de S. M. le roi Charles X; et, de nos jours, des chevaliers de Saint-Grégoire le Grand, de Charles III, de l'Étoile Polaire, un officier de la Légion d'Honneur, des commandeurs des Ordres du Christ, de Saint-Wladimir et de Saint-Stanislas de Russie.

Le laurier scientifique couronne l'illustration de ce grand nom : le comte Nicolas-Christiern de Milly de Thy, mort en 1784, membre associé de l'Académie des sciences, auteur de découvertes importantes, ami de Laplace, qui fut son exécuteur testamentaire, a laissé la réputation d'un savant émérite ; au bas de son portrait, gravé par Ransonnette en 1773, se lit son panégyrique en huit vers, dont je ne citerai que celui-ci :

A la naissance il joignit les talents.

En terminant cette introduction, j'ai à cœur de témoigner ma gratitude aux érudits dont l'aide courtoise m'a permis de compléter mon *Inventaire* et d'élucider plusieurs questions : M[r] l'Abbé Desmazières, curé doyen de Milly (Gâtinais) ; Mr Hiort-Lorenzen, ancien préfet, l'éminent directeur du *Nationaltidende* et de l'*Annuaire de la Noblesse de Danemark*, membre honoraire du Conseil Héraldique de France ; Mr L. Marquis, de la Société archéologique de Rambouillet, qui prépare une étude historique et généalogique sur les sires de Milly (Gâtinais) ; Mr Joseph Depoin, le très serviable secrétaire général de la Société Archéologique du Vexin, membre honoraire du Conseil Héraldique ; Mr Alphonse Roserot, le savant archiviste de la Haute-

Marne; M^r Alphonse Couret, ancien magistrat, docteur en droit et ès lettres, membre honoraire du Conseil Héraldique, auteur d'une *Histoire de l'Ordre du Saint-Sépulcre* qui est un monument d'érudition.

# INVENTAIRE

# INVENTAIRE

**1.** 985, Amiens[1]. — Sagalon est l'un des vicomtes de Gautier, comte d'Amiens. — « Olim non modica contentio fuit inter nos et comitem Ambianensem ac ejus vicecomites Roriconem et Sasgalonem... Ego Walterus gratia Dei Ambianorum comes... nostri fideles Rorico et Saxwalo... Signum Saxwalonis. » — (Moreau, XII, 119, anc. mss. de l'abb. de Corbie. — *Pic.*, CCXXXIII, 107 v., extr. du *Cartul. de l'abb. d'Homblières.*)

**2.** 1019-1029. — Sagalon, sénéchal d'Eudes, comte de Champagne : «... Sasunato, senescalcus meus. » — (*Gall. christ.*, IX, 496 ; « Sasuuato » a été mal lu pour « Sasuualo. » — H. d'Arbois de Jubainville, *Ducs et comtes de Champ.*, t. I, n° 33.)

**3.** 1032. — Sagalon est tém. de la fondation de l'abb. d'Épernay par Eudes, comte de Champagne :

---

[1] Toutes les dates des *Preuves* sont en style moderne.

« ... Testes : Senswalo... » — (*Spicil.*, XIII, 281-283. — H. d'Arbois, *op. cit.*, t. I, n° 35.)

**4.** V. 1033. — Sagalon, sénéchal d'Eudes, comte de Champagne, et Hugues de Milly sont tém. d'une don. faite par ce prince à l'abb. de S. Père de Chartres : « Ego Odo, gratia Dei palatinus comes... meo nomine nominibusque fidelium meorum corroborari jussi : Odo, palatinus comes. Sansgualo senescallus. Hugo de Melius. Hilduinus de Ramerud. Hugo de Versaliis. » — (Guérard, *Cartul. de S. P. de Ch.*, p. 125. — H. d'Arbois, *op. cit.*, t. I, n° 36.)

**5.** 1035. — Sagalon souscrit le premier une sentence de Thibaut, comte de Champagne, en faveur de l'abb. de S. Germain d'Auxerre : « Signum Saxwalonis. » — (Quantin, *Cartul.*, II, 89. — H. d'Arbois, *op. cit.*, t. I, n° 41.)

**6.** Av. 1036. — Guy, fils de Sagalon, Gautier le Français, etc., sont témoins d'une restitution faite à l'abb. de S. Père de Chartres par Dreux, comte d'Amiens : « Signum Guidonis, filii Sansgualonis. Signum Gualterii Franci. » — (Guérard, *op. cit.*, p. 174. — Moreau, XXIV, 196.)

**7.** 1039, Tournay. — Hugues, évêque de Noyon

et de Tournay, approuve la fond. de l'abb. de. S. Christophe de Phalempin par Sagalon, châtelain de Lille : «... quatenus ibi Saswalo, castellanus Insulensis, abbatiam ædificaret in honore S. Christophori, in cujus abbatiæ dotem idem Saswalo terras assignat... » — (Miræus, *Op. diplomat.*, I, 53 ; *Codex donat. piarum*, p. 146 ; *Not. eccl. Belgii*, p. 159. — Van der Haër, *Châtelains de Lille*, p. 153. — *Gall. christ.*, III, instrum., c. 65.)

8. — Le Pape Benoît IX mande à Sagalon, châtelain de Lille, qu'il confirme la fond. de l'abb. de Phalempin. — (Buzelin, *Gallo-Flandria*, p. 370. — Wauters, *Diplom. Belg.*, I, 480.)

9. 1042, Épernay. — Sagalon de Milly souscrit la charte d'une don. faite au chapitre d'Amiens par Thibaut et Étienne, son frère, par la grâce de Dieu comtes de France : «... Signa laïcorum qui de curia comitum fuerunt : ... Signum Sagalonis de Miliaco... » — (*Gall. christ.*, XI, 424. — Du Chesne, *Guines*, preuv., p. 316. — Villevieille, *Trés.*, LVIII, 62. — H. d'Arbois, *op. cit.* t. I, n° 44.)

10. 1065. — Charte de Philippe, roi de France, pour l'abb. de S. Médard de Soissons : «... a Theodorico, majore de Crouiaco de Sasualone... » —

(*Pic.*, CXI, 32. — Crouy-le-Sagalon, auj. Mesnil-Eudin, près Oisemont, Somme.)

**11**. 1066. — Sagalon est tém. de la restitution de Génesville à S. Père de Chartres par Adèle, veuve d'Hubert de Mantes, chevalier » :... Testes sunt : Sansgualo... » — (Guérard, *op. cit.*, p. 186.)

**12**. V. 1068. — Riwallon, sire de Milly, approuve une concession faite à l'abb. de Redon : «... Riwallono, domino de Mille... » — (A. de Courson, *Cartul. de Redon*, p. 278. — Milly, près Mortain.)

**13**. 1074. — Sagalon de Milly donne l'égl. de Chamery à l'abb. de S. Martin d'Épernay : «... Senswalo hujus rei fuit causa... qui altare... pro remedio anime sue dedit... quod antea tenebatur a comite Theobaldo... » — (Aug. Nicaise, *Épernay et l'abb. de S. Martin*, p. 116, charte 2.)

**14**. V. 1078. — Sagalon est tém. d'une concession faite à l'abb. de Montierender par Thibaut, comte de Champagne : « Signum Sanxivalonis » (Bibl. Nat., *Cartul. de Montierender*, f. 78 v. — Lalore, *Cartul.*, n° 52.)

**15**. 1079. — Gautier de Milly est tém. d'une

don. faite à l'égl. de Beauvais par Hug. d'Urcel. — (*Pic.*, XLV, 94.)

**15**[2]. 1081. — Charte de Guillaume, roi d'Angl., duc de Normandie, pour l'abb. de S$^t$-Evroult : Roger de Milly a donné à lad. abbaye une terre sise au comté de Leicester, y compris ses dîmes : « Rogerius de Millai... in Legrecestræ scira... » — (Ord. Vital, III, 28.)

**16**. 1082. — Sagalon souscrit, le premier après Thibaut, comte de Champagne, une charte de Gautier, comte de Brienne, pour l'abb. de Montierender : « Signum Teobaudi comitis. Signum Sanciivalonis. » — (Bibl. nat., *Cartul. de Mont.*, f. 71. — Lalore, n° 54.)

**17**. 1082. — Charte de Guillaume, roi d'Angl., comte de Norm., pour l'abb. de la S. Trinité de Caen : Asceline, fille d'Alfred le Géant, donne à l'abb. ses terres de Gouy et Grandchamp, ce que concède Guillaume, fils d'Alfred, et, à cause de cette concession, sa nièce, fille de Guillaume de Milly, est faite religieuse en lad. abbaye : «... Athselinoc, filia Alvredi Gigantis, dedit... concessu Will., filii Alvredi, propter concessum neptis sua, filia Willelmi de Millei, ibidem facta est monacha.» — (*Gall. christ.*, XI, *instrum.*, 70.)

**18.** 1082. — Herbert de Milly (?) est tém. de la don. de l'égl. de Vezins à l'abb. de S. Pierre de la Couture, dioc. du Mans. — (*Gall. christ.*, XI, *instrum.*, 107 : « Herbertus de Milleio. » — *Cartul. de la Couture*, par les Bénéd. de Solesmes, p. 29 : « Herb. de Nuleio. »)

**19.** 1085, Melun. — Adam de Milly est tém. d'une restitution faite à l'abb. de S. Maur des Fossés par les vicomtes de Melun : «... Ibi... adfuerunt... Rob. de Versaliis, Adam de Milliaco. » — (Arch. nat., K. 23, n° 3², orig. muni d'un denier. — Tardif, *Monum.*, p. 238.)

**20.** 1088-1093. — Rasse, doyen de Mortain, et Hugues de Milly, son frère, sont tém. de don. faites à l'abb. de S$^t$-Evroult par Robert, comte de Mortain : «... Razso decanus et Hugo de Millaio... » (Ord. Vital, lib. VIII ; et *Append.*, p. 183.) — Le dit Hugues, du consentement de sa femme et de ses fils, donne à S$^t$-Evroult l'église du Tilleul; Rasse, doyen, son frère, approuve cette donation : « Hugo autem de Millay, cui Grimoldus dederat filiam suam et ecclesiam del Tilliol... » (*Append.*, p. 186. — *Pièc. orig.*, Milly, 69.)

**21.** 1088-1147. — Au temps de l'abbé Arnoul (1088-1112), Guillaume de Milly vint, accomp·

d'Alfred et Robert, ses fils, demander à être fait moine de l'abb. de Troarn, et, sa prière étant accueillie, il fit à cette abb. les donations relatées ci-après (n° 30.) Alfred, son fils aîné et successeur, partit pour Jérusalem, y mourut, et eut pour successeur, par droit d'hérédité, Robert, son frère, qui, longtemps après, ainsi que sa femme, sollicita de l'abbé André (1112-1147) le bénéfice de l'affiliation, et confirma en retour tous les dons et concessions de son père et de son frère. Le prêtre Guillaume, qui avait été pourvu de la cure de S. Pierre de Milly par les moines à la recommand. dud. Guillaume de Milly, son parrain, reconnut tous les droits qu'ils avaient en lad. église, en prés. de l'abbé André, Rob. de Vassy, Eng. du Vast, Rob. de Bellême et Guillaume de Milly : «... Venit Will. de Mylleio... presentibus ejusdem filiis Alveredo et Roberto... Et Willelmo autem de Milleio monacho facto, successit ei Alveredus, filius ejus primogenitus, qui, Ierosolimanum iter arripiens causa videndi sepulchrum Domini aliaque sanctorum locorum, ibidem... mortis debitum solvit. Quo mortuo, Robertus de Millei, frater ejus, jure hereditario successit... Veniens Willemus presbyter de Milli in capitulum, cui, ad petitionem jam dicti Will. de Milli, cujus filiolus erat, data fuerat ecclesia de Milli... Signum Willelmi de Milliio. » — (*Troarn*, lat. 10086, f. 73 v. et 235 v.)

**22**. 1089. — Sagalon est tém. d'un accord entre Nivelon de Pierrefonds et le chapitre de Soissons : « ... De laïcis : Adelaidis comitissa... Senswalo... » — (*Pic.*, CCXXXIII, 276.)

**23**. V. 1093. — Pierre de Milly est tém. d'une don. pie de Hugues d'Hannaches : «... videntibus his... Petro de Milliaco, Yvone milite et Witberto. » Ex chartul. S. Joannis Augeriacensis. — (*Pic.*, CCXXXIV, 1.)

**24**. 1095-1113. — « MILLY : Des seigneurs de ce nom, qui portoient *de sable au chef d'argent*, descendirent : Albod, chevalier, grand amy de Manassès (1095-1105), évesque de Cambray, qui luy donna pour ses services Gourgonce, Bodival, Ribeauville, et dont descendoit, ce semble, Guy, sgr desd. lieux et chevalier l'an 1113. » (*Pièc. orig.*, Milly, 71.) — « Albode de Milly, chevalier, sous l'év. Manassès. — Guy de Milly, chevalier. » — (Carpentier, *Hist. de Cambr.* — Rosny, II, 992.)

**25**. V. 1095. — Adam de Milly, du consent. d'Élisabeth, sa femme, et de Foulques, Daimbert, Bernoale, Thierry, Gautier, Alix, Gibeline, ses fils et filles, donne au prieuré de N.-D. de Longpont, dioc. de Paris, tout ce qu'il possède à Champlan : « Adam de Milliaco dedit... coram filiis et filiabus suis, quorum hec sunt nomina : Fulco, filius ; Daimbertus, filius ; Bernoale, filius ; Teodericus, filius ; Galterius, filius ; Adales, filia ; Gibelina, filia. » — (*Cartul. du pr. de Longp.*, p. 195.)

**26**. — Adam de Milly, du consent. d'Élisabeth, sa femme, et de ses enf., donne aud. prieuré sa terre de Villiers et un hôte, à Milly : « Adam de Milliaco... » — (*Ibid.*, p. 235.)

**27**. V. 1100. — Foulques de Milly est tém. de don. faites à S. Michel de Beauvais : «... Testibus... Fulcone de Milliaco. » — (*Pic.*, CLV, 101 v., 102 v.; CCXXXIV, 46 v.)

**28**. V. 1107. — Mgr Guillaume de Milly, chevalier, prenant l'habit monastique, donne une terre à l'abb. de Troarn : «... terram quam nobis dederat cum ecclesiis suis, quando in nostro monasterio monachi habitum sumpsit. » — (*Cartul.*, lat. 10086, f. 75 v.)

**29**. 1108. — « MILLY, anc. maison du Beauvaisis, considérable dès le XIIe siècle, depuis longtemps éteinte. En 1108, Robert de M. était châtelain de l'église de Beauvais. Manassès de M. fonda l'abb. de Beaupré, en 1135. Guillaume de M. fut écuyer et panetier du roi Charles VII. Jacques de M. devint grand-maître de Rhodes. — *De sable au chef d'argent.* — (P. Roger, *Nobl. et cheval.*, p. 265. — Un peu plus loin, l'auteur dit aussi de la maison de Moy qu'elle est éteinte ; les gens qu'il tue se portent assez bien.)

**30.** 1110. — Guillaume de Milly et ses enfants, avec l'approb. de Rob. de Bellême et d'Enguerrand du Vast, leurs seigneurs, ont donné à l'abb. de Troarn les égl. de Milly et de Chaulieu et ce qui leur appartenait dans les égl. de Chauvincourt et de Gouy. Les moines font présent à Alfred, fils de Guill. de Milly, d'un mulet de cent sols et d'une paire de peaux de chat : « Will. de Milleio et filii atque filie ejus dederunt... Habuit autem Alveredus, filius Willelmi,... unum mulum c. solid. et unas pelles de cattis. » — (*Cartul.*, 75 v., 146.)

**31.** 1110. — Guy de Milly est un des barons du royaume de Jérusalem qui sont tém. d'une charte de confirm. donnée par le roi Baudouin I$^{er}$ en faveur de l'hôpital de Jérusalem : « Testes... Guido de Milleu... et alii quamplures nobiles. » — (Pauli, p. 3.)

**32.** 1114. — Hugues de Milly, chanoine de Chalon, souscrit une charte de G. de Verdun en faveur de l'abb. de S. Marcel de Chalon : « Signum Hugonis de Milliaco. » — (*Cartul.*, ms. lat. 17091,

f. 29 v.; ms. lat. 12824, p. 161. — *Gall. christ.*, IV, instrum., 238.)

**33.** 1115. — Guy de Milly est tém. d'une confirm. de donations accordée à l'hôpital de N.-D. de Josaphat par Baudouin I$^{er}$, roi de Jérusalem : «... Testes... Guido de Milli... » — (Delaborde, p. 28.)

**34.** 1115, Jérusalem. — Baudouin I$^{er}$ confirme toutes les possess. de l'abb. de Josaphat, notamment une donation de Guy de Milly et d'Élisabeth, sa femme : «... Wido de Miliaco, pro sua et uxoris sue Helisabeth anima, contulit prefate ecclesie terras et vineas... Testes... Wido de Miliaco... » — (*Id.*, p. 29-31.)

**35.** 1117. — Robert de Milly confirme les don. faites par son père à l'abb. de Troarn : « Robertus de Milleio... adducens secum uxorem suam... » — (*Cartul.*, lat. 10086, f. 75 v., 235 v.)

**36.** 1117. — Henri, roi d'Angl., confirme les dons faits à l'abb. de Troarn, notamment les égl. de Milly et de Chaulieu que lui donna Guillaume de Milly avant de se faire moine, et que concéda Robert, son fils : « Guillelmus de Milleio, antequam fieret monachus, dedit... Robertus, filius ejus, concessit... » — (*Cartul.*, lat. 10079, f. 97.)

**37.** 1117. — « Milly, seigneurs dud. lieu[1]. Geoffroy, chevalier, rendit, l'an 1117, à l'abb. de S.Florent de Saumur du bien qu'il luy avoit usurpé. Thibaut épousa Agnès de Savonnières, dont il eut Thibaut et une fille, femme de Guyon le Gras, sgr de la Biorière. » — (*Pièc. orig.*, Milly, 53, 67.)

**38.** V. 1117. — « Geoffroy de Milly, chevalier angevin : De sable au chef denché d'argent. — Sceau.(Mss. 703 de la Bibl. d'Angers.) » — (Denais, *Armor. de l'Anjou*, II, 386.)

**39.** V. 1117. — Geoffroy de Milly, *Gaufridus de Mileio*, est tém. de don. faites à S. Marcel de Chalon. — (*Cartul.*, ms. lat. 12824, p. 279 ; ms. lat. 17091, f. 55 v.)

**40.** 1119. — Jean, fils de Sagalon (de Milly?), *Johannes filius Savalonis*, souscrit une charte de l'Évêque de Soissons. — (*Pic.*, CXI, 33.)

**41.** 1120. — Guy de Milly est un des barons du roy. de Jérusalem qui souscrivent le privilège par lequel Baudouin II abolit la coutume de la porte de Jérusalem : « Signum Guidonis de Miliaco. » — (*Cartul. S. Sep.*, f. 7. — *Hist. occid. des crois.*, Lois, II, 486. — Rozière, p. 85.)

---

[1] Auj. Milly, en la comm. de Gennes, arr. de Saumur.

**42.** V. 1120. — Thierry, sire de Milly (Gâtinais), promet de ne plus lever de péage, dans le travers de sa terre, sur les choses appartenant au chapitre de N.-D. de Paris ou à ses serviteurs : « Theodericus de Miliaco... » Témoins : Hug. de Creil, Thierry de Dannemois, Simon d'Épernay, Henri d'Ivry. — (Guérard, *Cartul. de N.-D.*, t. I, p. 382.)

**43.** V. 1120. — Airaud de Milly, *Arraudus de Milleio*, est tém. d'une don. faite à N.-D. de Longpont, dioc. de Paris, par Frédéric et Isembard d'Estampes. — (*Cartul.*, n° 180.)

**44.** 1121, 31 janv., Acre. — Baudouin II confirme toutes les poss. de l'abb. de Josaphat, notamment les don. que lui a faites Guy de Milly : «... Wido de Miliaco, pro sua et uxoris sue Helisabeth anima, contulit... Testes... Wido de Miliaco... » — (Delaborde, p. 33-35.)

**45.** 1123. — Guarmond, patriarche de Jérusalem, confirme toutes les poss. de l'abb. de Josaphat, notamment des terres sises au territ. de Jérusalem, à l'exception de la dîme d'une charruée appartenant à Guy de Milly : «... quarum una fuit Widonis de Miliaco. » — (Delaborde, p. 37.)

**46.** 1125. — Guy de Milly souscrit la charte par

laquelle l'évêque de Nazareth exempte les frères de l'hôpital de S. Jean de Jérusalem de payer les dîmes, dans son diocèse : « Signum Guidonis de Milet. » — (Pauli, p. 9.)

**47**. 1125, mai, Jérusalem. — Guy de Milly, *Guido de Milliaco*, est un des barons qui souscrivent un privil. octroyé aux Vénitiens par le roi Baudouin II. — (Tafel, XII, 91.)

**48**. 1126. — Guy de Milly est tém. d'une don. faite à l'hôp. de S. Jean de Jérusalem par Hugues, prince de Joppé : « Testes... Guido de Miliaco. » — (Pauli, p. 10.)

**49**. 1127, 17 janv., Jérusalem. — Guy de Milly est tém. d'une don. faite à l'Hôpital de Jérusalem par Barisan, connétable de Joppé : «... testes satis nobilissimi viri... Guido de Miliaco... » — (Delaville, p. 72.)

**50**. 1127. — Lettre écrite par frère Walbert (l'historien Galbert) à son ami Sagalon (Saswalo); il lui envoie des vers sur le trépas de Charles, comte de Flandre, et les miracles de sainte Rictrude. — (*Acta Sanct.*, mai, III, 118. — Wauters, *Diplom. Belg.*, II, 147.)

**51.** 1128. — Henri, roi d'Angl., donne à l'abb. de S. Evroult la dîme de la terre de Roger de Milly : « cum decima terræ Rogerii de Millaio. » — (*Gall. christ.*, XI, instrum., 208.)

**52.** V. 1128. — Roger de Milly fait diverses don. à l'abb. de Mortain. Sceau brisé. — (*Cartul. de Savigny*, ms. lat. 10078, num. 52, 53.)

**53.** 1129. — Le roi Baudouin II confirme aux Hospitaliers les don. qui leur ont été faites, notamment une maison sise à Jérusalem devant celle de Guy de Milly, « ante domum Guidonis de Miliaco. » — (Pauli, p. 13.)

**54.** 1129. — « Thierry de Milly estoit seigneur à Fleury lan 1129. [Il eut] un fils chanoine à S. Victor. » — (*Pièc. orig.*, Milly, 62.)

**55.** V. 1129. — Thierry, sire de Milly, restitue à l'abb. de S. Victor l'égl. de N.-D. de Fleury : « Donnus Theodoricus de Miliaco... » — (Arch. nat., K 23, n° 6 [19], orig. parch.)

**56.** 1130, Jérusalem. — Baudouin II, énumérant tout ce qui a été donné à l'abb., de Josaphat, mentionne la moitié d'un casal donnée par Guy de

Milly : « Wido de Miliaco dedit dimidium casalis... Betamar. » (Delaborde, p. 46.)

**57.** 1130-1145. — Confirmation de la constit. de l'Hôpital de N.-D. de Josaphat, par Guill., patr. de Jérusalem. Guy de Milly fut un des premiers à s'agréger à la confrérie de l'hôpital : « Nomina... illorum qui se primitus in hac confraternitate miserunt sunt hec... Guido de Miliaco. » — (*Id.*, p. 48.)

**58.** 1231. — Donation à l'égl. de S. Martin d'Amiens par Sagalon de Milly (Saxovale de Milli.) (*Pic.*, CCXXXI. — Arch. de l'Évêché d'Amiens, Cartul. grand in-8. — Rosny, II, 992 ; IV, 47.)

**59.** 1132. — Manassès de Bulles et Sagalon de Milly, convoqués par l'Évêque de Beauvais, assistent au transfert du corps de saint Just : « Petrus, Dei gratia Belv. episcopus... Convocavimus insuper casatos Belvacenses, Manassem de Buglis, ... Sansuualonem... » — (Louvet, I, 502.)

**60.** 1134-1142. — Henri, archev. de Sens, adjuge à l'abb. de S. Victor, contrairement aux prétentions de l'abb. de S. Pierre de Melun, l'égl. de N.-D. de Fleury, qui avait été restituée à S. Victor par Mgr Thierry de Milly : «... Donus Theodoricus de Miliaco... reddidit... » — (Arch. nat., K 23, n° 6 [19], orig. scellé.)

**61.** 1135. — Guillaume de Milly, *de Miliaco*, est présent à l'accord fait entre Barth. de Vendôme et l'abb. de S. Laumer de Blois. — (Cartul. de Louis VI. — De Camps, t. III, Milly.)

**62.** 1136, 15 janv. — Manassès de Bulles, époux d'Alix, fille de Sagalon de Milly, fonde l'abb. de Beaupré, où, il fut inhumé, avec cette épitaphe :

> Clauditur hoc tumulo clarus pietate Manasses
> Milliaci dominus, Prati fundator amœni.

(*Gall. christ.*, IX, 834.)

**63.** 1136. — Eudes, évêque de Beauvais, confirme les don. faites à l'abb. de Beaupré, notamment par madame Alix de Bulles, et Lancelin, Manassès et Renaud, ses fils. Pierre, sire de Milly et d'Achy, concède, comme seigneur féodal, lesd. donations : «... Domina Aelidis de Buglis et filii sui, et Petrus de Miliaco, et heredes eorum... concesserunt. Porro de feodo nostro domina Aelidis de Buglis et filii sui, domini Lancelinus videlicet, Manasses et Rainaldus... in eleemosynam contradiderunt... Petrus de Milliaco... donum domine

Aelidis... concessit. » — *(Gall. christ.*, X, instrum., 254. — *Pic.*, CLV, 102 v.)

**64**. 1136. — Le même confirme la fond. de l'abb. de Froidmont et les don. qui lui ont été faites par Alix, dame de Bulles, et par ses enfants : «... Domina Aelidis et filii ejus, Lancelinus videlicet, et Manasses, et Rainaldus, sororque eorum Beatrix, et ejusdem Beatricis filiæ Hildeburgis et Mathildis... » — *(Gall. christ.*, X, instrum., 253.)

**65**. 1136. — Raoul de Milly est présent à une don. faite à l'égl. de Beauvais par Raoul, comte de Vermandois, devant le roi Louis VI : «... presentibus... Radulpho de Miliaco, Algrino de Stampis... » — (Cartul. de Louis VI. — Loisel, 267. — De Camps, t. III.)

**66**. 1138. — Raoul de Milly, chanoine de Beauvais, est tém. de la donation du siége de l'abb. de Lannoy (N.-D. de Briostel) : « Testes... Radulphus canonicus de Milly. » — *(Gall. christ.*, X, instrum., 256.)

**67**. 1138, 5 fév., Jérusalem. — Philippe, fils de Guy de Milly, est tém. d'un échange entre le roi Foulques et l'égl. du S. Sépulcre : « Philippus, filius Guidonis de Milli. » — *(Cartul. S. Sep.*, f.

3 v. — *Hist. occid. des crois.*, Lois, II, 494. — Rozière, p. 63.)

**68.** 1139. — Roger de Milly, *Rogerus de Mille*, est tém. d'une don. faite à N.-D. de Mortain par le comte de Mortain. — (*Gall. christ.*, XI, 479.)

**69.** V. 1139, V. 1148, et 1152, Beauvais. — « Raoul de Milly, *Radulfus de Milliaco.* » — (*Pic.*, CLV, 101 v.)

**70.** V. 1139. — Richard de Cambernon abandonne à l'abb. de Savigny les droits qu'il réclamait sur l'égl. de Montmartin. Témoins : Rob. de Chaulieu, Roger de Milly, Hugues de Milly. — (*Cartul.*, ms. lat. 10078, p. 34.)

**71.** V. 1139. — Roger de Milly, chevalier, fils d'Alfred de Milly, en présence de Robert Selvein, chanoine de Lisieux, son oncle, confirme à l'abb. de Troarn le droit d'avouerie de l'égl. de S. Martin de Chaulieu, avec toutes les terres, dîmes, etc.: « Rogerus de Milleio, miles, filius Alveredi de Milleio... Testibus Roberto Selvein, avunculo meo, can. Lexoviensi... » — (*Troarn*, lat. 10086, f. 74, 235 v.)

**72.** Après 1139. — Étienne de Husson, chevalier, époux de Nicole, sœur de feu Roger de Milly, chevalier, renonce au droit de présentation en l'égl. de S. Pierre de Milly, que led. Roger contestait à l'abb. de Troarn : « Steph. de Huecon miles... cum quedam controversia verteretur inter abb. et conv. Troarn., ex u. p., et Rogerum de Mille militem, ex altera... Nondum autem terminata querela, pred. Rogerus defunctus fuit,... monachi... traxerunt in eamdem querelam me et Nycholaam, uxorem meam, tanquam propinquiorem heredem defuncti Rogerii... » — (*Ibid.*, f. 74 v.)

**73.** M. d. — Nicole de Milly, sœur de Roger, déclare renoncer au droit susdit : « Nicholaa de Mille, soror Rogerii de Mille... » — (*Ibid.*, f. 75.)

**74.** M. d. — Robert de Milly, chevalier, renonce à tous droits sur l'égl. de Chaulieu : «... Robertum de Milleio militem... » — (*Ibid.*, f. 236.)

**75.** 1140, Beauvais. — Sagalon de Milly est tém. d'une don. faite à l'abb. de N.-D. de Briostel par Evrard de Breteuil : « Testes : ... Sauualo de Miliaco... » — (Louvet, I, 583.)

**76.** 1140, 18 mai, Latran. — Innocent II confirme à l'abb. de Josaphat ses poss. de Sicile et de Pouille, notamment l'égl. de S. Théodore, donnée par Robert de Milly (?) : «... ecclesiam S. Theodori... et villanos quosdam a Roberto de Melia datos. » — (Delaborde, p. 51.)

**77**. V. 1140. — Eudes, év. de Beauvais, confirme les don. faites à l'abb. de S. Paul, notamment celles d'Herbert de Milly et Odeline, sa mère, Robert de Milly, et Sagalon de Milly, pour l'âme de Rosée, sa femme, et d'Henri (son fils?) :

«... Ex dono Herberti de Miliaco quicquid habent in ecclesia et decima de Frocurte... Ex dono Walberti de Miliaco altare S. Sulpicii de Hanachiis... Ex dono Droardi de Milliaco et Odelinæ matris ejus hoc quod illi habebant in Ructaria... Ex dono Roberti de Miliaco tertiam partem totius decimæ de Hetosmenil... Ex dono Sagalonis de Milliaco, pro anima Roseiæ uxoris suæ et Henrici, duos modios frumenti et hoc quod habebat in minuta decima de Monsterelo... » — (Louvet, I, 618. — De Camps, t. III.)

**78**. 1143. — Eudes de Milly, *Eudo de Milliaco*, Garimbold de Montmorency, etc., sont tém. d'une don. faite à l'abb. de Coulombs, dioc. de Chartres. — (Mondonville, X, 122.)

**79**. 1144. — Thomas, fils de Bernard de Milly,

et Omond, fils de Sagalon, sont tém. de don. faites à l'abb. de Beaupré par Hug. Merlet : « Signum Thome filii Bernardi de Milliaco. Signum Omundi filii Sawalonis. » — (*Cartul. de Beaupré*, f. 138.)

**80.** 1144, Milly. — Pierre, sire de Milly, Améria, sa femme, Pierre, Gervais, Sagalon, Robert, Maurice, ses fils, Mabile et Rosée, ses filles, concèdent la susdite donation. Témoins : Raoul de Reculet, Élinand, prêtre, clercs ; Ascelin de Bulles, Mathieu, son frère, Sagalon et Omond, fils de Sagalon, Omond du Courroy, Thomas et Raoul, fils de Bernard, chevaliers : « Petrus de Milliaco et uxor ejus Ameria, et eorum filii Petrus, Gervasius, Sawalo, Robertus, Mauricius, et filie Mabilia, Rosceidis, concesserunt... Testes... clerici : Rad. de Recule, Elinandus presbyter ; milites : Ascelinus de Buglis, Matheus frater ejus,... Sawalo filius Sawalonis, Omundus frater ejus,... Omundus de Corredo, Thomas filius Bernardi, Radulfus frater ejus. » — (*Ibid.*)

**81.** 1144, Milly. — Raoul et Simon de Milly, Elinand, prêtre, Raoul de Reculet, clerc, Ascelin et Mathieu de Bulles, Sagalon et Omond, fils de Sagalon, souscrivent la charte d'une concession faite à lad. abbaye par Doibert de Rotangy : « Signum Radulfi de Milliaco. Signum Symonis de Milliaco... » — (*Ibid.*)

**82.** 1144, Bresles. — Raoul de Milly, chanoine de S. Pierre de Beauvais, est tém. d'une don. faite à lad. abbaye : «... presente Radulfo de Miliaco, canonico S. Petri. » — (*Ibid.*)

**83.** 1144. — Élinand de Milly, prêtre, et Thomas, fils de Bernard de Milly, sont tém. d'une concession faite à lad. abbaye par Baudouin, frère d'Hugues Merlet. — (*Ibid.*)

**84.** 1145. — Simon de Milly, *de Mileio*, religieux de l'abb. de S. Loup, dioc. de Troyes, est tém. d'un accord entre cette abb. et celle de sainte Colombe de Sens. — (Lalore, *Cartul. de S. Loup*, n° 12.)

**85.** 1145. — Hugues de Milly, *Hugo de Milleio*, tém. de la fondation de l'abb. de Perseigne par Guill., comte de Ponthieu et du Perche. — (De Camps, V, 148.)

**86.** 1145. — Samson de Mauvoisin, archev. de Reims, confirme à l'abb. de S. Lucien de Beauvais tous ses biens, notamment une don. de Pierre, sire de Milly : «... ex dono Petri Miliacensis duas servorum familias. » — (Louvet, I, 430.)

**87**. 1145. — Charte d'Hugues, archev. de Sens, pour l'abb. de Dilo. Témoin : Simon de Milly cellérier de l'égl. de Sens : « Testes... Symon de Milly, Senonensis cellerarius. » — (Arch. de l'Yonne — Quantin, *Cartul.*, t. I, p. 400-402.)

**88**. 1145. — Chartes où figurent Pierre et Raoul de Milly : « Petrus de Miliaco, Radulfus de Miliaco. » — (*Pic.*, CLV, 102 v., notes de Dom Grenier.)

**89**. — 1145-1188, 2ᵉ croisade : « Philippe de Milly, sgr de Gourgonce ; Henri de Milly, surnommé le Buffle (Cambrésis)... Philippe de Naplouse, gr. maître du Temple (Picardie) ; Garnier de Naplouse, gr. maître de Saint-Jean de Jérusalem (Musée de Versailles). — 1188-1195, 3ᵉ croisade : Garnier de Napes (Naplouse), chevalier de l'Ordre des Hospitaliers (*G. Vinisauf*). » — 1198-1220, 5ᵉ croisade : Gautier de Napes (Charte de Damiette, 1218). » — (Roger, *Nobl. de Fr. aux crois.*, p. 200, 214, 232.)

**90**. 1145. — Philippe de Milly, sire de Naplouse, est tém. de don. faites aux Hospitaliers de Jérusalem par Raymond, comte de Tripoli : « Testes... Philippus Neapolis. » — (Pauli, p. 25.)

**91.** 1145-1216. — Bulles des Papes Eugène III, Adrien IV, Alexandre III et Innocent III, confirmant à l'abb. de Troarn tous ses biens, notamment les don. faites jadis par Guillaume de Milly. — (*Troarn*, lat. 10086, f. 240 v.)

**92.** 1146. — « Pierre de Milly faisoit quantité de maux dans tout le Beauvoisis. Eudes, évêque de Beauvais, crut que le moyen d'en délivrer ce pays étoit de le faire absoudre par saint Bernard des censures d'excommunication par luy encourues à cause de son mariage avec la nièce de Manassès de Bulles, époux d'une tante paternelle du dit Pierre de Milly, qui promettait, moyennant cette absolution, de se croiser et d'aller à la Palestine. » — (De Camps, V, 149.)

**93.** 1146. — Lettre d'Eudes, év. de Beauvais, à Suger, relative à l'excommunication encourue par Pierre de Milly et à son départ pour la croisade : «... P. de Miliaco... spondet... se Crucem accepturum, si... absolvatur a vinculo anathematis cui subjacet propter neptim Manassæ de Bulis, quam habet uxorem... Manasses hujus Petri amitam habens uxorem... » — (Suger, *Epist*. 98. — Bouquet, XV, 484.)

**94.** 1146. — Raoul de Milly, *de Milliaco*, est tém. d'une cession faite à l'abb. de Beaupré par Gile, dame de Fouchères, et ses fils. — (*Cartul. de Beaupré*, f. 22.)

**95.** 1146, Beauvais. — Hugues de Milly, Raoul de Milly et Sagalon, son frère, Eudes, neveu de maître Foulques, clercs, — Pierre de Milly, Sagalon et Robert, ses fils, sont tém. d'un accord entre les abb. de Beaupré et de S. Lucien de Beauvais : «... De clericis : Hugo et Radulfus de Miliaco, et Sawalo frater ejus, Odo nepos magistri Fulconis... De laïcis : Petrus de Miliaco et duo filii ejus Saswalo et Robertus. » — (*Ibid.*, f. 138 v.)

**96.** 1146. — Raoul de Milly, chanoine de Beauvais, est tém. d'une restitution faite à l'abb. de Beaupré par Gautier, abbé de S. Symphorien : « Signa canonicorum Belvacensium : ... Signum Radulfi de Milliaco. » — (*Ibid.*, f. 10 v.)

**97.** V. 1147. — Eudes, év. de Beauvais, notifie que Mgr Pierre de Milly et Améria, sa femme, du consent. de Pierre, Gervais, Sagalon, Robert, leurs fils, et de Mabile, leur fille, en présence de Saga-

Planche III.

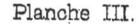

Adam de Milly
1222

lon, fils de Sagalon, Ascelin de Bulles, etc., ont donné à l'abb. de Beaupré tout ce qu'ils possédaient à Presles. Hubert de Fournival et autres ont concédé à lad. abb. tout ce qu'ils possédaient aud. lieu, en présence de frère[1] Sagalon [de Milly?], madame Alix de Bulles et Lancelin, son fils, chevalier : «... Donnus Petrus de Milliaco et uxor ejus Ameria... Testes... frater Sawalo. » — (*Ibid.*, f. 10 r.)

**98.** V. 1147. — Le même confirme les don. faites à lad. abb. par Pierre de Milly et autres. — (*Ibid.*, f. 7.)

**99.** 1147. — Louis VII ratifie la donation de dîmes faite à l'abb. de Barbeau par Thibaut de Milly (Gâtinais). — (De Camps, V, 149. — *Gall. christ.*, XII, Instrum. Eccl. Senon.)

**100.** 1147, Naplouse. — Philippe de Milly, sire de Naplouse, est tém. de la charte par laquelle Baudouin III, roi de Jérusalem, confirme les don. faites aux Hospitaliers : « Testes... Phylippus Neapolitanus. » — (Pauli, p. 26.)

**101.** 1148. — Sagalon, sire de Milly : « Sangalo,

---

[1] C'est-à-dire Templier. L'Ordre du Temple avait une maison à Milly.

dominus Miliacensis. » Hugues, frère de Sagalon, sire de Milly : « Hugo, frater Sangalonis, domini Miliacensis... Hugo, clericus, frater Sagolinis, domini Mil. » — (*Pic.*, CLV, 98 v., 102 v., notes de Dom Grenier.)

**102.** 1149, 5 juil. — Mgr Philippe [de Milly] est tém. d'une accense concédée au S. Sépulcre de Jérusalem par Anfred, par la gr. de Dieu châtelain de S. Abraham : « Testibus... Domno Philippo. » — (Rozière, p. 215.)

**103.** 1150, Jérusalem. — Mgr Philippe de Milly, sire de Naplouse, est tém. de la charte par laquelle la reine Mélisende, approuve un acquêt fait par l'Ordre de S. Lazare. — (Marsy, n° 8.)

**104.** V. 1150. — Joscelin III de Courtenay, comte d'Édesse, « espousa Agnès, fille de Henry de Milly, surnommé le Buffle, frère de Philippes, prince de Naples (Naplouse, anc$^t$ Samarie), au droit de laquelle il posséda le Chasteau du Roy et Montfort. » — (Du Cange, *Fam. d'o.-mer*, p. 301.)

**105.** 1150, 24 mai. — Baudouin [de Milly (?), dit] le Buffle est tém. de la don. faite à l'hôp. de Jérusalem par Rób. de S. Gilles et Odile, sa femme, d'un fief qu'ils tenaient du don de Roard

de Naplouse et de Gille, sa femme : «... Testes...
Balduinus lo Bufles. » — (Delaville, p. 86.)

**106**. 1150. — Guy [de Milly, dit] le Français
est tém. d'une don. faite à l'hôpital de Jérusalem
par la reine Mélissende : « Testes... Guido Gallicus. » — (Pauli, p. 30.)

**107**. 1150. — Sagalon, sire de Milly, et Alix, sa
femme, accordent l'exemption du travers aux
hommes de l'abb. de S. Lucien habitans de Villers
en Bray, passant par le chasteau de Milly. — (Villevieille, XXIX, 118.)

**108**. — « *Ci dit des hoirs de Naples (Naplouse).*
— Madame Estefenie estoit flamengue, et son baron avait nom Gui le Franceis. Si orrent trois fiz :
l'un fu mesire Phelippe de Naples, et Phelippe de
Naples fu il apelés par ce que il fu seignor de Naples... Et l'autre fu mesire Henri le Bufle ; et le tiers
avoit non Gui, come son père. Sire Païen, leur
oncle, estoit boutillier et seignor de Naples. Si que
le rei eschanja à lui et prist Naples, et li dona le
Crac de Mont Real et Saint Abraham, sauve l'omage
et le servise de mesire Johan Goumans, que le rei
retint à lui, par ce que il aveit grant fié sur les leus.
Après la mort de mesire Gui, madame Estefenie si
espousa mesire Baudoyn, qui esteit seignor de

Rames, et ot de lui une fille, qui ot nom Heloys. Si vint un chevaliers d'outremer, qui avoit nom Belleem à la Barbe. Le rei li dona Ybelin, por ce qu'il prist à conduire les pélerins por Dieu de Japhe en Jerusalem. Et le dit Phelippe li dona à feme sa suer Heloys qui estoit dame de Rames. » —(*Lignages d'Outremer*, XIV. — *Assises de Jérus.*, II, 452.)

109. — « *Des heirs de Gui de Milli.* — Gui de Milli ot a feme Estefenie qui fu de Flandres, et orent trois fils : Phelippe, Henri et Gui. Phelippe fu seignor de Naples. Le roy eschangea à lui, et prit Naples, et li donna le Crac de Montroyal et Saint Abraham. Ledit Phelippe ot deus filles, Estefenie et Helvis. Helvis moru. Estefenie fu feme Hanffroy dou Touron... Gui, le frère Phelippe de Naples, moru sans heirs. Henri, son frère, qui fu nomé le Buffle, esposa Agnès, la fille de Huistace Garnier, le premier seignor de Saïette, et orent trois filles. L'aisnée esposa Adam de Bessant, l'autre esposa Hue le seignor de Giblet, la tierce esposa le conte Jocelin de Rohais. Puis la mort de Gui de Milli, Estefenie esposa Bauduin le seignor de Rames, et orent une fille, Helvis, qui esposa Balian le François, le premier seignor de Ibelin. » — (*Lignages*, XXVI. — *Assises*, II, 462.)

**110.** — « Guy de Milly fut outre mer. Il fut père de : 1° Philippe, sgr de Napoli en Romanie, père d'Estiennette, mariée à Auffroy de Thoron, et de Helvis, sans all.; 2° Guy le Franc, mort s. p.; 3° Henry de Milly, dit le Bufle, sgr de l'Arabie Pétrée, marié à Agnès, fille d'Eustache Garnier, sgr de Sayette, dont : *a* Helvis, mariée à Adam de Béthune, 2ᵉ sgr de Bessan ; *b* Estiennette, mariée à Hugues, sgr de Giblet ; *c* Agnès, mariée à Josselin de Courtenay, sgr de Rohais ; *d* Sibille, mariée à Eustache le Petit. » — (Cab. des titres, n° 882, *Hist. généal.*, p. 369.)

**111.** — « Philippe de Milly, prince de Naples (Naplouse)[1], fils de Guy de Milly et d'Estiennette, succéda [dans la principauté de Montréal] à Maurice le Bouteiller [dont il aurait épousé la fille[2], selon Étienne de Lusignan]... Le roy Baudouin III luy donna cette principauté avec la seigneurie de Saint Abraham, en échange de la ville de Naples, qu'il luy transféra. Il laissa de sa femme une fille, Estiennette, qui espousa en 1ʳᵉˢ noces Humfroy de Toron, IIᵉ du nom, et en secondes, Miles de Plancy, sénéschal de Hiérusalem, qui fut, par ce moyen, au droit de sa femme, seigneur de Mont-

---

[1] Guill. de Tyr, liv. XXII, ch. 5, 28.
[2] Il épousa Élisabeth, fille de Rohard de Naplouse et de Gisle.

réal. Il estoit françois de nation, et fils de Hugues, seigneur de Plancy, au comté de Champagne... Sa veuve, Estiennette de Milly, espousa (1177) en 3^mes noces Renaud de Chastillon sur Loing, qui avoit esté prince d'Antioche à cause de sa prem. femme, Constance de Poitiers, et qui devint sgr de Montréal à cause de cette 2^e alliance. » — (Du Cange, *Fam.*, p. 403-404.)

**112.** — « *Généalogie des barons de Montréal* : 1° Baudouin I^er construit le châtel. — 2° Maurice, (neveu et hér. de Payen l'échanson), prince renommé pour sa prudence et son habileté..., mourut laissant une fille unique. — 3° Philippe, sire de Naples de Samarie, épousa l'héritière de Maurice l'échanson, après la mort de laquelle il prit l'habit des Templiers. Il laissa deux filles, dont l'aînée eut la seigneurie de Naples et épousa Balian d'Ibelin, et la seconde, dame de Montréal, fut mariée 3 fois : 1° à Humfroy de Thoron ; 2° à Milon de Plancy ; 3° à Renaud de Châtillon. » — (B. N., ms. lat. 8985, Suarez, t. XXIII, f. 185.)

**113.** 1151. — Philippe de Milly, prince de Naplouse, Baudouin [de Milly, dit] le Buffle, sont tém. d'un privilège accordé à l'égl. du S. Sépulcre de Jérusalem par la reine Mélisende : « Philippus Neapolitanus, Balduinus Bubalus. » — (Rozière,

p. 91. — *Hist. occid. des crois.*, LOIS, II, 512.)

**114.** 1152. — Raoul de Milly est tém. d'une don. faite par Henri de France, év. de Beauvais, aux chanoines de St-Quentin. — (*Rec. de pièces*, ms. lat. nouv. acq. 2306, p. 8.)

**115.** 1152-1169. — « Simon de Milly, prêtre, et le doyen d'Orléans avoient fait excommunier Gautier d'Ebre par le chapitre de Sens. » — (De Camps, V, 149.)

**116.** 1152, Milly. — Mgr Sagalon de Milly, Robert et Guy, ses frères, concèdent une don. faite à l'abb. de Beaupré par Guy de la Houssoye. Tém. Sagalon de Monceaux : « Dominus Sawalo de Milliaco et fratres ejus Robertus et Wido... Signum Sawalonis de Moncellis. » — (*Cartul. de Beaupré*, f. 140.)

**117.** V. 1152. — Les mêmes concèdent une don. faite à lad. abb. par Hugues Louvet : « ... Sawalo, dominus de Milliaco... » — (*Ibid.*, f. 139 v.)

**118.** Apr. 1152. — « Pierre de Milly étoit sgr suzerain de Josbert de Fleury, comme il paroît par lettres du roy Louis VII, qui me paroissent écrites apr. l'an 1152. » — (De Camps, V, 149. — Bouquet,

XVI, 169, *Epist. regis Lud. ad Petrum de Miliaco*; en note : « Fleuri, près Milly en Gâtinais. »)

**119.** 1154. — Fondation de huit prébendes canoniàles et de six chapellenies, en l'égl. de Milly : «... La collation de ces prébendes et chapelles... fut donnée en l'an 1154 à l'abbé de S. Lucian par Sagalon, autrement appelé Sauualon, seigneur de Milly, par le conseil de son frère Hugues, qui estoit chanoine de S. Pierre de Beauvais. Cette donation... fut confirmée par Barthélemy, év. de Beauvais, en l'an 1164. » — (Louvet, I, 636-638. — *Pic.*, XI, 70.)

**120.** 1154. — Anciens rôles d'hommages et services dus à l'abb. du Mont-Saint-Michel : « Robert de Milly, *Robertus de Mille.* » — (Morice, I, 619.)

**121.** 1154. — Sagalon de Milly. Robert et Guy, ses frères, Alix, sa femme, Avicie et Émilie, ses filles, concèdent la don. d'une dîme à l'abb. de Froidmont par Sagalon de Gerberoy : «... Sangalo de Milli... concedentibus fratribus suis Roberto et Guidone et uxore sua Aelidi et filiabus suis Avicia et Amilia. » — (*Cartul. de Froidm.*, f. 70.)

**122.** 1154, Acre. — Baudouin III confirme les don. faites aux Hospitaliers, notamment une maison sise à Jérus., devant celle de Guy de Milly, « ante domum Guidonis de Miliaco. » — (Pauli, p. 33.)

**123.** 1154, 11 mars, Latran. — Anastase IV confirme les poss. de l'abb. de Josaphat, entre autres, dans le territ. de Jérusalem, une charruée qui fut à Guy de Milly : «... quarum una fuit Guidonis de Miliaco. » — (Delaborde, p. 64.)

**124.** 1154, 20 av., Tyr. — Baudouin III confirme les poss. de l'abb. de Josaphat, notamment le casal de Bethamar donné par Guy de Milly : « Guido de Miliaco dedit... » — (*Id.*, p. 69.)

**125.** 1166. — Philippe [de Milly, sire] de Naplouse, et Baudouin [de Milly, dit] le Buffle sont tém. d'un privilège de la reine Mélisende en faveur du S. Sépulcre de Jérusalem : « Philippus Neapolitanus... Balduinus Bubalus. » — (Rozière, p. 91.)

**126.** 1155, Jérusalem. — Philippe [de Milly, sire] de Naplouse, et Henri, son frère, sont tém. d'un privil. de lad. reine en faveur du S. Sépulcre : « Philippus Neapolitanus et Henricus, frater ejus. » — (*Id.*, p. 93.)

**127.** 1155. — Philippe [de Milly, sire] de Naplouse, et Guy le Français, son frère, sont tém. d'une rémission accordée par Baudouin III : « Testes... Ph. Neopolitanus, Guido Francigena. » — (*Id.*, p. 97.)

**128**. 1155, Acre. — Philippe [de Milly, sire] de Naplouse, Guy le Français et Henri le Buffle, ses frères, sont tém. d'un privil. de Baudouin III en faveur du S. Sépulcre : « Testes... Ph. Neapolitanus, Guido Francigena, Henricus Bufalus. » — (*Id.*, p. 101.)

**129**. 1155. — Hugues d'Ibelin fait une vendition aux chanoines du S. Sépulcre de Jérusalem, du consent. de ses oncles, Philippe de Milly, sire de Naplouse, Guy de Milly, dit le Français, et Henri de Milly, dit le Buffle : «... concessione... avunculorum meorum, Philippi scilicet de Neapoli, Guidonis Francigene, Henrici Bubali. » — (*Id.*, p. 124.)

**130**. 1155. — Baudouin III confirme la vente faite aux chan. du S. Sép. par Hug. d'Ibelin du consent. de ses oncles, Ph. de Milly, sire de Naplouse, Guy le Français et Henri le Buffle. — (*Id.* p. 110.)

**131**. 1155, Jérusalem. — Philippe [de Milly,

sire] de Naplouse, et Guy, son frère, dit le Français, sont tém. d'un privil. de Baudouin III en faveur du S. Sépulcre : « Ph. Neapolitanus, Guido frater ejus Francigena. » — (*Hist. occid. des cr.*, lois, II, 515. — Rozière, p. 94.)

**132.** 1155, 1er mars, Rome. — Adrien IV confirme à l'abb. de Josaphat ses poss. de Sicile et de Calabre, notamment l'égl. de S. Théodore, donnée par Robert de Milly (?), « a Roberto de Milia. » — (Delaborde, p. 74.)

**133.** 1155, 3 juil., Jérusalem. — Amaury, comte d'Ascalon, confirme les don. faites à S. Lazare de Jérus. par Philippe [de Milly, sire] de Naplouse, du consent. d'Isabeau, sa femme, madame Étiennette, sa mère, Rainier, son fils, Hélène et Étiennette, ses filles, Guy le Français et Henri le Buffle, ses frères : «... Philippus Neapolitanus, Ysabel, uxore sua, et domina Stephania, matre sua, et Rainerio, filio suo, Helena etiam et Stephania, filiabus suis, nec non et Guidone Francigena et Henrico Bubalo, fratribus suis, concedentibus... » — (Marsy, XIV.)

**134.** V. 1155. Guy [de Milly, dit] de Naples (Naplouse) doit au roi de Jérusalem, dans la principauté de Naplouse, le service d'un chevalier.

5

Raymond le Buffle doit le serv. de 3 chevaliers. — (*Assises*, ch. 271. — Michaud, *Hist. des Cr.*, II, 547.)

**135**. 1157, Acre. — Philippe [de Milly, sire] de Naplouse, Guy le Français et Henri le Buffle, ses frères, sont tém. de la charte par laquelle Baudouin III confirme aux Hospitaliers les don. que leur a faites Humfroy de Toron : « Testes... Ph. Neapolitanus,... Guido Francigena, Henricus Bubalus. » — (Pauli, p. 36.)

**136**. 1157. — Raoul de Milly, *Radulfus de Milliaco*, sous-diacre en l'égl. de Beauvais. — (*Pic.*, CLV, 101 v.)

**137**. 1157. — Raoul de Milly, Rob. de la Tournelle, P. de Crèvecœur, etc., sont témoins d'une don. faite à l'abb. de Beaupré par Hugues de Breteuil. — (*Cartul.*, f. 24 v.)

**138**. V. 1157. — Raoul de Milly, clerc, souscrit une don. faite par Pierre, fils d'Adam, à lad. abb. : «... Clericorum : Signum Radulfi de Milliaco. » — (*Ibid.*, f. 10 v.)

**139**. 1158. — Amaury, comte d'Ascalon, concède une vendition faite aux chanoines du S. Sép. par Hugues d'Ibelin, du consent. de ses oncles,

Philippe [de Milly, sire] de Naplouse, Guy le Français et Henri le Buffle : «... concessione... avunculorum suorum Philippi de Neapoli, Guidonis Francigene, Henrici Bubali. » — (Rozière, p. 123.)

**140.** 1158. — Etienne [de Milly, dit] le Français est témoin d'une vente faite à l'abb. de Josaphat par un chevalier, pour payer sa rançon aux Turcs : « Stephanus Francigena. » — (Delaborde, p. 79.)

**141.** V. 1158. — Robert de Milly, *Robertus de Milliaco*, et Richolde, sa femme, du consent. de Raoul, leur fils, et de Florence, sa femme, donnent des terres à l'abb. de Nioyseau pour l'entrée en religion de Berteline, leur fille. — (*Anjou*, V, 1808.)

**142.** 1159. — Philippe [de Milly, sire] de Naplouse, et Baudouin [de Milly, dit] le Buffle, vicomte de Naplouse, sont tém. d'une don. faite par la reine Mélisende à S. Lazare de Jérusalem : « Testes... Ph. Neapolitanus,... Balduinus Bubalus, vicecomes Neapolitanus. » — (Marsy, XVI.)

**143.** 1160, Acre. — Philippe [de Milly, sire] de Naplouse, Guy le Français et Henri le Buffle, ses frères, sont tém. d'une charte de Baudouin III en faveur du S. Sépulcre : « Testes... De baronibus... regis:... Philippus Neapolitanus, Guido Francigena, Henricus Bubalus. » — (*Hist. occid. des crois.*, t. II, LOIS, p. 521. — Rozière, p. 107.)

**144.** 1160, Acre. — Guy de Milly, dit le Français, baron du royaume de Jérusalem, est tém. de deux privilèges de Baudouin III en faveur du S. Sép.: « Testes... De baronibus... domini regis:... Guigo Francigena. » — (Rozière, p. 109, 114.)

**145.** 1160. — Baudouin [de Milly, dit] le Buffle, vicomte de Naplouse, est témoin d'une don. faite à l'abb. de Josaphat par Mélisende, reine de Jérusalem : « Testes : ... Balduinus, vicecomitis Neapolitani filius. Balduinus Bubalus, vicecomes Neapolitanus. » — (Delaborde, p. 81-82. — « Baudouin, fils du vicomte de Naplouse, » que M. Delaborde (p. 129) fait fils de Baudouin le Buffle, était fils d'Ulric, vicomte de Naplouse. Voy. Rozière, p. 911, et ci-après, n° 151.)

**146.** 1160. — Aléaume, chanoine de Milly, Sagalon de Milly, Robert et Guy, ses frères, Sagalon, fils de Ségalde, et Omond, son frère, Dreux de Saint-Brice et Sagalon, son fils, sont tém. de don. faites par Eudes de Lihus et Girard de Saint-Omer à l'abb. de Beaupré : « Testes... Alelmus canonicus de Milliaco... Sagalo de Milliaco, Robertus et

Wido fratres ejus, Sagalo filius Segaldis et Omundus frater ejus, Drogo de S. Brictio et Sagalo filius ejus. » — (*Cartul.*, f. 11.)

**147.** 1160. Sagalon de Milly donne à N.-D. de Milly un muid de froment de rente sur son moulin d'Achy pour l'entretien des lampes de l'église, et notamment de celle qui est devant le crucifix, à la charge de célébrer son anniversaire et celui de Pierre, son fils. — (Villevieille, LVIII, 62.)

**148.** 1160, 29 nov. — Philippe [de Milly, sire] de Naplouse, Gui le Français, et Henri le Buffle, ses frères, sont tém. d'une don. faite aux Hospitaliers de Jérusalem par le roi Baudouin III. — (Pauli, p. 37-38.)

**149.** 1161, Acre. — Philippe [de Milly, sire] de Naplouse, souscrit un privil. de Baudouin III en faveur du S. Sép.: « Testes... Ph. Neapolitanus. » (Rozière, p. 196.) — Le même, Gui le Français et Henri le Buffle, ses frères, sont tém. d'une convention entre Baudouin III et Renaud le Fauconnier. (Pauli, p. 51.)

**150.** — 1161, Provins. — Robert de Milly, *Robertus de Miliaco*, est tém. d'une don. faite à S. Jacques de Provins par Henri, comte de Champagne. — (*Gall. christ.*, XII, *Instrum. eccl. Senon.*, c. 48.)

**151.** 1161, 31 juil., Nazareth. — Baudouin III, roi de Jérusalem, en échange de tout le fief que Mgr Philippe de Milly, sire de Naplouse, avait hérité du seigneur Rohard et de madame Gisle, sa femme, et aussi du fief de feu Guy de Milly, son père, et des fiefs de Guy le Français et d'Henri le Buffle, ses frères, donne au dit Philippe de Milly la principauté de Montréal, le château de Crach et la terre de Baudouin, fils d'Ulric, vicomte de Naplouse. Cet échange est fait du consensement d'Élisabeth, femme de Philippe de Milly, de Rainier, son fils, de ses filles et de ses dits frères. Sont témoins : Rohard de Naplouse, Gomier (Garnier?) de Naplouse.

«..., Ego Balduinus, per gratiam Dei in sancta civitate Hirusalem Latinorum rex quartus,... dono Philippo Neapolitano et eiusdem heredibus in perpetuum Montem Regalem... et Crach castellum... cum tota terra Balduini, Hulrici vicecomitis Neapolitani filii... Ipse vero dominus Philippus, concessu domine Helisabet, uxoris sue, et Rainerii, filii sui, et filiarum suarum omnium, nec non et concessione fratrum suorum, Guidonis Francigene videlicet et Henrici Bubali... donat mihi in concambio... totum feodum illud quod ei quondam a domino Rohardo et a domina Gisla, uxore illius, obvenerat... Dedit insuper et mihi feodum patris sui, Guidonis videlicet de Mile,... feodum Guidonis Francigene, quod videlicet in montanis Neapolitanis tenuit prius de domino Rohardo et postmodum de domino Philippo Neapolitano, fratre suo,... feodum Henrici Bubali, fratris siquidem sui... Testes:... Rohardus Neapolitanus,... Gomerius (Garnerius?) de Neapoli... »

(Strehlke, n° 3, p. 3-5. — Cette importante charte, inconnue à Du Cange et à son savant éditeur, élucide divers points obscurs, notamment comment Philippe de Milly devint seigneur de Naplouse. Cf. Du Cange, *Familles d'outre-mer*, éd. par E.-G. Rey, p. 403, 406, 407-409.)

**152.** 1164, Ascalon. — Philippe [de Milly, dit] de Naplouse, Guy et Henri, ses frères, sont tém. d'un privil. du roi Amaury en faveur du S. Sép. « Testes... Ph. Neapolitanus... Guido Francigena, Henricus Bubalus. » — (Rozière, p. 267. — *Hist. occid. des crois.*, t. II, lois, p. 524.)

**153.** 1164, 25 av., Jérusalem. — Philippe de Milly est tém. d'une don. faite par le roi Amaury à S. Lazare de Jérus.: « Testes... Philippus de Neapoli. » — (Marsy, XXII.)

**154.** 1165, Acre. — Philippe de Milly, prince de Montréal, et Henri le Buffle, son frère, sont tém. d'une charte du dit roi en faveur des Pisans : « Testes... Philippus de Monteregali, Henricus Bubilus. » — (Müller, p. 11.)

**155.** 1165. — Lettre de l'Évêque de Beauvais au roi Louis VII, relative au jugement d'un différend entre Sagalon de Milly et Pierre de Gerberoy : « Sagalo de Miliaco... acquiescere noluit. » — (Du Chesne, *Script.*, IV, 652. — Bouquet, XVI, 41. — Bréquigny, III, 372.)

**156.** 1165. — Hugues, moine de S. Lucien de Beauvais, frère de Sangalon, sgr de Milly, est tém. d'une don. faite à lad. abb. — (*Pic.*, CLV, 102 v.)

**157.** 1165. — Mgr Sagalon de Milly est tém. d'une don. faite par Gautier de Sommereux à l'abb. de Beaupré : « Signum domini Sagalonis de Milliaco. » — (*Cartul.*, f. 11.)

**158.** 1167, Lagny. — Guill., comte de Nevers, avant de partir pour Jérusalem, fait avec l'abb. de Pontigny un échange de terres, en présence d'Eudes de Milly, *Odo de Milliaco*, qui fait l'abandon de ses droits sur lesd. terres, du consent. d'Élisabeth, sa femme. — (*Cartul. de Pontigny*, f. 345.)

**159.** 1167. — Accord, au sujet des prébendes et chapellenies de Milly, entre l'abbé de S. Lucien et Sagalon, sire de Milly : « Sagalo dominus Miliacensis... » — (Louvet, I, 637. — *Pic.*, XI, 70 ; CLV, 102 v. — Bréquigny, III, 390.)

**160.** 1167. — Robert de Milly est tém. d'une don. faite à S. Pierre-le-vif de Sens par Henri, comte de Champagne : «... testibus istis...: Robertus de Milliaco. » — (Quantin, II, p. 194.)

**161.** 1167, Beauvais. — Sagalon, frère de Raoul de Milly, est tém. d'une don. faite par Bérenger de Briot à l'abb. de Beaupré : « Signum Sagalonis fratris Radulfi de Milliaco. » — (*Cartul.*, f. 50.)

**162.** 1167, Beauvais. — Raoul de Milly, Nicolas, son fils, et Sagalon, son frère, sont tém. d'une don. faite à lad. abb. par Henri de Saintpuits, chan. de Beauvais : « Testes... Radulfus de Milliaco, Nicholaus filius ejus, Sawalo frater ejus. » — (*Ibid.*, f. 55.)

**163.** V. 1167. — « Philippes de Milly, seigneur... de Montréal et de saint Abraham, se fit chevalier du Temple, et quelque temps après il en fut élu grand maistre... Il quitta, depuis, cette dignité, ce qu'il fit avant l'an 1170, auquel il accompagna le roy Amaury en son voyage de Constantinople. » (Du Cange, *Fam.*, p. 875-876.) — 1168 : « Philippe de Naplouse, gr. maître du Temple. Il était originaire de Picardie et natif de Naplouse en Syrie. Armes : *de l'Ordre.* » (Borel d'H., II, 374, *Salles des crois.*)

**164.** — Salles des Croisades, au chât. de Versailles : « Philippe de Naplouse, gr. maître de l'Ordre du Temple, 1168 (Picardie). — Garnier de Naplouse[1], gr. maître de l'Ordre de S. Jean de Jérusalem, 1187 (Picardie). » — (Delley, p. 486.)

**165.** V. 1168. — « Adam [de Béthune], seigneur de Bethsan, s'allia avec Helvis, fille de Henri de Milly, dit le Buffle, et d'Agnès de Césarée... — Hugues [de Lembriac], sgr de Giblet, espousa Estiennette, fille de Henry de Milly, dit le Buffle, [laquelle était veuve en prem. noces de G$^e$ Dorel ou Rostain, sgr de Boutron]. » — (Du Cange, *Fam.*, p. 252, 253, 319.)

**166.** 1168, Acre. — Philippe de Milly, gr. maître des Templiers, est tém. d'un privil. du roi Amaury I$^{er}$ en faveur des Pisans : « Frater Ph. de Neapoli. » — (Müller, p. 14.)

**167.** 1168, 9 août, Jérusalem. — Reinier [de

---

[1] Sur sa valeureuse conduite à la bat. d'Arsur, voy. Vinisauf, et Michaud, *Bibl. des Crois.*, II, 697.

Milly, dit] de Naplouse, maître Etienne de Naplouse sont tém. d'un accord entre l'abb. de Josaphat et Baudouin [de Milly, dit] le Buffle, vicomte de Naplouse : «... concordiam inter... Balduinum vicecomitem Neapolis... Testes... Reinerius de Neapoli, magister Stephanus de Neapoli. » — (Delaborde, p. 83-84.)

**168.** 1169. — Sagalon de Milly donne à l'abb. de Beaupré la moitié du vivier d'Achy. — (*Gall. christ.*, IX, 835.)

**169.** 1169, 13 août, Naplouse. — Philippe [de Milly, dit] de Naplouse est tém. d'une confirm. accordée par Amaury, roi de Jérusalem, à Payen de Cayphas : «... Testes... Philippus Neapolitanus... » — (Strehlke, p. 7.)

**170.** 1169, 16 s., Acre. — Philippe de Milly, gr. maître des Templiers, est tém. d'une don. faite aux Hospitaliers par le roi Amaury : « Testes... Philippus, magister Templi. » — (Pauli, p. 50.)

**171.** 1169, 16 s., Acre. — Philippe de Milly, gr. maître des Templiers, est tém. d'un privil. dud. roi en faveur des Pisans : « Testes... Philippus, militie Templi magister. » — (Ughelli, III, 475. — Müller, p. 15.)

**172.** 1170. — Robert de Milly, *Robertus de Mil-*

*liaco*, est tém. d'une don. faite par Henri, comte de Champagne. — (Carnandet, p. 297.)

**173**. 1170. — Guy de Milly, frère de Sagalon, sire de Milly, fut élu abbé d'Ourscamp en 1170, puis, en 1195, de Clairvaux, où il mourut en 1214. (*Gall. christ.*, IX, 1130-1131 ; IV, 803-804.) — « Gui, issu de la famille ancienne des seigneurs de Milly, avait un frère nommé Sagelon, chevalier de distinction, qui fit construire un prieuré à Milly même. Manassès, un autre de ses parens, fut le fondateur, en 1154, d'un prieuré et fit de grandes donations à l'abb. de S. Lucien. Le père de ces deux seigneurs, Manassès de Milly, avait été de son côté le bienfaiteur de l'abb. de Beaupré, dont il eut l'avouerie... Guy fut d'abord moine à Ourscamp, puis abbé de ce monastère en 1170. Il passa de là à Clairvaux où il figure comme le X$^e$ abbé.» — (Peigné-Delacourt, *Ourscamp*, p. 142-143, 148.)

**174**. 1170. — Chartes vues par dom Grenier : — Sagalon, sire châtelain de Milly, Alix, sa femme, Robert et Guy, ses frères : «... Sawalo, Miliacensis castri dominus... Adelis, ejus uxor... Robertus et Guido, ejus fratres. » — Sagalon, sire de Milly: « Sangalo, dominus Miliacensis. » — Robert et Guy, frères de Sagalon de Milly : « Robertus et Wido, fratres Sawalonis de Milliaco. » — Sagalon [de Milly (?), Seigneur] de Monceaux, et Pierre, son fils : « Sagalo de Moncellis. Petrus, ejus filius. » — Sagalon de Milly et Alix, sa femme : « Sagalo de Miliaco ; Aelis, ejus uxor. » Sagalon, sire de Milly, Robert et Guy, ses frères : « Sarvalo, dominus Milliaci. Rob. et Wido, fratres ejus. — « Sagalon de Milly, Aaliz son espouse. Ils avoient plusieurs enfans. » — Sagalon de Monceaux : « Saswalo de Moncellis. » — « Charte de Sagalon de Milly ; tém., Guy [de Milly, seigneur] d'Achy : Guido de Aceio. » — (*Pic.*, CLV, 78, 98 v., 101 v., 102 v.)

**175.** V. 1170. — Censier de l'hôp. de S. Jean : Hélie, habitant à Jérusalem devant la maison de Mgr Philippe [de Milly, dit] de Naplouse, doit 8 besants par an : «... ante domum domini Philippi de Neapoli. » — (Pauli, p. 235.)

**176.** V. 1170. — Robert de Milly, homme-lige du comte de Champagne en la châtell. de Coulommiers et en la châtell. de Meaux. — (Longnon, p. 43, 47, 56.)

**177.** V. 1172. — Payen de Milly, homme-lige du comte de Champagne, en la châtell. de Montreuil. — (*Id.*, p. 36.)

**178.** 1175. — Guérin [de Milly (?), dit] de Naplouse, chevalier du Temple, sergent d'armes de Marie, reine de Jérusalem. — (*Hist., occid. des crois.*, t. II, LOIS, p. 531.)

**179.** 1175. — Mgr Bohémond [de Milly, dit] le Buffle possède une maison à Jérusalem : «... domum domini Boamundi Bufli... » (Delaville le Roulx, p. 120.) Marguerite, sa fille, ép. Jean du Four. (Du Cange, *Fam.*, 272.)

**180.** 1175. — Robert de Milly est tém. de la confirm. par Henri, comte de Champagne, d'un accord entre Érard d'Aulnoy et l'abb. de Trois-Fontaines, touchant des héritages sis au territ. d'Épernay. — (Villevieille, LVIII, 62.)

**181.** 1175, Bulles. — Louis VII confirme la don. de la terre de Chastillon, faite à l'abb. de S. Victor par Reynard de Chastenet, chevalier, neveu de Guillaume de Milly : «... Renardus miles de Castaneto, nepos Willelmi de Miliaco... Actum publice apud Bullas... » — (Arch. nat., *Cartons des Rois*, K 25 b, n° 7³.)

**182.** 1175, 10 juil. — Bulle d'Alexandre III confirmant tous ses biens à l'abb. de Variville, dioc. de Beauvais : «... Unum modium frumenti singulis annis apud molendinum de Monsterel, de eleemosyna Roberti de Milliaco... » — (Louvet, I, 625.)

**183.** V. 1175. — Charte de Sagalon, sire de Milly, pour l'abb. de Foucarmont : « Ego Sasgualo, dominus de Milli... » — (*Cartul.*, f. 160.)

**184.** V. 1175. — Guillaume de Milly, fils de Jean [seigneur] de Cousances et neveu de Renaud, doyen de Milly, fait au prieuré de N.-D. de Longpont, dioc. de Paris, en y prenant l'habit, une donation de terres sises à Milly, du consent. de ses frères Baudouin et Payen, de ses sœurs, de Philippe et Guillaume de Milly, seigneurs du fief : « Guill. de Milliaco, filius Joh. de Consenciis, nepos... Rainaudi, decani de Miliaco... dedit... concedentibus fratribus suis Balduino et Pagano et sororibus suis, concedente et Philippo, de cujus feodo movebat... Guillelmo de Milliaco, de quo Philippus tenebat... » — (*Cartul. de N.-D. de Longpont*, p. 76.)

**185.** 1176, Jérusalem. — Reynier [de Milly, dit] de Naplouse est tém. d'une don. faite aux Hospitaliers par Baudouin, sire de Rame : « Renerius de Neapoli. » — (Pauli, p. 61.)

**186.** 1176, 1182. — Garnier [de Milly, dit] de Naplouse, gr. précepteur de l'hôpital de S. Jean de Jérusalem. — (Pauli, LXI, LXIII.)

**187.** 1177. — Renaud de Châtillon, veuf de Constance, princesse d'Antioche, épouse « Estiennette de Milly, héritière de la Seigneurie de Montréal ou d'Oultre-le-Jourdain. » — (G. Schlumberger, *Sceaux et monn. de l'ép. des crois.;* ap. *Arch. de l'Or. lat.*, I, 665.)

**188.** 1177. — Robert de Milly est tém. d'une don. d'Henri, comte de Champagne. — (Carnandet, p. 314.)

**189.** 1178. — État des possess. de l'abb. de Mont-Sion en Terre-Sainte et en Occident; extr. d'une bulle d'Alexandre III : «... Dans le territ. de Jérusalem,... la terre de la Fontaine, que donna Guy de Milly... » — (Rey, *Colonies franq. de Syrie*, 281.)

**190.** 1178. — Mgr Baudouin [de Milly, dit] le Français et Mgr Reynier [de Milly, dit] de Naplouse sont tém. de ventes faites aux hospitaliers par Amaury, vicomte de Naplouse : « Dominus Balduinus Francigena, Dominus Renerius de Neapoli. » — (Pauli, p. 64. — Delaville, p. 17.)

**191.** 1178. — Mgr Baudouin [de Milly, dit] le Français est tém. d'une charte de Baudouin, roi de Jérusalem, en faveur des Hospitaliers : « Dominus Baldoinus Francigena. » — (Pauli, p. 66.)

**192.** 1178. — Robert de Milly, *Robertus de Miliaco*, souscrit la charte par laquelle l'Évêque de Beauvais confirme un accord entre Renaud de Mello et l'abb. de S. Lucien. — (Villevieille, LVIII, 62 v. — *Pic.*, CLV, 102 v.)

**193.** 1179, Beaune. — Robert de Milly, partant pour la croisade avec Henri, comte de Champagne, est tém. d'une don. faite par ce prince à l'abb. de Citeaux : « Ego Henricus, comes Trecensis palatinus... Testes... Robertus de Milliaco. Actum apud Bernam cum irem Iherosolimam. » — (Arch. de la Côte-d'Or, *Cartul. de Citeaux*, II, 73.)

**193**[2]. 1179. Jérusalem. — Robert de Milly, étant à la croisade, est tém. d'une don. faite aux chanoines d'Hébron par Henri, comte de Champagne. — « Henricus, Trecensis comes palatinus... cum in terra Hierusalem essem... Testibus... Roberto de Milli... Actum in urbe sancta Hierusalem, anno Verbi inc. 1179. — (H. d'Arbois de Jub., *Arch. des pet. hôpitaux de Troyes*, p. 109-110.)

**194.** 1179, Fontainebleau. — Louis VII atteste que la viguerie d'Herpigny a été donnée au prieuré de Fleury, membre de l'abb. de S. Victor, par Payen de Milly, du consent. d'Alix, sa femme, surnommé Plus belle, de Guillaume, Payen, Philippe et Thierry, ses fils, et avec l'approb. de

Guillaume de Milly et de ses fils, Guillaume, Renaud et Robert, seigneurs du fief : «... Noverint universi... Paganum de Miliaco, de assensu uxoris sue Aales, cognomento Plus belle, et filiorum suorum Willermi, Pagani, Philippi, Terrici,... dedisse... Laudaverunt, de quorum feodo erat, Willelmus de Miliaco et filii ejus Willelmus, Raginaldus et Robertus... » — (Arch. Nat., K 181, liasse 5, n° 25 ; K 25 b, n° 13³.)

**195.** 1179. — Élisabeth, abbesse de Montmartre, cède à Nicolas de Milly et à ses hoirs un terrain sis près la porte de Paris. Guillaume de Milly est un des témoins de cette cession pour led. Nicolas : « ... Nicholao de Milliaco... Signum Willelmi de Milliaco. » — (Arch. Nat., K 25b, n° 13⁴, chyrogr.)

**196.** V. 1179. — Frère Robert de Milly, templier, *Frater Robertus de Milleio*, est tém. d'une don. faite à l'abb. de Buzay par le duc de Bretagne. — (Morice, I, 679.)

**197.** 1180. — A l'exemple de feu Mgr Guy de Milly et de Mgr Philippe de Naplouse, Mgr Guy le Français et Mgr Henri le Buffle, fils dud. Guy de Milly, Renaud, prince de Montréal, et Étiennette, sa femme, donnent à l'abb. de Josaphat la moitié du casal de Bethomar : « Notum sit... do-

minum Guidonem de Miliaco olim dedisse...;
postea... dominus Philippus Neapolitanus, dominusque Guido Francigena, necnon et dominus Henricus Bubalus, predicti Guidonis filii, divino fervore accensi, prefatum donum concesserunt... »
— (Delaborde, p. 88.)

**198.** 1180, 26 avril. — Robert de Milly, Siffroy de Milly : « Robertus de Milliaco, Saifridus de Milliaco. *Carés de l'égl. de Beauvays.* » — *(Pic.,* CLV, 101 v.)

**199.** V. 1180-1189. — Ordre des Hospitaliers de Jérusalem : Garnier [de Milly, dit] de Naplouse, prieur d'Angleterre. — (Delaville, p. 221 et note 2.)

**200.** V. 1180. — Sawalon, sire de Milly, du consent. de Pierre et Guy, ses frères, confirme, comme seigneur dominant, une don. faite à l'abb. de S. Lucien de Beauvais par Hugues de Presle. Tém. : Sawalon de Monceaux. « Son sceau représente un chevalier monté, le casque en tête, le visage découvert, tenant sa bannière d'une main appuyée sur l'arçon. » — (Villevieille, LVIII, 62 v.)

**201.** — « Maison de Milly en Gastinois : I.-Guillaume, sgr de M., ép. 1° Agnès de Nemours; 2° Jeanne de Lori. Il fut père de : 1° Philippe;

2º Geoffroy, qui suit : 3º Marguerite, femme de Raoul le Bouteiller de Senlis, sgr de Lusarches. — II. Geoffroy, sgr de Milly, ép. Aënor, dont: 1º Guillaume, sgr de M., marié à Françoise de Sully, dame de Boisgibaut, sans enf. 2º Geoffroy, qui suit. 3º Perronelle, femme d'Estienne de Sancerre, sgr de S. Briçon. — III. Geoffroy de Milly, comte de Lorette, gr. seneschal du roy. de Sicile, marié à N..., dont : 1º Guillaume, comte de Lorette, sans enf. 2º Philippe comtesse de Lorette, mariée à Philippe de Flandre, comte de Chietty, veuf de Mahaut de Courtenay. » — (Cab. des titres, 215, *Nobil. de la Fr.*, XII, 102.)

**202.** — Agnès, fille de Ph. de Nemours, mort vers 1191, et d'Aveline de Melun, épousa Guillaume de Milly et fit quelques biens étant au lit de la mort, à l'abb. de Barbeau. (Le P. Anselme, VI, 625.) — « Guillaume, sgr de Milly, ép. Agnès de Nemours, dont il eut Philippe, sous-doyen de Sens, et Geoffroy. Il se remaria à Jeanne de Lorry (Lorris), fille et hér. d'Adam. » (*Pièc. orig.*, Milly, 70.)

**203.** 1181, Chartres. — Mᵉ Guillaume de Milly, chanoine de Chartres, est tém. d'une grâce octroyée à son chapitre par Thibaut, comte de Blois. — (Mondonville, XI, 281 v.)

Planche IV

GEOFFROY DE MILLY
1242

**204.** 1181. — Nicolas de Milly souscrit une charte de Ph., évêque de Beauvais, pour le chap. de S. Quentin. — (*Pic.*, CCCIV, Chartes de S. Quentin, 7.)

**205.** 1181. — Robert de Milly souscrit une charte de Marie, comtesse de Champagne. — (H. d'Arbois, *Hist. des Ducs*, III, 148.)

**206.** 1182. — Charte de Ph., év. de Beauvais, confirmant des don. faites à l'abb. de Beaupré. Robert de Milly, chevalier, a été témoin de don. faites par J. d'Airion et les fils de Vautier le Veneur : « Testes... Robertus miles de Milliaco. » — (*Cartul. de Beaupré*, f. 27.)

**207.** — 1183, 21 avril. — Humfroy de Thoron, du consent. de Renaud, prince de Montréal, son seigneur, et de madame Étiennette [de Milly], sa mère, femme dud. seigneur, fait une don. à S. Lazare de Jérusalem pour le salut de Mgr Philippe [de Milly], son aïeul maternel, de sad. mère et dud. Renaud : « ... prosalute domini Philippi, avi mei... » — (Marsy, XXIX.)

**208.** 1183. — Renaud et Gilbert de Milly souscr. une charte de Louis, comte de Blois et de Clermont : « Reginaldus de Milleto... Gillebertus de Milleto. » — (Mondonville, X, 80.)

**209.** 1184, Meaux. — Marie, comtesse de Champagne, atteste que l'abb. de S. Faron a cédé à Robert de Milly, *Roberto de Miliaco*, tout ce que lad. abb. avait à Boissy. — (Duplessis, *Hist. de Meaux*, II, 71. — Bréquigny, IV, 59.)

**210.** 1184. — Charte de Sagalon de Milly, relat. à une renonc. faite par Guy, son frère : « ... frater meus Guido renuntians facto... » — (*Pic.*, CLV, 102 v.)

**211.** 1184. — Donation par Sagalon, sire de Milly, du consent. d'Alix, sa femme, et de Raoul, leur fils : « Ego Sagalo, dominus Miliaci,... uxor mea Aelis, cum filio nostro Radulfo... » — (*Pic.*, CLV, 102 v.)

**212.** 1184. — Sagalon, sgr du château de Milly, du consent. d'Alix, sa femme, de Pierre, Gervais et Raoul, ses fils, remet à l'abb. de S. Lucien divers droits qu'il percevait à Rothois, Achy, Oudeul, etc. Tém. : Sagalon de Monceaux. — (Villevieille, LVIII, 62 v.)

**213.** 1184. — Raoul de Milly souscrit une charte de Manassès de Conty en faveur de l'abb. du Gard. — (*Ibid.*)

**214.** 1185. — Robert de Milly accompagne

Marie, comtesse de Champagne, dans un voyage en France, et est tém. d'une charte, datée de Gisors. — (Longnon, p. 317.)

**215.** 1185, 11 mars. — Charte de Marguerite, reine d'Angl., sœur de Ph.-Auguste : « ... His testibus... Roberto de Miliaco... » —(L. Delisle, *Act. de Ph.-Aug.*, append., n° 124.)

**216.** 1186. — Nicolas de Milly, clerc : « Nicholaus de Milli, clericus. » — (*Pic.*, CLV, 102 v.)

**217.** 1188. — Charte de Sagalon, sire de Milly : « Ego Sagalo, dominus Miliaci... uxor mea Aelis cum filio nostro Radulfo... » — (*Pic.*, CLV, 102 v.)

**218.** 1188. — Charte du même : « Ego Sawalo, dominus Miliaci... uxor mea Aaliz cum filio nostro Radulfo... » — (*Ibid.*)

**219.** 1188. — « Sawalon, sire de Milly, déclare que les relig. de l'abb. de S. Lucien luy avoient accordé 8 minées de boys dans leur forest d'Oudeur... En prés. de Sawalon de Moncheaux. » — (Villevieille, *Trés.*, LVIII, 62 v.)

**220.** 1188, Blois. — Jaquet de Milly, *Jaquettus de Milliaco*, souscrit une charte de Thibaut, comte de Blois, pour la léproserie de Beaulieu, dioc.

de Chartres. — (Gaignières, *Égl. et abb.*, p. 181.)

**221.** 1189. — Charte de Robert, fils de Robert de Milly : « Ego Robertus filius Roberti de Milliaco... » — (*Pic.*, CLV, 102 v.)

**222.** 1189. — Ordre des Hospitaliers de Jérusalem : Garnier [de Milly, dit] de Naplouse, gr. prieur de France et d'Angleterre. — (Delaville, p. 220.)

**223.** 1190. — « MILLY, *de sable au chef d'argent*, seigneurs du lieu (Armoriaux de M$^r$ du Cange). Sauvalo de Milliaco, testis in carta, anno 1190. » — (*Pièc. Orig.*, Milly, 54.)

**224.** 1190. — Charte de Sagalon, sire de Milly, qui mentionne Guy, son frère, abbé d'Ourscamp : « Ego Sawalo, dominus Milliaci... Wido, frater meus, abbas Ursicampi... » — (*Pic.*, CLV, 102 v.)

**225.** 1190. — « Sawalon, sire de Milly, du consent. de Pierre et Raoul, ses fils, » fait une don. à l'abb. de Lucien de Beauvais, « en prés. de Sagalon de Moncheaux » et autres. — (Villevieille, LVIII, 62 v.)

**226.** 1190. — Sagalon de Milly, partant pour la croisade avec Pierre, son fils aîné, fait une aumône à l'hôpital de Beauvais.

« Ego Sagalo de Miliaco, Ierosolimam profecturus, concedente Radulfo, filio meo, pro me et pro Petro, filio meo, qui mecum proficiscitur, et pro anima Mabiliæ, sororis meæ, et pro predecessoribus meis, domui hospitalis Belvacensis unum modium frumenti singulis annis ad molendina Miliaci in eleemosinam perpetuam concedo, reddendum in festo omnium sanctorum. Ut igitur hæc donatio firmiter observetur, eam sigillo meo confirmavi, et testes qui interfuerunt subscribi feci. Henricus de Brethello. Bartholomæus de Monticlis. Hugo comes. Factum anno ab incarnatione Domini millesimo centesimo nonagesimo. (*Scelé.*)

« Collationné à l'orig. en parch. trouvé conforme, sain et entier, exhibé pour ce faire et à l'instant rendu au porteur, par les notaires royaulx à Beauvais soubz signez, le 26ᵉ octobre 1667.

« HOUPPIN.        HANYN. »

(Berzé, n° 24. — *Pic.*, CLV, 102 v.)

**227.** 1190. — Andry de Milly, *Andricus de Milliaco*, est un des six arbitres qui prononcent entre l'abb. des Escharlis, dioc. de Sens, et le sgr de Seignelay. — (Quantin, II, 422.)

**228.** 1190. — Robert de Milly fait don de 5 sols de rente et d'un demi-septier de froment « aux prestres de la chapelle de Boissy, à la charge de célébrer annuell^t l'anniv. de sa mère, Eremburge, et de Robert, son père, après son decez. » — (D'Hozier, *Armor. et généal.*, f. 201.)

**229.** 1190, Sézanne. — Robert de Milly est présent à l'assemblée des barons champenois, qui jurent de reconnaître Thibaut III comme comte dans le cas où Henri II ne reviendrait pas de la Terre-Sainte. — (H. d'Arbois, *Hist. des ducs*, IV, 505.)

**230.** 1190. — Robert de Milly accompagne à la croisade Henri II, comte de Champagne. — (Bouquet, XIX, 583-584. — Longnon, p. 317.)

**230$^2$.** V. 1190. — Manassès de l'Isle-d'Adam, sgr de Remerangles, fils d'Ancel, sgr de l'Isle, fondateur de l'abb. du Val, et de Mabille de Bulles, épousa « Ancilie ou Amilie de Milly, fille de Robert, sgr de Milly ». — (Le P. Anselme, 2$^e$ éd., p. 1512.)

**231.** 1190, oct. — Garnier [de Milly, dit] de Naplouse, gr. maître de l'hôpital de S. Jean de Jérusalem. — (Herquet, 45.)

**232.** 1191, Blois. — Renaud de Milly, *Raginaldus de Miliaco*, est tém. d'une confirm. octroyée par Louis, comte de Blois. — (Mondonville, VI, 377. — Poli, *Courtin*, Preuv., 21.)

**233.** 1191, juin. — « Warnerus de Naplis, summus magister hospitalis Jerosolimitani. » — (Bouquet, XVII, 521.)

**234.** 1192. — Renaud de Milly, *Raginaldus de Milli*, est tém. d'une don. faite par Louis, comte de Blois. — (Mondonville, X, 202.)

**235** 1192. — Accord entre l'abb. de la Vieuville, dioc. de Dol, et les hoirs de Manassès de Milliac (Milly ?) « ... Heredes Manescher de Milliac.... et ab Evano, filio Guillelmi de Millac.... et Herveus de Millac hec concessit. » — (Morice, I, 722.)

**236.** 1192, 2 fév. — Charte de Garnier [de Milly, dit de Naplouse, gr. maître des Hospitaliers, portant concession en faveur des chevaliers teutoniques d'Acre : « Ego frater Garnerius de Neapoli, Dei permissione sancte domus hospitalis Ierusalem humilis minister... » — (Strehlke, p. 23.)

**237.** 1192, 10 fév., Acre. — Garnier [de Milly, dit] de Naplouse, gr. maître des Hospitaliers, est tém. d'une don. faite aux chev. teutoniques d'Acre, par Guy, roi de Jérusalem : « ... testium :... Frater Garnerius de Neapoli, magister hospitalis Ierusalem... » — (*Id.*, p. 24.)

**238**. 1192, juin. — Garnier [de Milly, dit] de Naplouse, gr. maître de l'hôpital de S. Jean de Jérusalem. — (Herquet, 45.)

**239**. 1192, 13 oct., près Acre. — Charte de Richard, roi d'Angl., pour l'hôpital de Jérusalem : « ... Garnerius de Neapoli, magister hospitalis hierosolimitani... » — (Müller, p. 59.)

**240**. — Garnier de Naplouse, gr. maître de l'hôpital de Jérusalem : « Il ne faut pas le confondre avec un autre du même nom, bailli ou prieur d'Angleterre et chef de la milice de l'Ordre (turcopolier), à qui Henri II donna la célèbre abbaye de Buchland... Il était commandeur de l'hôpital de Jérusalem en 1177 ; il en fut gr. maître en 1187. Ses armes étaient *de sable à la croix ancrée d'argent.* » — (Tettoni, *Storia dell'Ord. di Malta*, ap. *Teatro Araldico*, t. VI, ch. 9.)

**241**. — Salles des Croisades, au chât. de Versailles : « Garnier [de Milly, dit] de Naplouse, gr. maître de l'Ord. de S. Jean de Jérusalem. Il périt à la bat. de Tibériade, *Armes : de l'Ordre.* » (Borel d'H., II, 375.)

**242**. 1193, Châteaudun. — Renaud et Gilbert de Milly sont tém. d'une concession consentie par l'abb. de Bonneval à Louis, comte de Blois et de Clermont : « Testes... Reginaldus de Milleto, Gilbertus de Milleto. » — (Mondonville, X, 80. — Poli, *Courtin*, Preuves, 23.)

**243**, 1193. — Sagalon de Milly, partant pour Jérusalem, a fait une aumône à l'abb. de Beaupré, en prés. de Guy, son frère, abb. d'Ourscamp, et de Pierre et Raoul, ses fils : «... Notum fieri volumus quod Sagalo de Milliaco, in via Iherosolimitana profecturus, dedit... illam partem vivarii de Achi que ipsum contingebat... presente abbate Ursicampi, fratre suo, et filiis ipsius Sagalonis Petro et Radulfo hoc ipsum... concedentibus... » — (*Cartul de Beaupré*, f. 71. — *Pic.*, CLV, 102 v.)

**244**, 1194. — Gilbert de Milly est tém. d'un affranch$^t$ octroyé par Louis, comte de Blois. — (Mondonville, XI, 140).

**245**, 1195. — Gilbert de Milly est tém. d'une don. faite à l'abb. de S. Chéron par Raoul, sire de Méhun-sur-Yèvre. — (Mondonville, II, 129 v.)

**246**. 1195. — Robert de Milly est tém. d'une don. faite à l'abb. de Sellières par Fromond de Provins. — (Villevieille, LVIII, 62 v. — H. d'Arbois, *Hist. des ducs*, IV, 567.)

**247**. 1195, Beauvais. — Nicolas de Milly, chanoine de Beauvais, est tém. de la confirm. épiscopale de don. faites à l'égl. de Gerberoy par Pierre, sgr de Gerberoy. — (Beauvillé, III, 47. — Louvet, I, 671.)

**248.** V. 1195. — Guy de Chobar, partant pour la croisade, fait une don. à l'abb. de la Vieuville du consent. de Geoffroy de Millac (Milly?), fils de sa sœur. — (Morice, I, 728, 778.)

**249.** 1196. — Renaud de Milly, *Raginaldus de Milliaco*, est tém. d'une don. faite à l'abb. des Vaux-de-Cernay par Louis, comte de Blois et de Chartres. — (Merlet et Moutié, *Cartul.*, I, p. 125.)

**250.** 1198. — « Robert de Milly, puissant seigneur, père d'Adam, bailly d'Artoys en 1223, [qui fut] père de Geoffroy, chevalier, sgr de Milly, bailly d'Amiens l'an 1224. » — (*Pièc. orig.*, Milly, 66.)

**251.** 1198, Bonneval. — Renaud de Milly, *Reinaudus de Milli*, est tém. d'un accord entre Louis, comte de Blois, et l'abb. de Bonneval. — (Gaignières, ms. lat. 17139, f. 49.)

**252.** 1198. — Gilbert et Renaud de Milly souscrivent une charte de Jean, sire de Montigny : « Actum... sub testimonio... Gileberti de Milhiaco,

Raginaldi de Milhiaco... » — (Martène, *Hist. Mss. de Marmoutier*, VI, n° 206. — Mabile, *Cartul.*, p. 190. — Villevieille, LVIII, 60.)

**253**. 1198. — Guillaume de Milly, prieur de N.-D. de Longpont, et de S. Martin des Champs, dioc. de Paris, puis abbé de Cluny. — (*Gall. Christ.*, VII, 525, 556-557.)

**254**. 1198, avril, Melun. — Robert de Milly est un des plèges de Thibaut, comte de Champagne, envers le roi Ph.-Auguste : « Ph., Dei gratia Francorum rex... Juravit... nobis comes Theobaldus... Suo autem mandato juraverunt nobis... Robertus de Miliaco... » — (Arch. Nat., *Lay. du Trés. des chartes*, J. 198 a, Champ., VI, n° 4, orig. scellé. — Teulet, I, p. 195-196. — Villevieille, LVIII, 63. — Mondonville, IX, 161.)

**255**. V. 1198. — Milon d'Aulnoy fait une don. au prieuré de Longpont pour qu'une messe annuelle soit dite pour l'âme de son frère, mort à la croisade, et dépose sur l'autel, en témoignage de lad. donation, un livre que tenait Guillaume de Milly, prieur : «... sumpto libro de manu magistri G. de Milliaco, tunc prioris. » — (*Cartul du dioc. de Paris*, ms. lat. 11835, f. 76 v.)

**256**. Fin du XII$^e$ s. — Bienfaiteurs de l'abb. de

Bussières, dioc. de Bourges : Agnès de Bourbon, Aliénor de Milly, Raoul de la Châtre, etc. — (*Gall. christ.*, I, 220.)

**257.** 1200. — Charte de Pierre de Milly; accord entre lui et le chapitre de S. Michel de Beauvais, au sujet du village que led. Pierre venait de créer dans le bois de « Plans Louvry », et du droit de dîme dans ce bois et celui d'Achy : « Ego P. de Milyaco... » — (Berzé, n° 58, cop. coll. du XVI$^e$ s.; au bas, d'une écriture du XVII$^e$ : M$^r$ de Milly a la grosse en parch. avec un grand sceau de cire jaune. »).

**258.** 1200, Vernon. — Philippe-Auguste atteste que Renaud de Mello a promis de livrer à l'évêque de Beauvais la maison de Bailleul et donné pour cautions Pierre de Milly, Hugues de Gournay, etc. — (Arch. nat., K 189, n° 7. — L. Delisle, *Actes de Ph.-Aug.*, n° 618.)

**259.** 1200. — Philippe, roi de France, confirme le précédent accord : «... Renaldus de Merloto... plegios... constituit Petrum de Milliaco... » — (*Ibid.*)

**260.** 1200. — Nicolas de Milly, chanoine de Beauvais, est tem. de la confirme de l'égl. de

S. Ouen au chapitre de Gerberoy : « Testes... Nicholaus de Milliaco... » — (Beauvillé, III, 49.)

**261.** 1200. — Charte d'Eudes, év. de Paris, relatant une don. faite par Robert de Milly, chev., et Eremburge, sa femme, du consent. d'André Polin, chev., sgr. du fief : « Rob. de Miliaco, miles, et Eremburgis, uxor ejus... » — (*Cartul. de Pontigny*, f. 345.)

**262.** 1200, sept., Châteaudun. — Renaud de Milly souscrit la charte par laq. Louis, comte de Blois, confirme un legs fait à N.-D. de Paris par sa mère : « Testes... Raginaldus de Milliaco... » — (Mondonville, X, 319. — *Gr. Pastoral de Paris*, f. 12. — Guérard, *Cartul. de N.-D. de P.*, I. 296, l'appelle erronément « Ragerus de Milliaco ».)

**263.** V. 1200. — *Châtelains du Royaume* : « Le Seigneur de Milly (Beauvaisis). Le Seigneur de Milly (Gâtinais). *Chevaliers du Royaume* : Coucy : Pierre de Milly. Vexin : Guillaume de Milly. Corbeil : Robert de Milly. Grez : Mgr Guill. de Milly tient immédiatement du Roi ; Geoffroy de Milly, médiatement. — (Bouquet, XXIII, 632, 633, 669, 677, 686, 687. — De Camps, VIII, 306.)

**264.** V. 1200. — « Milli en Beauvaisis : Pierre de Milli, *de Milliaco*, fils de Sagalon, étoit un des chev. bannerets du Beauvaisis qui vivoient sous le règne de Ph.-Auguste. » — (De Camps, VIII, 306.)

**265**. V. 1200. — Robert de Milly est un des chevaliers bannerets de Champagne au temps de Philippe-Auguste. — (Du Chesne, *Scriptores*, V, 267. — De Camps, VIII, 306.)

**266**. V. 1200. — Sagalon, abbé de S. Laumer de Blois : « Sargalo, abbas S. Launomari... » — (Bouquet, XIV, 107.)

**267**. 1201. — Lettres de Pierre de Milly pour l'abb. de Beaupré et l'abb. de Lannoy (N.-D. de Briostel). — (*Gall. christ.*, IX, 835, 839.)

**268**. 1202. — Pierre de Milly, chev., *Petrus de Milli*, est plège d'un accord entre Nic. de Châtillon, sgr de Basoches, et l'abb. de S. Médard de Soissons. — (*Cartul. S. Med.*, lat. 9986, f. 28 v. — Du Chesne, *Chastillon*, 689.)

**269**. 1202, mars. — Lettres de l'official et de l'archidiacre de Soissons, relatant l'approb. donnée par Jacq. le Sauvage. chev., et Eremburge, sa femme, à la vente de 21 arpents du bois sis près la grange de Villars, faite par Thomas de Milly, chevalier : « Thomas miles de Milliaco. » — (*Cartul. d'Igny*, ms. lat. 9904, f. 186 v.

**270.** 1203. — Accord, sur le droit de travers à Milly et Saint-Omer, entre Pierre, sire de Milly, et Ade, sa femme, d'une part, et l'abb. de S. Lucien, d'autre. — (Villevieille, LVIII, 63.)

**271.** 1203. — Mgr Robert de Milly, fait remise perpétuelle à l'abb. du Paraclet d'un droit de péage à Rebais, à condition qu'il serve à l'habillement de ses deux filles, relig. au d. monastère, leur vie durant : « Robertus dominus de Miliaco... tali vero tenore quod due filie nostre A. et E. scilicet, quas apud Paraclitum monachavimus... » — (L'abbé Ch. Lalore, *Cartul. du Paraclet*, n° 123.)

**272.** 1204. — Robert de Milly, chev., *Rob. de Miliaco, miles*, et Eremburge, sa femme, donnent à N.-D. de Franchard la dîme de Montceaux, du consent. de Rob. de Montceaux, prêtre, et avec l'approb. d'André Polin, chev. — (*Cartul. de Pontigny*, f. 227.)

**273.** 1204, Melun. — Adèle, reine de France, notifie lad. donation, faite avec l'approb. d'André Polin, frère de lad. Eremburge, et d'Amicie d'Onjon, dame du fief : « ... Rob. de Miliaco miles... ex parte Eremburgis uxoris sue... et Andreas Polinus, frater ejus... » — (*Ibid.*)

**274.** 1204. — Philippe, roi de France, notifie

qu'Amicie d'Onjon a approuvé publiq. en sa présence lad. donation de Robert de Milly, chev., et d'Eremburge. — (*Ibid.*, f. 345.).

**275**. 1205. — L'archev. de Sens confirme l'excommunic. prononcée par Innocent III contre G. de Lèves, du dioc. de Chartres, usurpateur d'une rente de 60 sols sur le péage de la Chapelle, léguée aux clercs de la cathédr. de Sens par feu R. de Milly, chanoine de Sens : « ... quos bone memorie R. de Milliaco, canonicus Senonensis... legaverat. » — (Arch. de l'Yonne. — M. Quantin, *Rec. de pièces*, p. 21.)

**276**. 1205, avril. — Robert de Milly est un des seign. champenois qui se rendent garants d'une vente faite par Jean de Brienne à Blanche, comtesse de Champagne. — (De Camps, VIII, 306.)

**277**. 1207. — Gilbert, fils de Gautier Milly, sénéchal du comte de Los. — (Rymer, *Fœd.*, éd. 1739, t. I, p. 46, et t. X, à l'index.)

**278**. 1212. — Robert de Milly scelle, avec les autres barons de Champagne, l'ordonn. de Blanche, comtesse de Champ., relative aux successions et aux duels. — (Villevieille, LVIII, 63. — Mondonville, IX, 153.)

**279.** 1212. — « Milly, en Basse-Normandie : Roger de Milli, *de Milliaco*, est un des chevaliers tenans fiefs du comté de Mortain, qui firent hommage au roi Ph.-Aug. » — (De Camps, VIII, 306.)

**280.** 1212, janv. — Pierre, sire de Milly, donne à l'égl. de Gerberoy, du consent. de Pierre et Gervais, ses fils, tout le droit qu'il avait dans le quart du champart de Buicourt, vendu à lad. église par Rob. des Quesnes, *urgente penuria* : « Ego Petrus, Milliaci dominus,... laudantibus filiis meis Petro et Gervasio. » — (Beauvillé, III, 68. — Bréquigny, IV, 518. — Pillet, *Hist. de Gerberoy*, p. 350.)

**281.** 1213. — Geoffroy de Millay (Milly), abbé de Cormery, dioc. de Tours. — (*Gall. christ.*, XIV, 264.)

**282.** 1213, sept. — Guillaume de Milly, chevalier, appose son sceau à une transaction entre l'évêque de Chartres et Renaud d'Ouarville, chev. L'écu est chargé d'un lion. — (Mondonville, XI, 32 v.)

**283.** 1213, oct. — Enquête testimon. faite par Robert de Courson, serviteur de la Croix du Christ, cardinal de S. Etienne du Mont-Cœlius, sur le mariage d'Henri II, comte de Champagne, avec Isabeau, reine de Jérusalem : « ... Robert de Milli, homme noble, *Robertus de Meliaco, vir nobilis*, dépose qu'en 1190 il étoit à Sézanne, lorsque Henri, comte de Ch., fit prester serment de fidélité au comte Thibaud, son frère puisné, comme son successeur aux comtez de Ch. et de Brie, en cas que luy comte Henri ne revînt pas de la Palestine, où il s'acheminoit. Robert de Milli ajoute qu'il avoit presté luy-mesme serment au comte Thibaud, *qu'il s'étoit ensuite rendu à la Palestine, et qu'il étoit au siège d'Acre, à la suite du mesme comte Henri*, lorsque le marquis de Montferrat, comte de Tir, avoit enlevé la princesse Isabel, depuis reine de Jérusalem, à Humfroi de Toron, mari de cette princesse. » (De Camps, VIII, 306. — *Gall. Christ.*, XIX, 583-584. — H. d'Arbois, *Hist.*, IV, 118.)

**284.** 1214, janv. — Guillaume, seigneur de Milly, notifie qu'Agnès, sa femme, étant près de mourir, a aumôné à l'abb. de Barbeau un muid de froment et un muid de vin à prendre annuell<sup>t</sup> à Bromeilles : « Ego Willelmus dominus Milliaci.. Agnes uxor mea, laborans in extremis... » — (*Cartul. de Barbeau*, f. 105.)

**285.** — 1214, 27 juill. — Pierre, sire châtelain de Milly en Beauvaisis, Guillaume, sire châtelain de Milly en Gâtinais, chevaliers bannerets, combattent à Bouvines. — ( La Roque, *Ban*, 48, 49, 52, 53. — Roger, *Nobl. et chev.*, 110, 111.)

**286.** — Gautier, sire de Nemours, approuve, comme seigneur de fief, la don. faite à l'abb. de Barbeau par sa feue sœur, Agnès, femme de Guillaume, sire de Milly : « ... Agnes, soror mea, uxor W., domini Milliaci. » — (*Ibid.*)

**287.** 1215. — Mgr Robert de Milly est un des nobles et prudents hommes que Blanche, comtesse de Champagne, charge de juger la contestation qu'elle avait avec l'abb. de Vauluisant au sujet de l'usage de divers bois. Les arbitres prononcent en faveur de lad. abbaye : « ... de consilio nobilium et prudentium virorum... domini Roberti de Milliaco... » — (*Cartul. de Champ.*, lat. 5993, f. 126. — Teulet, I, p. 422-423.)

**288.** V. 1215. — Guill. Morel, chevalier, sgr de la Motte, en Cambrésis, fait par Louis IX capitaine du châtel de Walincourt, mort à 74 ans le 9 déc. 1260, avoit épousé Agnès de Milly [qui portoit] : de sable au chef d'argent. — (*Pièc. orig.*, doss. 46681, Morel, 236 v.)

**289.** 1216. — Charte de frère André de Coulours, précepteur de l'Ordre des Templiers. Mgr Robert de Milly a donné à l'Ordre les bois de Montceaux-lès-Provins : « ... nemorum de Moncellis, que nos a domino Roberto de Milliaco habuimus... » — (Lalore, *Cartul. de Montier-la-Celle*, n° 161.)

**290**. 1217. — Pierre, sire de Milly, garantit au Roi la fidélité de Manassès de Conti jusqu'à concurr. de 100 livres : « Petrus de Miliaco, de C¹. » — (Du Chesne, *Scriptores*, V, 270. — Bouquet, XVII, 105.)

**291**. 1217, oct. — Robert de Milly garantit au Roi la fidélité de Rasse de Gavre le jeune, jusqu'à concurr. de 200 l. parisis : « Ego Robertus de Milli... presentem paginam sigilli mei munimine confirmavi. » — (Arch. nat., lay. *Flandre*, I, J532, n° 11 ¹³, orig. scellé du sc. équestre de Rob. de Milly, l'écu aux armes : *bandé de 6 p.*)

**292**. — 1217, oct. — Érard de Brienne désigne pour arbitres Simon de Joinville, sénéchal de Champagne, son cousin, et Robert de Milly, si quelque désaccord venait à se produire au sujet d'une cession par lui faite à la comtesse Blanche : « ... ad arbitrium... Roberti de Milliaco... » — (*Cartul. de Champ.*, lat. 5993, f. 43 v.)

**293**. 1218. — Fiefs mouvans du Roi. Baillie d'Adam Héron : « Guillelmus de Miliaco, Philippus de Pooli... » — (Bouquet, XXIII, 669.)

**294**. 1218, juin. — Guillaume de Milly, chevalier, octroie une concession aux hommes des religieux de S. Père de Chartres : « Willelmus de Miliaco, miles... » — (Guérard, *Cartul.*, p. 681.)

**295**. 1218, août. — Blanche, comtesse de Champagne, nomme prévôt de S. Quiriace de Provins Robert, clerc, fils de son très cher et fidèle Robert de Milly : « ... dilecto meo Roberto, clerico, filio karissimi et fidelis mei Roberti de Miliaco. » Confirmation d'accord entre led. prévôt et le chapitre de S. Quiriace. — (Arch. nat., *Cop. de chartes*, Champ. et Brie, II, K 192, liasse 6, n° 23. — Gaignières, *Cartul.*, ms. lat. 17048, p. 220.)

**296**. 1219. — Blanche, comtesse de Champagne, fait remise d'une amende encourue par un des hommes de Robert de Milly. — (H. d'Arbois, *Hist.* IV, 506.)

**297**. 1219. — L'archidiacre de Laon notifie que Robert de Milly, chev., du consent. d'Aveline, sa femme, de Gérard de Milly, chevalier, sgr du fief, et de Mathilde, sa femme, et encore de Clérembaud, de Thomas et Mathilde, sa femme, de Jacques et Eremburge, sa femme, d'Ernaud et Perrette, sa femme, a vendu à l'abb. d'Igny, 13 arp. de terre à Savart, jouxte le bois de Vilerzel (Villarceau ?) : « Robertus de Milliaco, miles... Gerardus miles de Milliaco... Mathildis, uxor dicti Gerardi.. laudaverunt. » — (*Cartul. d'Igny.*, f. 185.)

**298.** 1219, avril. — Charte de Ph.-Auguste pour Robert de Milly : « Robertus de Milliaco. » — (*Cartul. des Comtes de Champ.*, ms. lat. 17094, f. 358. v.)

**299.** 1219, nov. — Robert de Milly et Alix, sa femme, donnent à l'abb. de S. Pierre d'Avenay, du consent. de Mgr Guy de Milly et d'Agnès, leurs fils et fille, une rente de 40 s. sur leur péage de Montmirail, à condition que Ade, aussi leur fille, religieuse aud. monastère, en ait la jouiss. sa vie durant : « Ego Robertus de Milliaco et Aelidis, uxor mea,... Ada, filia nostra, ejusd. eccl. monialis... Laudaverunt dominus Guido, filius noster, et Agnes, filia nostra. » — (L. Paris, *Avenay*, II, 107.)

**300.** Av. 1220. — Bouchard de Milli, *de Miliaco*, est un des chevaliers qui relèvent imméd$^t$ du Roy les fiefs qu'ils possèd. en la chastell. de Paris. » — (De Camps, VIII, 306.)

**301.** 1220, mars. — Guillaume de Milly, *Guillelmus de Milleio*, est un des dix chevaliers que Mathieu, sire de Montmorency, connétable de France, envoie à la croisade « pour le remplacer à la Terre Sainte contre les ennemis de la Croix ». —

(*Chartes de crois.*, lat. 17803, num. 58, 205, 392. — Trad. par P. Roger, *Nobl. de Fr. aux Crois.*, p. 106. — Rosny, II, 992.)

**302.** 1220, mars. — Raoul de Milly et Eustache, son fils aîné, chevaliers, consentent une don. faite à l'abb. de Beaupré par leur fidèle Pierre de Morvillers : « Ego Radulfus de Milliaco et ego Eustachius, filius ejus prior natu, milites... » — (*Cartul. de Beaupré*, f. 98 v.)

**303.** 1220. — Bovon, clerc du Roi et son garde à Beauvais, notifie la charte précédente : «... Radulfus de Milliaco, miles... Eustachium, filium suum, militem. » — (*Ibid.*)

**304.** 1220. — Raoul de Milly, chevalier, et Eustache, son fils, confirment leur approbation de l'aumône faite à l'abb. de Beaupré par feu P. de Morvillers, et qu'approuvent aussi leurs femmes, Isabeau et Helvise, et les filles de Raoul, Isabeau et Mabille : « Ego Rad. de Miliaco, miles, et Eustachius, filius meus... uxores nostre Ysabellis et Helvidis... necnon et filie mee Ysabellis et Mabilia. » — (*Ibid.*)

**305.** 1220. — Raoul de Milly, chev., et Eustache, son fils, font serment de rendre à l'abb. de Beaupré dix l. parisis qu'ils ont reçues d'elle, s'ils viennent à la troubler dans la jouiss. des legs que lui a faits P. de Morvillers. — (*Ibid.*)

**306.** 1220. — Pierre de Milly, le jeune, chevalier, concède à l'abb. de Beaupré la poss. perpétuelle des biens qui lui ont été donnés par P. de Morvillers : « Ego Petrus junior de Miliaco, miles... » — (*Ibid.*)

**307.** 1220. — Pierre, sire châtelain de Milly, et Pierre, son fils, concèdent la don. faite à l'abb. de Beaupré par P. de Morvillers : « Ego Petrus, dominus castri Miliaci, et Petrus, filius meus... » — (*Ibid.*)

**308.** 1220. — Raoul de Milly et Eustache, son fils, du consent. d'Isabeau et d'Helvise, leurs femmes, et aussi d'Isabeau et Mabille, filles de Raoul, et de Raoul, Eustache, Wagon et Isabeau, enf. dud. Eustache, vendent à l'abb. de Beaupré un cens qu'ils percevaient annuell$^t$ dans le travers d'Oudeul, au domaine de Mgr Pierre de Milly, frère dud. Raoul, vendeur : « Ego Rad. de Miliaco et Eustachius, filius meus... voluntate uxorum nostrarum Ysabellis, Helvidis, et liberorum nostrorum Ysabeldis, Mabilie, Radulfi, Eustachii, Wagonis, Ysabellis,...... in traverso Odorii in parte domini Petri de Miliaco, fratris mei... » — (*Ibid.*, f. 85 v.)

**309.** 1220. — Pierre, sire châtelain de Milly, Pierre, son fils, Mathilde et Aëline, leurs femmes, approuvent la vente faite par Mgr Raoul de Milly à l'abb. de Beaupré : « Ego Petrus, dominus castri Milliaci... Dominus Rad. de Miliaco, frater meus, et Eustachius, filius ejus, vendiderunt... Petrus, filius meus, et uxores nostre Matildis, Aelina... » — (*Ibid.*, f. 86.)

**310.** 1220. — Le doyen de Beauvais notifie la vente faite à l'abb. de Beaupré par Mgr Raoul de Milly et Eustache, son fils : « ... dominus Rad. de Miliaco et Eustachius filius ejus... » — (*Ibid.*)

**311.** 1220. — Mgr Raoul de Milly et Mgr Eustache, son fils, sont plèges d'un accord entre Hugues, chevalier, jadis maire de Juvignies, et l'abb. de S. Lucien de Beauvais. — (Villevieille, *Trés.*, LVIII, 63.)

**312.** 1220. — Mgr Guillaume de Milly a vendu au comte de Saint-Pol divers fiefs sis en Beauvaisis. — (Bouquet, XXIII, 629.)

**313.** 1221. — Acte où figure Robert de Milly, chev., *Robertus de Milliaco, miles.* — (*Pic.*, CLV, 102 v.)

**314.** 1221. — « Sentence des juges délégués par le Pape, par laquelle le seigneur de Milly exempte les religieux de S. Denis de tous péages et impôts, passant leurs denrées sur sa terre. » — (Arch. de S.-et-Oise, *Extr. des titr. de S. Denis*, ch. VII, f. 59. — Communiqué par Mʳ Jos. Depoin.)

**315.** 1221. — « En l'an 1221, don se trouve faict par Raoul de Milly, et Eustache, son fils, de 2 muids de bled à prendre sur le moulin d'Achy, pour l'âme de Pierre de Sainct-Omer, par luy tué. » — (Louvet, I, 555.)

**316.** 1221. — Gautier, doyen d'Oudeuil, notifie que Robert, dit Normand de Milly, et Orésine, sa femme, du consent. d'Émeline, Marie et Jeanne, leurs filles, en présence de dom Martin, prêtre du château de Milly, ont vendu à l'abb. de Beaupré une terre sise à Courroy : « Robertus cognomento Normandus de Miliaco et Oresina, uxor ejus... » — (*Cartul. de Beaupré*, f. 98 v.)

**317.** 1221, 6 avril. — « Robert de Milly, *de Milliaco*, promet à Thibaut, comte de Champ. et de Brie, que ses hommes de Villars et de Boissy ne prendront aucune chose dans 500 arp. de bois à luy appartenans à Boissy. » — (D'Hozier, *Armor. et généal.*, f. 201.)

**318.** 1221, juill. — Robert de Milly, investi de

Planche V.

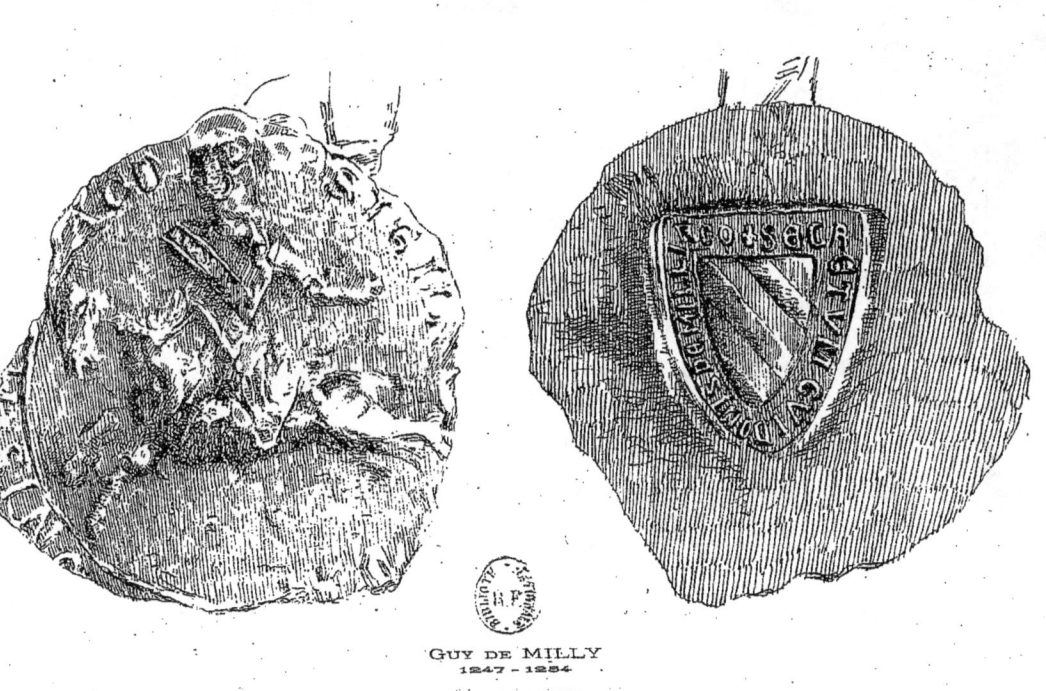

Guy de Milly
1247-1254

la charge de Chambellan de Champagne, reconnaît n'y avoir aucun droit héréditaire : « Ego Rob. de Milliaco... » — (*Cartul. de Champ.*, ms. lat. 5992, f. 229, et 5993, f. 169.)

**319**. 1222, janv. — Guy, fils de Mgr Robert de Milly, reconnaît qu'il n'a aucun droit héréd. en la charge de Chambellan de Champagne, dont la survivance lui a été donnée par la comtesse Blanche et Thibaut, son fils : « Ego Guido, filius domini Rob. de Miliaco... » — (*Cartul. de Champ.*, lat. 5992, f. 229 ; lat. 5993, f. 169. — Arch. nat., J. 198 a, n° 51, orig. parch., sceau perdu. — *Coll. de Champ.*, CXXXVII, 49 v. ; CXXXIX, 69. — *Catal.*, 1362, 2013.)

**320**. 1222, fév. — « Pierre, sgr de Milly, chev., fait un accord avec l'abb. de S. Denys. » — (Villevieille, *Trés.*, LVIII, 63.)

**321**. 1222, mars. — Robert de Milly, chev., jure au roi Ph.-Aug. de le servir de tous les fiefs et domaines qu'il tient de Thibaut, comte de Champagne, si led. comte refuse les devoirs et l'obéissance qu'il doit au Roi : « Ego Rob. de Milliaco, miles... » — (Arch. nat., lay. Champagne, VII, J. 199, n° 16, orig. parch., sceau perdu. — Mondonville, IX, 162. — Villevieille, LVIII, 63.)

**322.** 1222. — « Donation se trouve avoir esté faicte en l'an 1222 aux religieux du prioré de Milly par Pierre de Milly, fils de Sagalon, du fossé qui conduisoit de la rivière à la porte de Milly..., affin que par iceux son anniversaire fût célébré. » — (Louvet, I, 638. — *Pic.*, XI, 71.)

**323.** 1222. — Pierre, sire de Milly, concède l'aumône, faite à l'abb. de Beaupré par feu Pierre, son père, d'un bois et d'une terre sis à Courroy et ayant app. à Mgr Raoul de Milly, son oncle : « Ego Petrus, dominus castri Milliaci... concessi elemosinam quam venerabilis Petrus, pater meus... quod nemus quondam fuit domini Radulfi de Milliaco, avunculi mei. » — (*Cartul. de Beaupré*, f. 99.)

**324.** 1223. — Le même et Gervais de Milly, son frère, confirment la dite aumône faite par leur feu père : « Ego Petrus, dominus castri Milliaci,... et Gervasius, frater meus,... nemus... quod carissimus pater noster venerabilis Petrus, dominus castri Milliaci,... dedit. » — (*Ibid.* — *Pic.*, CLV, 102.)

**325.** 1223. — Adam de Milly, bailli d'Artois. — (Du Chesne, *Chastillon*, p. 68.)

**326.** 1223, juin. — Mgr Robert de Milly vend

à l'abb. d'Igny le bois de Vilerzel, ce qu'approuvent Mgr Thomas de Milly, son frère, et Mgr Jacques le Sauvage, chevaliers, et aussi Jean de Milly, de qui led. bois est tenu en fief : «... Dominus Rob. de Milliaco, miles... Dominus Thomas de Milliaco, frater dicti Roberti,... Johannes de Milliaco,... a quo prefatum nemus in feodo tenebatur.» — (*Cartul. d'Igny*, f. 188.)

**327.** 1224, 24 mars. — Daniel, avoué d'Arras et sire de Béthune, reconnaît que la haute justice de sa terre appartient au Roi. Tém. : ... Adam de Milly, bailli d'Artois : « Testibus... Adam de Milliaco, ballivo Atrebatensi. » — (Teulet, II, p. 26.)

**328.** 1224, 25 déc. — Robert de Milly, *Rob. de Milliaco*, se trouve à l'assemblée de barons que Thibaut, comte de Ch. et de Brie, a convoquée pour régler les droits des aînés et l'ordre à observer dans les partages nobles. — (*Cartul. de Champ.*. lat. 5992, f. 14. — Mondonville, IX, 447.)

**329.** 1224, déc. — Accord entre l'Évêque de Beauvais et Pierre de Milly, chev., sur le travers du chemin de Savignies. — (Villevieille, LVIII, 63 v.)

**330.** 1225, juin. — Eustache de Milly, chevalier, donne aux frères de l'hôpital de S. Jean de

Beauvais une rente d'un demi-muid de blé sur le moulin d'Achy en aumône pour l'âme de Mgr Pierre de Saint-Omer : « Ego Eustachius de Miliaco, miles... » — (Berzé, n° 24, cop. coll. en parch. du 26 oct. 1667.)

**331**. 1225, juillet, Chinon. — Guillaume de Milly, *Guillelmus de Milliaco*, souscrit la charte d'accord par laquelle Marie, comtesse de Ponthieu, délaisse au roi le château de Doullens, etc. — (Teulet, II, p. 56-57. — La Morlière, *Maisons du dioc. d'Amiens*, p. 263.)

**332**. 1225, sept., Arras. — Adam de Milly, bailli d'Artois, revêt de son sceau un acte de Rob. de Quiéry. Écu *au sautoir denché*. Lég. : ✠ S. ADE. DE. MILIACO. — (Arch. du Nord, abb. de Marchiennes. — Demay, *Sceaux de la Flandre*, n° 4941.)

**333**. 1225, nov. — Sentence rendue par les pairs de « Messire Pierre de Milly » et le condamnant à rendre hommage à l'Évêque de Beauvais pour sa terre d'Achy : «... Et dit levesque quil manda Mgr Perron de Milly par Mgr Renaut de Triecot, et par ses pers et par ses lettres,... qu'il li baillast la forteresse dAcy... A cest jugement... saccorderent Thebaud de Cormelles, Hues dAutueil... Tut sont chevalier... » — (Berzé, n° 78, cop.

coll. en pap. du 20 avril 1660. — Villevieille, *Trés.*, XXVII, 103 v.)

**334.** V. 1225. — Mgr Eustache de Milly remit à l'abb. de Beaupré un chemin de culture, jouxte le bois de Presles : « Confirm. domini Eustachii de Milliaco... » — (*Cartul. de Beaupré*, f. 7 v.)

**335.** 1226, fév. — « Pierre, sire de Milly, promet de payer l'amende à laquelle la cour de l'év. de Beauvais l'avoit condamné envers led. évêque. » — (Villevieille, LVIII, 63 v.)

**336.** 1226, févr. — Charte de Robert de Milly, chevalier, qui prend à cens perpétuel des relig. de S. Denis 40 arpents de leur forêt du Maan. Sceau équestre, le bouclier aux armes, comme le contre-sceau : SIGILLVM. ROBERTI. DE. MILLIACO. Contre-Sceau : écu, bandé de 6 pièces : SECRETVM. ROBERTI. — (Arch. nat., S. 2302, n°1. — Douët-d'Arcq, *Sceaux*, n° 2847. — Villevieille, LVIII, 63 v. ; *Cartul.* I$^{er}$ *de l'abb. de S. Denis*, p. 843.)

**337.** 1226, mars. — L'évêque de Soissons notifie que Thomas et Robert de Milly ont remis à l'abb. d'Igny les droits qu'ils pouvaient avoir dans ses essarts de Vilarsel, que leur contestait Jacq. le Sauvage, chev. — (*Igny*, f. 185 v.)

**338.** 1226, mars. — Thibaut IV, comte de

Champagne, permet à Robert de Milly de défricher 40 arpents de la forêt du Mant. Robert renonce pour dix ans aux droits d'usage que lui et ses hommes de Villiers-sur-Morin et de Bailly avaient dans 500 arpents du bois Aubotes. — (*Catal. des act. des Comtes de Champ.*, n° 1745.)

**339.** 1226, mai. — Charte de Guillaume, sire de Milly (Gâtinais), chevalier, qui donne 40 livres pour l'entretien d'une lampe perpétuelle à l'entrée du chœur de l'égl. de Milly : « Carta Will., domini Milliaci, militis,... qui constituit fideiussores suos Goslenum de Leugis, Joh. de Leugis, fratres suos, et Sym. de Gazerano, milites. » — (Mondonville, X, 18 ; XI, 290 v.)

**340.** 1226, 8 sept. — L'év. de Soissons notifie que Thomas de Milly, chevalier, a vendu à l'abb. d'Igny 21 arp. du bois de Milly, près Villerzel, promis de faire ratifier cette vente par Mgr Reynier, son frère, s'il revient de la Terre-Sainte, et constitué pour ses plèges Mgr Gérard et Mgr Robert de Milly, ses frères, qui approuvent lad. vente, ainsi que Clarembaud de Milly, clerc, aussi frère dud. Thomas, leur sœur et Arnaud, son mari, Mathilde, femme dud. Thomas, et Anceline, femme dud. Robert : « ... Thomas miles de Milliaco... a fratre suo domino Reiniero, si Deo permittente redierit,... plegios constituit dominos Gerardum et Robertum, fratres suos... Hoc etiam laudaverunt Robertus, miles, et Clarembaldus, clericus, fratres dicti Thomæ... » — (*Igny*, f. 184 v.)

**341.** 1227, mai. — Gervais de Milly, chev., confirme la don. d'un bois sis à Courroy, faite à l'abb. de Beaupré par Mgr Pierre de Milly, son seigneur et frère, et par lui, au temps où il était trop jeune pour avoir un sceau, et il revêt de son sceau la présente confirmation : « Ego Gervasius de Milliaco, miles,... dominus Petrus de Milliaco, dominus et frater meus... Sigilli mei, quod tunc juvenis non habebam, impressione confirmo. » — (*Beaupré*, f. 99.)

**342.** 1227, mai. — Jean de Conty, chevalier, concède, comme seigneur féodal, la don. dud. bois faite par Mgr Pierre de Milly, chevalier, de douce mémoire, du consent. de ses fils, Mgr Pierre et Mgr Gervais, chevalier : « ... a dulcis memorie domino Petro de Milli, milite, concéssione filiorum suorum... domini Petri et dom. Gervasii, militum. » — (*Ibid.*, f. 99 v.)

**343.** V. 1227. — Gervais de Milly, chev., et Isabeau, sa femme, remettent à l'abb. de Froidmont tous leurs droits sur des vignes sises à Sains et données à lad. abb. par Ansold et Garnier de Mellein. — (*Froidmont*, f. 15.)

**344.** 1228, janv. — L'official de Reims notifie qu'en sa présence Gérard, Reynier, Thomas et Robert de Milly, chevaliers, ont reconnu avoir vendu à l'abb. d'Igny 14 journ. de terre à Chezelles, paroisse de Fismes, tenus de Gilet et Guill., fils de feu Mgr Guill. de Fismes, chevalier. Madame Eustachie, femme dud. Reynier, à laquelle appartenait lad. terre comme bien dotal, a approuvé lad. vente, ainsi qu'Arnaud Chrestien et Perrette, sa femme, Clarembaud, clerc, Marie, femme dud. Thomas, Anceline, femme dud. Robert, Marguerite et Richilde, filles dud. Gérard. » — (*Igny*, f. 95.)

**345.** 1228, janv. — Simon, chev., sgr de Dargies, concède à l'abb. de Beaupré la don. du bois de Courroy, que lui a faite Mgr Pierre de Milly, chev., de douce mémoire, du consent. de ses fils, Mgr Pierre et Mgr Gervais, chevaliers. — (*Beaupré*, f. 99 v.)

**346.** 1228. — Mgr Adam de Milly, naguère bailli d'Artois. — (*Cartul. de l'égl. d'Arras*, lat. 17737, f. 58 v., 59 v.)

**347.** 1229-1232. — Adam de Milly, lieutenant du Roi en Albigeois. — (*Gall. christ.*, VI, 67, 220, 332 ; *instrum.*, p. 60, 151-155.)

**348.** 1229. — Robert de Milly, chevalier, sgr de Chaulieu, renonce en faveur de l'abb. de Troarn à tous les droits qu'il prétendait en l'égl. de Chaulieu, ce qu'a fait antérieurement Roger de Milly, son fils aîné. Il revêt cette charte de son sceau et, pour plus de garantie, y fait apposer celui de Zacharie de Burcy, son gendre et héritier : « Rob. de Milleio, miles et dominus de Calvoloco... Ego renunciavi... sicut carta Rogeri de Milleyo, primogeniti mei, quam monachi habent, testatur... sigillo Zacarie de Burceio, generis et heredis mei... » — (*Troarn.*, f. 236.)

**349.** 1229, Paris. — « Nic. Gibouin, bourg. de Paris, avait 3 arp. de terre auprès de la porte Baudeer, hors des murs de Paris ; il en fit une don. à la Congrég. du Val des Escoliers, à la prière de Jean de Milly, cy-devant trésorier du Temple. » — (Félibien, I, 280-281.)

**350.** V. 1229. — Frère Jean de Milly, templier, trésorier de l'Ordre, bienfaiteur de l'abb. de S$^{te}$ Catherine du Val des Ecoliers, s'était trouvé à la bataille de Bouvines, comme sergent d'armes du Roi. — (*Gall. Christ.*, VII, 851, 853.)

**351.** 1229, juin. — Adam de Milly, chev., est caution pour Hugues, châtelain de Gand, qui promet de ne plus faire la guerre à Ferrand, comte de

Flandre. — (Bréquigny, V, 350. — Du Chesne, *Guines*, preuv., p. 494; *Béthune*, preuv., p. 149. — Villevieille, LVIII, 63 v.)

**352.** 1229, sept. — Charte de Robert de Milly, chev., et Alix, sa femme, pour l'Hôtel-Dieu de Beauvais : « Ego Rob. de Milliaco, miles,... Adelidis, uxor mea... » — (*Pic.*, CLV, 102 v.)

**353.** 1229, sept. — Pierre, chevalier, sire châtelain de Milly, du consent. de Gervais, chev., son frère, et de Dreux et Nicolette, ses enfants, vend à l'abb. de Beaupré six journaux de bois, au territ. de Courroy : « Ego Petrus, miles, dominus castri Milliaci,... de assensu... Gervasii, fratris mei, militis, et liberorum meorum Drogonis et Nicholae... » — (*Beaupré*, f. 99 v.)

**354.** 1229, sept. — Gervais de Milly, chev., concède lad. vente, faite par Mgr Pierre de Milly, son frère, et confirme à lad. abb. les don. qui lui ont été faites par Mgr Pierre, de pieuse mémoire, son père, et la terre de Raoul Patin de Milly : « Ego Gervasius de Milliaco, miles,... dominus Petrus de Milliaco, frater meus,... ex elemosina... pie memorie domini Petri, patris nostri,... et terram Rad. Patin de Milliaco. » — (*Ibid.*, f. 100.)

**355.** 1229, oct. — Le doyen de Beauvais notifie

la vente faite à l'abb. de Beaupré par Mgr Pierre de Milly, chev., du consent. de Mgr Gervais, chev., son frère, et de Dreux et Nicolette, ses enf. — (*Ibid.*)

**356**. 1229. — Guy de Milly, chevalier : « Guido de Milliaco, miles... » — (*Cartul. de Champagne*, ms. lat. 17048, p. 226.)

**357**. 1229, 23 mai. — Robert de Milly fait avec Thibaut II, comte de Champ., l'échange féodal d'une de ses sœurs qui avait épousé un homme de corps de ce prince. — (Longnon, p. 317. — *Catal.*, 1904.)

**358**. 1229, 9 déc., Béziers. — Romain, cardinal de Saint-Ange, légat apostolique, notifie sa sentence d'accord entre Adam de Milly, lieutenant du roi de France, et l'abb. de la Grasse : « ... A. de Miliaco, gerentem vices domini regis Franciæ... » — (Arch. Nat., J 343, abb. de la Gr., n[os] 2[1] et 2[2]. — Teulet, II, 164.)

**359**. 1229, 17 déc. — Le même notifie qu'Adam de Milly, chevalier, a imparti certains revenus, dans l'évêché de Carcassonne, au comte de Foix et autres : « ... ab Adam de Milliaco, milite... » — (Bréquigny, V, 359. — Vaissette, *Hist. de Lang.*, III, preuv., 346.)

**360.** M. d. — Le même notifie un accord passé entre les évêques de Nîmes, Béziers et Carcassonne, avec l'approb. de l'év. d'Agde et d'Adam de Milly, chev., lieutenant du Roi dans la prov. de Narbonne, touchant les fiefs que led. év. d'Agde tenait du comte de Montfort. — (*Ibid.*)

**361.** M. d. — Le même notifie qu'il a mis en la garde d'Adam de Milly, lieut. du Roi, et de Pèlegrin, sénéchal de Beaucaire, les fiefs que le comte de Toulouse tenait en deçà du Rhône. — (*Ibid.* — Arch. Nat., J. 306, Toulouse, III, n° 64, orig. scellé. — Teulet, II, 165.)

**362.** M. d. — Le même notifie un accord passé entre l'év. de Béziers et Adam de Milly, chev., touchant les biens des hérétiques acquis au Roi. — (Arch. Nat., JJ 30 a, fol. 37 v. ; JJ 30 b, f. 47. — Vaissette, III, preuv., 547. — Bréquigny, V, 360.)

**363.** 1230. — Accord entre l'év. de Béziers et Mgr Adam de Milly, lieutenant de Louis, roi de France, touchant divers châteaux : « ... dominum Adam de Miliaco, vices gerentem domini Lodoyci, regis Francorum... » — (Bréquigny, V, 392. — *Gall. christ.*, VI, instrum., 151.)

**364.** 1230-1239. — Mgr Geoffroy de Milly, bailli d'Amiens : « ... domini Gauffridi de Milliaco, ballivi Ambianensis... » — (Arch. Nat., J. 322, Péronne, 1⁴. — Teulet, II, 184. — Bouquet, XXII, 738, note 8.)

**365.** 1230, 18 nov. — « Messire Perron de Milly, chev., baille le desnombrement de sa terre d'Achy, d'où provient celle de la Neufville. » — (Berzé, *Invent.*)

**366.** 1231, fév. — Guy Cotin donne à l'abb. de S. Lucien de Beauvais des terres sises à Oudeur (Oudeuil)-le-château, au dessus de la vigne de messire Eustache de Milly, chev. — (Villevieille, LVIII, 63 v.)

**367.** 1231, mars. — Gervais de Milly, chevalier, vend à l'abb. de Beaupré trente journ. de bois, assis à Courroy et contigus au bois donné à lad. abb. par Mgr Pierre de Milly, son frère, et par lui : « Ego Gervasius de Milliaco, miles.... dominus Petrus de Milliaco, frater meus... » — (*Beaupré*, f. 101.)

**368.** M. d. — Pierre, chevalier, sire châtelain de Milly, approuve lad. vente faite à lad. abb. par Gervais de Milly, son frère, chevalier : « Ego Petrus, miles, dominus castri Milliaci... » — (*Ibid.*)

**369.** M. d. — Simon, chev., sgr de Dargies,

notifie qu'il a concédé la vente faite à lad. abb. par Mgr Gervais de Milly, chev. : « ... dominus Gervasius de Milliaco, miles, vendidit... » — (*Beaupré*, f. 101 v.)

**370**. M. d. — Même concession par Jean, chevalier, sire de Conty : « ... dom. Gerv. de Milliaco, miles... » — (*Ibid.*)

**371**. M. d. — Le doyen de Beauvais notifie la vente faite à lad. abb. par Mgr Gervais de Milly, chev., du consent. de Mgr Pierre de Milly, son frère. — (*Ibid.*)

**372**. 1231, avril. — Simon, chev., sgr de Dargies, notifie qu'il concède la vente de six journ. de terre faite à lad. abb. par Mgr Pierre de Milly, chev. : « ... quam venditionem dominus Petrus de Milliaco, miles, fecit... » — (*Beaupré*, f. 100 v.)

**373**. 1231, sept., Béziers. — Lettres d'Adam de Milly, chev., lieut. du Roi, qui vend diverses terres acquises au Roi par confisc. sur les hérétiques : « Adam de Miliaco, miles, tenens locum regis Franciæ in partibus occitaneis... » — (Vaissette, III, preuv., 356. — Bréquigny, V, 404.)

**374**. M. d. — Le sénéchal d'Albigeois assigne à Pierre de Voisins divers revenus, d'ordre de Mgr

Adam de Milly, lieut. du Roi. — (Vaissette, III, preuv., 355. — Bréquigny, *loc. cit.*)

**375.** 1232. — « Adam de Milly, chevalier, sceau rond de 52 millim : *un fascé de 6 pièces.* ✷ SI-GILLVM : ADE : DE : MILIACO. Contre-sceau : dans le champ, une fleur-de-lis cantonnée des lettres A. D. A. M. Appendu à des chartes de 1232. » — Arch. Nat., L. 1402. — Douët-d'Arcq, *Sceaux*, nos 2837, 2838.)

**376.** 1232, du 11 au 30 avril. — Geoffroy de Milly, bailli royal d'Amiens, reçoit la forteresse de Mouchy, vendue au Roi par Eudes de Mouchy, chev. — (Arch. nat., J 231, Amiens, n° 5. — Teulet, II, 233.)

**377.** 1232, août. — Mgr Robert de Milly, chev., a vendu à l'abb. d'Igny son bois de Vilerzel. Le doyen de Cierges notifie que cette vente a été approuvée par Aveline, femme dud. Robert, par Odard, son fils, par madame Perrette et madame Eremburge, ses sœurs, par Mgr Ernaud Chrestien, chev., et par Mgr Robert de Champluisant, chev., de qui Jean de Milly tenait en fief led. bois. — (*Igny*, f. 189.)

**378.** 1232, nov. — Louis IX commet Jean de Milly à l'estimation de biens assis à Cormeilles et que Hug. Tyrel se propose d'échanger avec l'abb. de S. Denis. — (Villevieille, LVIII, 63 v.)

**379.** 1233, janv. — Mgr Pierre de Milly, chevalier, pour le remède de son âme et des âmes de ses prédécesseurs, a aumôné à l'abb. de Beaupré 84 journ. de bois sis au territ. de Courroy. Simon, sgr de Dargies, notifie qu'il approuve et concède lad. donation. — (*Beaupré*, f. 102 v.)

**380.** M. d. — Jean de Conty, chev., notifie que, comme sgr du fief, il a concédé lad. don. de Mgr Pierre de Milly, chev. — (*Ibid.*)

**381.** 1233, fév. — Pierre, sire de Milly, chev., notifie qu'il a fait lad. don. du consent. de Dreux et Nicolette, ses enfants : « Ego Petrus, dominus Milliaci, miles,... assensu... liberorum meorum... Drogonis et Nicholae... » — (*Beaupré*, f. 102.)

**382.** M. d. — Le doyen de Beauvais notifie lad. don. de Mgr Pierre de Milly, chev. — (*Beaupré*, f. 102 v.)

**383.** M. d. — Richard de Milly, bailli du comté d'Eu. — (Bibl. nat., *Cartul. de S. Michel du Tréport*, ms. lat. nouv. acq. 249, p. 142.)

**384.** 1233, avril. — Clarembaud, chanoine de

la Sainte Université de Reims, approuve la vente que Mgr Robert de Milly, chevalier, son frère, a faite de son bois de Villerzel à l'abb. d'Igny. — (*Igny*, f. 188 v.)

**385.** 1233. — Sentence arbitrale de Godefroy de Condé, év. de Cambrai, et d'Adam de Milly, chevalier, entre l'abb. de Saint-Denis et Fastred, avoué de la Flamangrie. — (*Gall. Christ.*, III, 35. — Villevieille, LVIII, 63 v.)

**386.** 1234. — Dons du Roi : « Monachus de Milliaco, ad milites Atrebatenses, XX sol. — Monachus de Milliaco, C sol. » — (Bouquet, XXI, 240, 242.)

**387.** 1234. — Mgr Adam de Milly et maître Jean Broutin, commissaires députés par le Roi à Melun, pour saisir les biens d'un criminel : « Dominus Ade de Miliaco... » — (*Ibid.*, 237.)

**388.** 1234. — Geoffroy de Milly, bailli d'Amiens. — (Bouquet, XXII, 574.)

**389.** 1234. — Adam de Milly, chev., confirme comme sgr féodal une vente faite à l'abb. de S.Denis. — (Villevieille, LVIII, 64.)

**390.** 1235, fév. — Lettres de Mathilde, comtesse de Boulogne, qui jure de ne pas marier sa fille sans le consent. du Roi, et lui en donne pour plèges Guillaume de Milly, *Guillelmus de Milli*, et 19 autres chevaliers. — (Arch. Nat., J. 238, Boulogne, 1⁵².— Teulet, II, 281.)

**391**. 1235, 25 fév. Paris. — Lettres de Guillaume de Milly, chev., qui se constitue plège pour la comtesse de Boulogne jusqu'à concurr. de 200 marcs d'argent : « G. de Milliaco, miles. » — (Arch. Nat., J. 238, *Boul.* 1²¹, orig. — Teulet, II, 283. — Mondonville, IX, 232.)

**392**. V. 1235. — Nécrologe de l'abb. de S. Catherine du Val des Écoliers, fondée en 1229 par les sergents d'armes du Roi en exécution du vœu fait par eux à la bat. de Bouvines en 1214 : « Anniversaire de frère Jean de Milly, templier, jadis trésorier, à la prière de qui nous fut donné ce pourpris,... et qui, avec beaucoup d'autres bienfaits, nous fit construire notre dortoir et notre cloître. » — (*Gall. Christ.*, VII, 851, 853.)

**393**. 1235, oct. — Gervais de Milly, chev., transporte à l'abb. de Froidmont les droits qu'il avait sur des vignes à elles données par Ansold et Garnier de Merlain, et autres. Sceau équestre; bouclier chargé [d'un chef et] d'un lambel à 3 pendants : ✱ S. GERVAISE. DE. MILLI. Contre-sceau : même écu. Le 2ᵉ sceau appendu à cette charte est celui d'Isabeau d'Auneuil, femme dud. Gervais : une grande fleur-de-lis dans un ovale. ✷ S. MADAME. ISABEL. DANEVEL. — (*Arch. de S. Vinc. de Senlis*, ms. lat. 9979, f. 162.)

**394.** 1236. — « Pierre de Milly fut fait prieur de S. Médard [de Soissons] en lan 1236 et mourut lan 1240. *Chartul. S. Med. Suess.* » — (*Pièc. orig.*, Milly, 68.)

**395.** 1236. — Pierre, sire châtelain de Milly : « Ego Petrus dominus castri Milliaci... — (*Pic.*, CLV, 102 v.)

**396.** V. 1237. — « Geoffroy de Milly, chev., sgr dud. lieu : *de sable au chef d'argent.* » —(*Pic.*, CXLVII, 27.)

**397.** 1237, 13 juin. — Geoffroy de Milly, bailli du Roi à Amiens. — (Arch. Nat., J. 231, Amiens, n° 7. — Mondonville, IX, 220-221. — *Gall. christ.*, X, 1184. — Teulet, II, 347.)

**398.** 1237, juin. — Accord entre Guy de Milly, sgr de Boissy et Villars, chevalier, et l'abbesse de Jouarre. — (D'Hozier, *Armor. et généal.*, f. 201.)

**399.** 1237, déc. — Mgr Adam de Milly, délé-

8*

gué par Louis IX et la reine Blanche, reçoit le serment de fidélité des chevaliers de Flandre : «... coram domino Adam de Milliaco. » — (Arch. nat., J. 395, n° 135 ; J. 536, Flandre I, sac 4, n° 6[107]. — Teulet, II, 358.)

**400**. 1238, mai. — Geoffroy de Milly a payé au Roi 6 liv. 13 s. 4 den. pour le vivier d'Athies. — (Bouquet, XXI, 252 ; XXII, p. 574.)

**401**. 1238. — Robert de Milly, chev., est un des fidèles du comte de Champagne : « Robertus de Milli, miles, fidelis suus... » — (*Cartul. de Champ.*, lat. 17094, f. 313. — *Catal.*, 2466.)

**402**. 1239, juin. — Gui de Milly, chev., sgr de Pleurs. — (*Catal.*, 2513. — Gaignières, *Égl. et abb.*, p. 226.)

**403**. 1239. — Accord entre Hersande, abbesse de Jouarre, et noble homme messire Guy de Milly, seigneur de Boissy et de Villars. — (D'Hozier, *op. cit.*, f. 201.)

**404**. 1239. — Mgr Adam de Milly, chevalier, reçoit en don du Roi un mantel de cent sols. Le 3 juillet, il est envoyé par le Roi en Artois, *pro quodam negotio*. — (Bouquet, XXII, 587, 596.)

**405**. 1240, août. — Partage entre Maistre Philippe et Geffroy, chev., frères, seigneurs de Milli, pour raison de la chastellerie dud. Milli. Et a esté divisée en 2 parts et portions, desquelles l'une est appellée *de Melun* et est escheue aud. Geoffroy et à Agnès sa femme, et l'autre portion, nommée *d'Aulnoy*, avec l'avouerie de S<sup>t</sup> Georges qui est à l'abb. de Chelles, appartient aud. M<sup>e</sup> Philippe. — (Mondonville, IX, 487.)

**406.** 1240, 16 nov. — Mgr Adam de Milly est un des nobles hommes délégués par le Roi pour recevoir le serment de fid. de G. de Pierrepertuse : « ... in presentia nobilium virorum... domini Ade de Milliaco. » — (Arch. Nat., J. 395, n° 139. — Teulet, II, 437.)

**407.** 1240, nov. — J. de Beaumont, chambellan du Roi, Adam de Milly, Gui de Lévis, maréchal de Mirepoix, etc., notifient que Gérard d'Aniort a mis sa personne et ses forteresses en leurs mains, à la volonté du Roi. — (Arch. nat., JJ 30 b, f. 44. — Mss. Colbert, n. 2275. — Vaissète, III, preuv., 397. — Bréquigny, VI, 9.)

**408.** 1241. — Adam de Milly, chevalier, reçoit en don du Roi un demi samis vermeil et une petite plume de menu vair, le tout coûtant 8 livres. — (Bouquet, XXII, 620.)

**409.** 1241, mars, Acre. — Le comte de Champagne garantit un emprunt contracté par Gautier de Milly et deux autres chevaliers croisés.

De mandato illustris viri Theobaldi, Dei gratia regis Navarre, Campanie et Brie comitis palatini, Notum sit vobis, Luchino de Suzaro, Lazaro Devinelli, vel cuicumque de societate vestra quod si mutuo tradideritis centum libras turonenses Galtero de Milleio, Miloni de Artasia et Henrico de Montebeliart, militibus, et ipsi milites litteras suas patentes obligationis vobis dederint sigillis eorumdem vel unius saltem sigillatas, specialemque clausulam tocius ipsorum terre in manu dicti domini Regis et comitis posite continentes, idem dominus Rex et comes prefatas centum libras sic mutuatas in communibus litteris suis garrandie vobis infra mensem tradendis comprehendi faciet et predictum mutuum erga vos garantizabit, tali modo quod si supranominatos milites in solutione dicte pecunie terminis per eos prefixis deficere contingeret, eamdem pecuniam prefatus dominus Rex et comes vobis, uni vestrum vel certo nuncio vestro, litteras dictorum militum, ut superius dicitur redactas, deferentibus, infra quindenam postquam super hoc requisitus fuerit solvet et complebit. Et ego Guillelmus Fabri, capellanus, ad mandatum karissimi domini mei Th. regis Navarre illustris, Campanie ac Brie comitis palatini, in testimonium veritatis hanc cartam signo meo consueto communivi apud Accon, anno Domini Mº CCº XLº mense marcii.

(Chartes de Crois., ms. lat. 17803, num. 132, chyrogr.)

**410.** 1242, janv. — Sentence d'accord entre l'abb. de Troarn et Laurence de Chaulieu, fille de feu Robert de Milly, chevalier, qui renonce en faveur de lad. abb. à ses prétentions sur le patronage de l'égl. de S. Martin de Chaulieu : « ... dominam Laurenciam de Calido loco... Robertus de Milliaco, miles, qui fuit pater dicte Laurentie... » — (*Troarn*, f. 236 v.)

**411.** m. d. — Louis IX ratifie les conventions passées entre Adam de Milly, Guy de Lévis, etc., et G. d'Aniort. — (Vaissète, III, preuv., 398. — Bréquigny, VI, 24.)

**412.** 1242, 5 mai. — « Semons à Chinon pour aller sur le comté de la Marche :... Geoffroy de Milly. Maistre Philippe de Milly. Maistre Pierre de Milly... » — (Bouquet, XXIII, 727. — La Roque, *Traité du ban*, 57 : « Geoffroy de la Mille, Me Ph. de la Mille... ».)

**413.** 1242, juin. — Charte de Geoffroy de Milly, *Gaufridus de Milliaco*, en faveur de l'abb. de S. Victor. Sceau équestre : cavalier galopant, tenant des 2 mains sa lance en arrêt, armé de mailles et coiffé d'un casque en forme de chapeau de fer. Légende : ✱ S. *Gaufr*IDI. DE. MILLIACO. — (Arch. Nat., S 2110, n° 24. — Douët-d'Arcq, *Sceaux*, n° 2839.)

**414.** 1242, sept. — « Adam de Milly prie le comte d'Artois, dont il est homme lige, de recevoir à homme lige Jean, son fils aîné, pour sa terre qu'il luy a donnée en mariage avec Marie, fille de feu messire Regnaud *de Chanwla* » (Chonville ?). — (Villevieille, LVIII, 64.)

**415.** 1242, nov. — Gui de Milly, sgr de Pleurs, est un des chevaliers garants des conventions du mariage conclu entre Jean, comte de Dreux, et Marie de Bourbon. — (*Catal.*, 2620.)

**416.** 1242, 28 déc., Melun. — Lettres de Jeanne, comtesse de Flandre, sur l'accord entre le comte de Flandre et le comte de Boulogne : « ... et ces enquestes doivent estre fetes par Mgr Perron Tristan et par Mgr Adan de Milgli... » — (Arch. nat., J. 535, Flandre, I, sac 5, n° 2². — Teulet, 3001.)

**417.** 1243, oct. — « Guy de Milly confirme à l'Hôtel-Dieu de Beauvais les aumônes faites par Robert, son père. — Agnès, son espouse. » — (*Pic.*, CLV, 102 v.)

**418.** 1244. — Charte de Renaud de Milly, chev. qui vend à l'abb. de Chaalis, du consent. de Marguerite, sa femme, des terres sises à Roquemont et à Milly. — Lettres de l'official de Senlis, notifiant lad. vente. — (*Cartul. de Chaalis*, ms. lat. 11003, f. 92.)

**419.** 1244. — Geoffroy de Milly, bailli royal d'Amiens, est condamné par Arnoul, évêque d'Amiens, à payer 2,000 liv. parisis pour avoir induement condamné des clercs à la peine capitale, et sans observer les règles du droit. — (*Gall. christ.*, X, 1184, 1186.)

**420.** 1244. — « En ceste année estoit bailly d'Amiens messire Geoffroy de Meilly, chevalier, sgr dud. lieu, comme appert des arch. de l'Evesché et du chapitre. Il portoit *de sable au chef d'argent*. Nos chartes font mention de ce Geoffroy de Milly, que nostre evesque Arnoul mania un peu rudement, comme je le disois tantost, quoyque grand seigneur néantmoins, issu d'une des plus anciennes et illustres maisons de la France, tombée d'assez longtems en la famille de nos Roys, des seigneurs, dis-je, de Milly, près Beauvais, que l'Itinéraire d'Anthonin nomme *Curmiliaca*, quasi *Curia Milliaca*, comme encore à présent l'on dit la cour de Milly, jadis une petite ville avec son chasteau, où y avoit huict chanoineries et six chapelles fondées par les seigneurs du lieu, marque antique d'une bonne maison. Et pourroit bien cestuy-cy avoir esté fils d'Adam de Milly, bailly d'Arthois, qui l'an 1223 souscrivit une charte au profit du Roy, estant lors à S. Germain en Laye avec plusieurs autres des premiers du Royaume, rapportée par Du Chesne, p. 68 de son *Hist. de Chastillon*, et petit-fils encore de Robert de Milly, lequel comparoist aussi chez la mesme histoire en maints actes royaux des ann. 1198 et après. » — (La Morlière, *Antiq. d'Amiens*, 1642, p. 280-281. — L'auteur invoque à faux l'Itin. d'Antonin, et confond Milly avec Cormeilles.)

**421**. 1244, juill. — Mgr Dreux de Milly, chevalier, et Mathilde, sa femme, vendent à J. de Croy, bourgeois d'Amiens, un terrage mouvant du fief de Baud. de Belleval. Gérard, sire de Picquigny, confirme cette vente comme suzerain. — (*Cartul. de Picq.*; Villevieille, XII, 56 ; LVIII, 64. — *Pic.*, XXXIX, 65 ; XLV, 170 v., 187 r. et v., 196 v. — Rosny, II, 992.)

**421$^2$**. 1244, août. — Adam de Milly est témoin d'une concession faite par Guy, sire de Chevreuse, à l'abb. de St Denis. — (Le P. Anselme, 2e éd., p. 492.)

**422**. 1244, nov. — Charte de Guy de Milly,

chev., fils et hér. de Robert de Milly, chev., en faveur de l'abb. de S. Denis. — (Villevieille, LVIII, 64. — D'Hozier, *Armor. et généal.*, f. 201.)

**423**. 1246, 8 avril. — Guy de Milly et J. de Thourotte procèdent aux bornages de terres vendues par le sgr de Reynel au comte de Champagne. — (*Catal.*, 2736.)

**424**. 1246, 6 août. — Guy de Milly, chev., sire de Boissy, renonce à exercer pendant 3 ans aucun droit d'usage au bois de S. Denis, dans la forêt de Mant. — (*Catal.*, 2756. — *Cartul. de Champ.*, ms. lat. 17048, p. 226.)

**425**. 1246, déc. — Nicolette de Milly, fille de feu mgr Pierre de Milly, chev., reconnaît devoir à l'Hôtel-Dieu de Beauvais, sur son moulin de Milly, un muid de blé jadis aumôné par feu Sagalon de Milly, son prédécesseur : « Ego Colaia de Miliaco, filia quondam domini Petri de Miliaco, militis,... ex dono et eleemosyna bonæ memoriae Sagalonis de Miliaco, prædecessoris mei. » — (Berzé, n° 24, cop. en parch. coll. le 26 oct. 1667 sur l'orig. scellé.)

**426**. 1247, mars. — Mgr Geoffroy de Milly, chev., comme sgr féodal, et noble femme madame Énor, sa femme, concèdent une don. faite à l'abb. de Barbeau par noble femme madame J. de Malicorne : « *De laude dom. Gaufridi de Milliaco:* Ego Gaufridus de Miliaco, miles,.... nobilis mulier domina Enor, uxor mea... » — (*Barbeau*, f. 70 v.)

**427**. 1247, 30 mars. — Guy de Milly déclare qu'en sa présence J. Barret a reconnu devoir assigner 40 liv. de rente du Comte de Champagne. — (*Catal.*, 2783.)

**428**. 1247, mai. — Thibaut et Gillon, fils de feu Geoffroy de Cigueil, chev., quittent à Guy de Milly, chev., sgr de Boissy et Villars, trente arpens de bois sis à Cigueil. — (D'Hozier, *Armor. et généal.*, f. 201.)

**429**. 1247, nov. — Guy de Milly, chev., sire de Pleurs, donne à l'abb. de S. Denis ses usages en la forêt de Maan. Sceau équestre ; bouclier aux armes comme le contre-sceau. Légende : ✤ SIGILLVM. GVIDONIS. DE. MILLIACO. Contre-sceau : écu fascé de 6 p. : ✤ SECRETVM. GUIDONIS. — (Arch. nat., S. 2293, n° 42. — Douët-d'Arcq, *Sceaux*, n° 2843. — Villevieille, LVIII, 64.)

**430**. 1247, déc. — Guy de Milly, sgr de Boissy,

reconnaît qu'il n'a qu'un droit personnel et viager sur la chasse de la forêt de Ris. — (*Catal.*, 2771.)

**431.** 1248, mars. — Renaud de Milly et Flandrine, sa femme, font une don. à l'abb. de S. Michel du Tréport, du consent. de Nicolas, leur fils. — (B. N., *Cartul.*, lat. nouv. acq. 249, p. 204. — Villevieille, *loc. cit.* — Les don. et ventes faites aux abb., à cette date, précèdent presque toujours un départ pour la croisade.)

**432.** 1248. — Renaud de Milly vend 8 arp. de terre à l'abb. de Chaalis : « Renaudus de Milli. » —(*Cartul. de Chaalis.* lat. 11003, f. 92 v.)

**433.** — Gui le Bouteiller de Senlis, VIe du nom, sgr de Chantilly, mort au siège de Damiette le 8 août 1248, ne laissa point de postérité de Marguerite de Milly, sa femme. — (Le P. Anselme, VI, 253. — Moréri, IV, 450.)

**434.** 1248. — Accord entre noble homme messire Guy de Milly, sgr de Boissy et Villars, et l'abbesse de Jouarre. — (D'Hozier, *loc. cit.*)

**435.** 1248. — Hommage fait au sire de Picquigny par Dreux de Milly, chev., sgr de Tricot. — (*Pic.*, XLV, 198.)

**436.** 1249, fév. — Religieux homme Thibaut de Milly, grand prieur de l'abb. de S. Denis : « ... relig. viro Theobaldo de Milliaco, magno priore ecclesie S. Dyon. in Francia... » — (Arch. Nat., LL 1165, *Cartul. de l'office claustrat du gr. prieur de S. Denis*, n° 27.)

**437.** 1249, avril. — Maître Philippe, sous-doyen de Chartres et sgr de Milly, concède, comme sgr féodal, la don. faite à l'abb. de Barbeau par noble femme madame J. de Malicorne : « Mag$^r$ Philippus, subdecanus Carnotensis et dominus Milliaci... » — (*Barbeau*, f. 70 v.)

**438.** 1249, sept., Lachy. — Eust. et Hugues de Conflans, chev., frères, font foi et homm. lige au comte de Champ., pour leurs villes de Congy et Étoges, sauf la ligeté qu'ils doivent aux évêques de Châlons et Soissons et à Guy de Milly. — (Arch. nat., lay. Champ., X, n° 26, orig. scellé. — Laborde, *Lay. du Trés. des chartes*, n° 3809. — Villevieille, *loc. cit.*)

**439.** 1250. — Adam de Milly et Jacquine de Montgermont, sa femme, Jean, leur fils aîné, marié à [Marie], fille de Renaud de Chuwla. — (*Arch. de Lille*. — Rosny, II, 992. — Voy. ci-dessus, n° 414).

**440.** v. 1250. — « Hugues III, vidame de Chaalons, espousa Marguerite de Milly, fille de Guy, chevalier, sgr de Pleurs, Chambellan de Champagne, et de Jeanne de Chasteau-Porcéan, dite de Pacy; laquelle Marg. vivoit encore, veuve, l'an 1282. *En marge* : Milly, *de sable au chef d'arg.* » — (Du Chesne, *Chastillon*, p. 707.)

**441.** v. 1250. — Eustache de Milly reçoit en don de Guy de Châtillon la terre de Martinpuich. — (*Arch. de Lille*. — Rosny, II, 992.)

**442.** v. 1250. — Extr. de l'Obit. du prieuré de S. Catherine du Val des Écoliers (Paris), dont feu Jean de Milly, chevalier et trésorier du Temple, fut un des bienfaiteurs ; « Anniversarium fratris Johannis de Milliaco templarii, quondam thesaurarii, ad cujus preces datum fuit nobis istud porprisium. *Item postea* : qui, cum aliis multis bonis, fecit nobis construi dormitorium et claustrum nostrum. » — (*Gall. Christ.*, VII, 851. — P. du Puy, *Hist. des Templ.*, 515.)

**443.** — Agnès de Milly, abbesse de Brayelle-lès-Aunay, ord. de Citeaux, dioc. d'Arras. — (*Gall. christ.*, III, 452.)

**444.** 1251. — Simon de Milly, gouverneur de Beaurevoir. — (*Pièc. orig.*, Milly, 71.)

**445.** 1252, 26 juill. — Charles d'Anjou nomme pour ses procureurs Gui, sgr de Milly, Barral de Baux, etc., à l'effet de recevoir en son nom le serment de fidélité des hab. de Marseille. — (Arch. des Bouches-du-Rhône, L. B. 280. — L. Barthélemy, *Chartes de Baux*, n° 365.)

**446.** 1253, mars. — Geoffroy de Milly, *Gaufridus de Melleio*, approuve une vente faite au chapitre de Chartres par Geoffroy d'Orreville, chev. — (Mondonville, X, 46.)

**447.** m. d. — Guy de Milly, chanoine de Chartres : « Guido dictus de Milliaco, canon. Carnot. » — (B. N., ms. lat. 17049, f. 105 v.)

**448.** 1253, sept. — Gui de Milly, chevalier, sire de Boissy, donne au prieuré de Boissy, pour son âme, pour l'âme de sa femme et de ses enf. et de tous ses ancestres, 5 livres de rente pour l'entretien du cierge de cire verte à allumer pendant l'élévation. — (D'Hozier, *loc. cit.*)

**449.** 1254, mars. — Guy de Milly revêt de son sceau l'acte d'hommage fait à l'abb. de S. Remi par Huet, vidame de Chalons. — (Villevieille, LVIII, 64.)

Planche VI.

Guillaume de Milly,
1233

**450**. 1254, avril. — Dreux, sire de Milly, reconnaît devoir à l'Évêque de Beauvais 30 liv. pour les dommages qu'il lui a causés en percevant des droits de travers à Marseille-le-petit sur les marchands. — (*Ibid.*)

**451**. 1254, mai. — Dreux, sire de Milly, chev., donne au prieuré de Milly, pour le repos de l'âme de Mathilde, sa femme, 10 liv. tournois de rente, à prendre sur 20 liv. qu'il tenait en fief de Wagon de Milly sur le travers de Saint-Omer. — (*Ibid.*)

**452**. m. d. — Le même donne, pour le même objet, à l'abb. de Beaupré 40 s. tourn. de rente à prendre sur lesd. 20 livres : « Ego Drogo, dominus Miliaci, miles,... ob remedium anime dilectissime Matildis uxoris mee,... de feodo Wagonis de Miliaco. » — (*Beaupré*, f. 89.)

**453**. 1254, juill. — Gui de Milly, chev., et Agnès, sa femme, vendent aux Templiers de Troyes 600 arp. de bois dans le comté de Brienne : « Nos Guido de Milliaco, miles, et Agnes, uxor mea... » — (Du Chesne, XXI, 57. — *Catal.*, 3066.)

**454**. 1254, 28 août, Nogent-sur-Seine. — Gui de Milly, chev., reconnaît qu'il n'a qu'un droit viager sur la forêt de Ris : « Gie Guis de Milli, chevaliers,... ge seeillai ces presantes letres de mon sael pendant. » — (Arch. nat., lay. Champ., J. 197, n° 79, orig. scellé : écus fascé de 6 p. — *Catal.*, 3067. — Villevieille, *loc. cit.*)

**455.** 1254. — Guy de Milly est un des chevaliers qui s'obligent à entretenir la maladerie de Vertus, à eux octroyée par Thibaut, comte de Champ. et de Brie. — (Mondonville, IX, 151.)

**456.** 1255. — Enquête sur un litige féodal entre Mgr Dreux de Milly, chev., fils de feu Mgr Pierre de Milly et neveu de feu Mgr Gervais de Milly, et l'Évêque de Beauvais qui réclamait l'hommage de [Nicolette], sœur dud. Dreux : « ... dominum Droconem de Milliaco, militem... Dominus Petrus de Milliaco, pater dicti Droconis, cum dedisset... domino Gervasio, fratri suo... » — (*Olim*, t. I, p. 424. — Boutaric, t. I, p. 2.)

**457.** 1255, 30 janv., Naples. — Alexandre IV confirme à l'abb. de Josaphat tous ses biens, notamment une charruée de terre au territ. de Jérusalem, jadis donnée par Guy de Milly : « ... quarum una fuit Guidonis de Miliaco. » — (Delaborde, p. 101.)

**458.** 1255. — Guillaume de Milly, chev., et

Mathilde, sa femme, vendent des terres à l'abb. de S. Victor : « Ego Guill. de Milliaco, miles... » Sceau dud. Guill. : écu à un lion brisé d'un lambel. Lég. : ✳ SIGIL : GVIL *lel* MI : DE : MILL*iaco* : *mili*TIS. — Sceau de lad. Mathilde, ogival : un poing ganté tenant un faucon essorant vers un oiseau ; dans le champ, 2 fleurs-de-lis, des étoiles et des fleurs. Lég. : ✳ S. MAHEVT. DAME. DE. S. MARTIN. EN. BIERE. — (Arch. nat., S. 2154, n° 17. — Douët-d'Arcq, *Sceaux*, 2844, 2845.)

**459**. 1255, 15 juill. — Renaud de Vichier, « maistre de la povre chevalerie du Temple de Jherusalem », accepte la transaction que la comtesse de Champagne et Thibaut, son fils, ont faite avec les Templiers sur le droit d'acquérir dans les comtés de Champ. et de Brie, et stipule pour son Ordre au sujet d'acquêts récents, notamment « de l'achat que nos avons fait de mon seingnor Guion de Milli et de ma dame Agnès, sa famme. » — (Arch. nat., lay. Champ., VI, J. 198, n° 100.)

**460**. — Sceau de madame Agnès de Milly, ogival : Dame debout, en surcot orné d'une afiche et en chape, une aumônière à la ceinture, tenant un fleuron. Lég. : ✳ S. : DOMINE : AGNETIS : DE : MILLI. — (Musée de Rouen, matrice. — Demay, *Sceaux Norm.*, 409.)

**461.** 1255, août, Gerberoy. — Sentence arbitrale de Jacq. de Basoches, trésor. de l'égl. de Beauvais, et de Dreux, chevalier, sire de Milly, qui confirment au chapitre de Gerberoy le champart de Rotangy : « ... Droco, miles, dominus de Milliaco... » — (Beauvillé, III, 51.)

**462.** 1255. — Enquête sur les droits que Mgr Dreux de Milly voulait faire payer dans sa terre aux marchands de poisson : « Dominus Droco de Milliaco... » — (*Olim*, t. I, p. 5.)

**463.** 1256-1257. — Maître Philippe de Milli doit au Roi 30 livres, qu'il verse à J. Sarrasin, chambellan. Mgr Guillaume de Mili verse au même 10 l. et Jean de Mili, 41 l. 4 sols. — (Bouquet, XXI, 330, 332, 335, 348.)

**464.** 1256-1258, Paris. — Dreux, dit Droin de Mili, arbalétrier du Roi. — (*Ibid.*, 361, 364, 372, 381, 392.)

**465.** 1256, déc. — Nicolette, fille de feu Mgr Pierre de Milly, chevalier : « Ego Colaya de Milliaco, filia quondam domini Petri defuncti de Milliaco militis... » — (*Pic.*, CLV, 102.)

**466.** 1256. — Sceau de Pierre de Milly, sgr de

Moimont : écu à un chef chargé d'un lambel à 5 pend. — (Demay, *Sceaux Pic.*, 465.)

**467**. 1257, fév. — Guy de Châtillon, comte de Saint-Pol et sire d'Artois, vend à Mgr Eustache de Milly, chev., l'hoirie d'un bâtard qu'il avoit saisie comme souverain, et qui étoit échue en la seigneurie dud. chevalier. — (Villevieille, *loc. cit.*)

**468**. 1257. — Jeanne de Pacy, fille de Pierre de Châtillon-Châteauporcien, chev., et de N. de Tristan, dame de Pacy en Valois, espousa Gilon de Milly, escuyer, qu'un arrest de l'an 1257 appelle Gilon de Suilly. — (Du Chesne, *Chastillon*, p. 656.)

**469**. 1259, mars. — Agnès, dame de Boissy et de Vielsmaisons, donne 5 sols de rente au prieuré de Boissy, pour célébrer son annivers. et celui de Mgr Guy de Milly, chev., sire de Boissy, son seigneur et mari. — (D'Hozier, *loc. cit.*)

**470**. 1259, juill. — Échange entre Guy de Milly, chev., et le maître de la milice du Temple en Brie. — (*Ibid.*)

**471**. 1259, nov. — Charte de Geoffroy, sire de Milly, chev., et d'Ennor, sa femme, en fav. de l'abb. de S. Victor. Sceau dud. Geoffroy : écu à un lion. Lég. : ✳ S. GAVFRID. DOMINI. DE. MI*liac*O. MILITIS. Contre-sceau ; dans le champ, un arbre à 3 touffes, arraché. Lég. : ✳ CONTRAS. GAVFRIDI. DNI. MILIACI. MIL. — Sceau de lad. Ennor : écu à un lion. Lég. indistincte. — (Arch. Nat., S. 2110, n° 17. — Douët-d'Arcq, *Sceaux*, 2840, 2841.)

**472.** — « MILLY : Geoffroy espousa Ennor dont il eut Peronelle, femme d'Estienne de Sancerre, sgr de St-Brisson, et Guillaume, qui esp. Françoise de Seuly, dame de Boisgibeau. » — (*Pièc. orig.*, Milly, 65.)

**473.** 1259. — Marguerite de Milly, fille de Guillaume et de Marg. de Lorry, fut la 2ᵉ femme de Raoul le Bouteiller de Senlis, sgr de Luzarches. Etant veuve, elle « fonda, l'an 1259, une chapelle en l'infirmerie de l'hôpital des pauvres de Chaalis ». — (Le P. Anselme, VI, 255.)

**474.** — Jacques de Milly, *Jacobus de Mileto*, de l'Ordre des Prêcheurs, évêque de Sébaste (Samarie), transféré par Alexandre IV, l'an 1259, au siège *Millevitana...* » — (Du Cange, *Fam.*, 803.)

**475.** 1260. — Dreux de Milly. — Gervais de

Milly. — Maître Guillaume de Milly, clerc du Roi.
— (*Olim*, t. I, p. 128, 131, 424, 437.)

**476**. 1260. — Eustache de Milly, chev., bailli de Mâcon, et ses frères et sœur, maître Guillaume de Milly, chanoine de Laon, maître Henri de Montgermont, et Marguerite, femme de Thibaut de Vermes, tant pour eux que pour leurs hoirs et pour Adam de Milly, écuyer, absent, leur frère, vendent au comte d'Artois tout ce qu'ils ont en fief à Becquerelle, Bourich et Hénin. Jacqueline, leur mère, veuve d'Adam de Milly, chev., Eustachie, femme dud. Eustache, et lad. Marguerite renoncent au douaire qu'elles y peuvent avoir. Sceau et contre-sceau dud. Eustache : *écu fascé de 6 p*. Sceau dud. Henri, ogival : *une chimère*. — (Arch. du Pas-de-Calais, *Comtes d'Artois*. — Demay, *Sceaux d'Art*., 467, 468. — Villevieille, LVIII, 64 v.)

**477**. 1261, oct. — Maître Guillaume de Milly, chanoine de Sts-Croix (d'Orléans ?) — (*Marmoutier*, I, 412 v.)

**478**. 1261, 31 oct. — Mgr Gautier de Milly, chev., vend à l'abb. de Cluny la terre de Mailly : « ... dominus Galterus de Milli, miles,... ratione venditionis facte... de terra de Maille... » — (Du

Chesne, *Biblioth. Cluniac.*, 1522. — Bréquigny, VI, 385.)

**479**. 1260. — Arrêt en faveur de l'abb. de Chelles, contre maître Philippe de Milly.—(*Olim*, t. I, p. 492. — Boutaric, t. I, p. 46.)

**480**. 1261-1262. — Comptes des Baillis : « Eustache de Milly, chevalier, bailli de Mâcon. » — Baillie d'Orléans, recettes : « Du rachat de la terre de l'épouse d'Etienne de Milly, en tout, 4 livres. » — (Bouquet, XXII, 744, 745, 747.)

**481**. 1262. — Bernard d'Abbeville, év. d'Amiens, fonde 4 chapellenies avec les 2,000 liv. parisis de l'amende prononcée contre Geoffroy de Milly, bailli d'Amiens, par l'év. Arnoul pour avoir indûment condamné des clercs. — (*Gall. Christ.*, X, 1186.)

**482**. 1262. — Charte de maître Philippe, sgr de Milly, relative à une vendition par lui faite à l'abb. de Chelles. — *(Trés. des ch.*, JJ. 31.)

**483**. 1263, 2 fév. — Girard, abbé de S. Germain des Prés, reconnaît avoir reçu de Louis IX 852 liv. parisis, en compensation d'immeubles concédés, sur la demande du Roi, à des religieux, notamment la maison de feu Mᵉ Philippe de Milly, sous-doyen de Chartres : « ... domus magistri Ph. de Milliaco, quondam subdecani carnot. » — (Arch. Nat., lay. Paris III, J. 152, n° 12.)

**484.** 1263, juin. — André de Milly, clerc, recteur des écoles de Bagneux, tient en vilainage une maison qu'il a acquise, aud. lieu, du chapitre de N.-D. de Paris. — (Guérard, *Cartul. de N.-D.*, II, 128.)

**485.** 1263, juill. — Messire Eustache de Milly, bailli de Mâcon, ayant été hébergé au château de Berzé-la-Ville par Yves, abbé de Cluny, déclare « que cette bonne réception n'estoit que l'effect de l'honnesteté dud. abbé », et qu'il n'avait aucun droit aud. lieu. — (B. N., ms. lat. 9091, f. 68. — *Gall. christ.*, IV, 1081.)

**486.** 1263, août. — « Sentence arbitrale prononcée par maîtres Guillaume de Lèves et Jean de Milly, chanoines de Chartres, contre Ives, fils de feu Eudes de Villebon, en faveur de l'hôtel-Dieu de N. D. de Chartres. Le sceau de Jean de Milly porte un lion rampant. Lég. : ✸ SIGILLVM : IO : DE : MILLIACO. » — (*Mondonville*.)

**487.** 1263. — Pierre de Milly, chev., fils de feu

Mgr Gervais, chev., comme 2ᵉ sgr féodal, et Dreux, chev., sire de Milly, comme 3ᵉ sgr féodal, concèdent la vente faite à l'abb. de Beaupré d'une maison sise à Sarcus dans le fief de Mgr Pierre de Sarcus, chev. : « Ego Petrus de Miliaco, miles et filius quondam dom. Gervasii, militis,... et ego Drogo, miles et dominus de Miliaco, tertius dominus... » — (*Beaupré*, f. 44.)

**488.** V. 1263. — Mgr Pierre de Milly et Mgr Dreux de Milly confirment la charte précédente. — (*Ibid.*, f. 21.)

**489.** 1264, juin. — Testament de Geoffroy Tournemine : il déclare devoir 15 liv. à Mgr Garnier de Milly pour prix d'un cheval : « ... Domino Garniero de Mile XV libras pro equo suo. » — (A. de Barthélemy et Geslin de Bourgogne, Anc. évêchés de Bretagne, III, 144.)

**490.** 1264, juil. — Charte d'Isabeau, abbesse de Pentemont : feu Odard d'Origny, bourgeois de Beauvais, a aumôné à lad. abbaye une terre sise à Oudeuil entre le bois du sgr de Milly et le chemin. — (Beauvillé, III, 117.)

**491.** 1266. — Jean de Milly, chanoine de Chartres, exécuteur testam. de feu Thierry de Milly, son neveu, promet de payer aux frères de Montrouge-lès-Paris, de l'Ordre de St Guillaume, cent liv. parisis que leur a léguées led. Thierry pour ériger en leur église un autel où sera célébré son anniversaire. — (Gaignières, *Cartul. des Bl. Manteaux*, ms. lat. 17109, f. 177.)

**492**. 1268. — Druon (Dreux) de Milly, chev., sgr dominant de Bétembos. — (Rosny, II, 992.)

**493**. 1268, juin. — Guillaume de Milly, chev., et Marie, sa femme, renoncent à tout droit sur la Halle aux chausses de Saint-Omer, vendue à la ville par G. de Boulogne, dont le frère, Jean de B., avait épousé Marguerite, sœur de lad. Marie. — (Wauters, *Dipl. Belg.*, V, 409. — *Mém. de la Soc. des Ant. de la Morinie*, IV, 358.)

**493**[2]. 1268, sept. — Charte de Jean, sire de Châteauvilain : « ... Dominus Guido de Milliaco, miles, quondam pater Johenne, uxoris mee... » — (*Pic.*, CLV, 102.)

**494**. 1269-1281. — Grands-officiers du royaume de Sicile : « *Maréchaux* : 1269, Guillaume de Milly, Guillaume l'Estendard le vieux (Stendardo) ; 1301, Guillaume l'Estendard le jeune. — *Vice-amiral* : 1281, Guillaume l'Estendard le vieux. » — (Minieri-Riccio, *Giustizieri del regno di Sicilia*, à la suite de l'*Itiner. di Carlo I⁰ di Angiô*, Naples, 1872, p. 13.)

**495**. 1269. — Philippe [de Milly, dit] le Buffle est tém. d'une don. faite aux Hospitaliers de S. Jean par Hugues, roi de Jérus. et de Chypre. — (Pauli, p. 189.)

**496**. 1269, mars. — « Drogues, sieur de Milliac » (Dreux, sire de Milly), chevalier, et Marie de Warty, sa femme, veuve de Mgr Pierre de Choisel, confirment des don. faites à l'abb. de Froidmont. Sceau dud. Dreux, équestre. Lég. : ✹ DROCONIS. DE. MILLIACO. MILITIS. Contre-sceau : écu à un chef : DROCO. DE. MILLIACO. — Sceau de lad. Marie, ogival : « elle est représentée debout, couverte d'un long manteau, tenant d'une main une fleur-de-lis, et l'autre appuiée sur sa poitrine : ✹ S. MARIE. DNE. DE. VVARTI. VXORIS. DNI. PETRI. CHOISEL. » — (*Arch. de S. Vinc. de Senlis*, ms. lat. 9979, f. 125.)

**497**. 1269, nov. — Pierre de Milly, fils de Gervais, concède aux religieux de Froidmont des acquêts faits par eux dans son fief de Fay-sous-bois. Sceau dud. Pierre, équestre ; le bouclier porte un écu à un chef chargé d'un lambel à 6 pend. :

✠ S. PIERRE. DE. MILLI. CHLR. — Sceau de madame Cath. de Milly, sa femme : une grande fleur-de-lis. Lég. : ✠ S. MADAME. KATERINE. DE. MILLI. — (*Ibid.*, f. 164.)

**498.** 1270, Paris. — Guillaume de Milly, des anc. seigneurs de Milly en Gastinois, cons. au parlement, portoit *de sable au chef d'argent.* » — (Blanchard, *Parl. de Paris.* — *Pièc. orig.*, Milly, 61.)

**499.** 1270. — Enquête à Doullens par Geoffroy de Milly, bailli d'Amiens. — (Arch. Nat., J. 1034, nº 35. — Boutaric, I, 139.)

**500.** — « Geoffroy de Milly, chev., sgr de Milly : *de sable au chef d'argent.* » — (*Pic.*, CXLVII, 27. — Voy. le nº 471.)

**501.** 1271. — Arrêt condamnant Simon [de Milly, sgr] du Tremblay à rendre à sa sœur Jeanne des terres à Saint-Léger et cent sols de rente sur le moulin de Becquerelle, que Richard de Milly, chev., leur père, avait donnés en mariage à lad. Jeanne. — (*Olim*, I, 877. — Boutaric, I, 163.)

**502.** 1274, janv. — Philippe IV confirme au chapitre de S. Méry de Paris ses possessions, notamment, dans le cloître de lad. église, une maison qui fut à feu Jean de Milly : « ... domus que fuit quondam Johannis de Milliaco. » — (Félibien, III, 26.)

**503**. 1276. — Dreux, sire de Milly, est un des plèges de la paix à tenir entre Mgr Jehan de Blainville et Mgr Pierre de Préaux. — (*Olim*, t. II, p. 85. — Mondonville, IX, 540.)

**504**. 1276. — Charte de Dreux, sire de Milly. — (*Pic.*, CLV, 98, note.)

**505**. 1276, 1er avril. — Mgr Drieu de Milli, chevalier, siège aux assises d'Amiens. — (*Pic.*, LIV, 211.)

**506**. 1279, nov. — Mgr Étienne de Milly, chev., en présence de Robert de Milly, écuyer, renonce, en faveur de l'abb. de S. Lucien de Beauvais, à ses prétentions de justice sur un marais sis entre Saint-Félix et Fay-sous-bois : « Je Estenes de Milli, chevaliers, fieus jadis a Mgr Gervaise de Milli, chevaliers... » — (*Pic.*, CLV, 98. — Villevieille, LVIII, 64 v. )

**507**. 1280, avril. — Dreux, chev., sire de Milly, reconnaît que les moines de Beaupré « ne sunt tenus de faire riens en mes molins d'Achy, fors che tant seulement que est contenu es chartres que il ont de mes ancheseurs qui leur donnerent le vivier et le moitié de le nasse dez molins d'Achy ». — (*Beaupré*, f. 1.)

**508.** 1280. — Arrêt déboutant Étienne de Sancerre, chev., et sa femme, qui réclamaient, en vertu de conventions particulières, les biens possédés jadis par maître Philippe de Milly, frère du père de la dite dame ; lesquels biens provenant de l'héritage paternel, le dit Philippe, en cédant son droit d'aînesse à son frère Geoffroy, chev., père de la demanderesse, avait promis de ne pas aliéner. A sa mort, ils avaient passé à sa plus proche héritière, sa sœur la Bouteillère de Senlis, dont le fils les avait cédés au Roi. Il fut décidé qu'une convention particulière n'avait pu frustrer les héritiers naturels de maître Philippe. — (*Olim*, t. II, p. 167. — Mondonville, IX, 544. — Boutaric, t. I, p. 221.)

**509.** 1280. — Maître Gautier de Milly, archidiacre de Coutances. — (*Gall. christ.*, VII, 393.)

**510.** 1281, mai, Paris. — Le chantre de Milly (Guillaume de Milly) et Mgr R. Touse, surintendants royaux : « ... assensu cantoris de Milliaco

ac dom. Richardi Touse,... superintendencium. »
— (*Olim*, t. III, part. I, p. 174.)

**511.** 1281, sept., Vincennes. — Philippe IV commet ses chers Dreux de Milly et J. de Villette à l'assiette du douaire d'Alix, comtesse de Blois : « ... dilectis militibus suis Droconi de Milliaco.. » — (Arch. Nat., JJ. 1, p. 131-132; J. 174, Blois, n° 22.)

**512.** 1281, nov., Blois. — Assiette dud. douaire : « Nous Dreues de Milli... chevaliers, envoiez en Blesois de par le Roy... ». Sceau équestre dud. Dreux : ✳ S. DROCO*nis de Milia*CO. MILITIS. Contre-sceau : écu à un chef ; lég., SECRETVM. MEVM. — (Arch. nat., J.174, Blois n° 21.)

**513.** M. d., Blois. — Publication de lad. assiette : « ✳ Nous Dreues de Milli et Johan de Vilete, chevaliers le roi de France... ». Même sceau. — (*Ibid.*, n° 22.)

**514.** 1281. — « Contract de vente faicte par Estienne de Sancerre, chevalier, sgr de Saint-Briçon, et Perronnelle de Milhy, sa femme, en faveur de G. de Monceaux, archidiacre de Dreux en l'égl. de Chartres, pour raison de 50 liv. t. de rente sur la prevosté de Monstreuil-Bonin, dioc. de Poitiers. » — (Mondonville, IX, 198.)

**515.** 1282. — Arrêt ordonnant de faire jouir la dame de Milly de l'habitation du château de Milly, jusqu'au règlement de son droit, lequel règlement est renvoyé au bailli, à condition que la dite habitation ne lui conférera aucun droit de propriété ni de possession. — (*Olim*, t. II, p. 208. — Boutaric, t. I, p. 232.)

**516.** 1282. — Marguerite, dame de Vieuxmaisons, vidamesse de Chalons, fille de feu Mgr Guy de Milly, chev., vend un héritage à l'abb. de S. Denis. — (Villevieille, LVIII, 64 v.)

**517.** 1283, 11 déc. — Geoffroy de Milly et Thibaut l'Estendard sont au nombre des 40 chevaliers qui se rendent garants que Charles d'Anjou, roi de Jérusalem et de Sicile, observera les conditions jurées dans le duel proposé par lui à Pierre, roi d'Aragon, cent contre cent : « Gaufridus de Milli. Tibaldus Estandardus... » — (Rymer, *Fæd.*, t. I, part. II, p. 216. — J. Noulens, *Maison de Galard*, t. I, p. 93.)

**518.** 1285. — Compte des baillis de France. Dépenses : « Mgr Dreux de Milly, pour son fief, en tout, X livres. » — (Bouquet, XXII, 633.)

**519.** — 1287, 1er fév. — Madame Marie de

Warty, veuve de Dreux de Milly, chev., fait don à l'abb. de Froidmont de vignes sises à Fay-sous-Bois, à la charge d'un obit et d'un cens de 12 sols. — (*Arch. de S. Vinc. de Senlis*, ms. lat. 9979, f. 165.)

**520.** 1287, fév. — « Etienne de Sully, chev. sgr de Beaujeu, et Adelme, fils dud. Etienne et de déf. Marguerite, fille de déf. Geoffroy, sgr de Milly en Gastinoys, cèdent à Hugues de Bouville[1] tous leurs droits en lad. seigneurie de Milly, et s'engagent à le garantir contre tous, notamment contre Françoise, veuve de Guillaume, jadis sgr dud. Milly. » — (Mondonville, IX, 488. — Boutaric, I, 406.)

**521.** 1287, juin. — Partage entre les fils de Mgr Renaud, sgr d'Ambly-sur-Bar, chev., et de N... de Milly (qui portait *vairé de 6 traits de sable et d'argent*), en prés. de Mgr Renaud de Milly chev. — (Saint-Allais, X, 65.)

**522.** 1287, août. — Étienne de Milly, chev., re-

---

[1] M. Douët-d'Arcq *(Sceaux*, n° 1537) appelle la femme d'Hugues de Bouville « Marie de Milly » ; elle était de la maison de Chambly, dont son sceau porte l'écu à 3 coquilles. Elle était fille d'Oudard de Chambly, sgr de Gandelus. (La Chenaye, III, 92.)

connaît que les relig. de Beaupré ont droit de prendre en ses vignes de Fay deux muids de vin blanc par an, aumônés par ses prédécesseurs.— (*Beaupré*, f. 121 v.)

**523.** 1289, août. — Nic. de Boishuboud, chev., vend à Guillaume de Milly de Silly, clerc, tout ce qu'il possède à Préaux : « ... Guillelmo de Milleyo Cylleio, clerico... » — (*Cartul. de S. Cyr de Friardel*, ms. lat nouv. acq. 164, f. 38.)

**524.** 1290, oct., Gien. — Mariage entre Jean de Courtenay et Jeanne de Sancerre, fille aînée d'Etienne, sgr de Saint-Briçon, et de Perrenelle de Milly. — (Le P. Anselme, I, 487.)

**525.** 1292, Paris. — « Dame Gille de Milly » a son hostel rue S. Séverin. — (H. Géraud, *Paris sous Ph. le Bel*, p. 157. — Peut-être faut-il lire Mailly ; Gilles de Mailly, sgr de Maiseroles, vivant vers ce temps, est appelé « Mgr Gile de Milly » dans un mandement royal de 1319. Bouquet, XXIII, 820.)

**526.** 1293. — Dreux, sire de Milly, est un des plèges pour Mgr Jean de Blainville, au sujet de la paix à tenir avec Pierre de Préaux. — (Mondonville, IX, 540.)

**527.** 1294, janv. — Échange entre l'abb. de S. Victor et Geoffroy de Milly, chev., sire de Saint-Martin-en-Bière. Sceau dud. Geoffroy : écu au lion. Lég. : ✷ S. GAVFRIDI. DE. MILLIACO. MILITIS. Contre-sceau : dans le champ, un bras mouvant à dextre et tenant un oiseau sur le poing; lég. : ✷ AVE MARIA GRA. PL. — (Arch. Nat., S. 2110, n° 46. — Douët-d'Arcq, *Sceaux*, 2842.)

**528.** 1298. — « MILLY-DE-THY, en Picardie et en Mâconnois : ancienne et illustre maison qui a donné un Grand-Maître à l'Ordre de S. Jean de Jérusalem. Elle a pour auteur Richard de Milly, damoiseau de Villars, sgr de Vau et de Lugeac, qui prenoit aussi la qualité de *Miles*, chevalier, en 1298. Il épousa 1° Halin (Hélène, Aline ?) de Thy, maison qui porte pour armes : *d'argent à 3 lions rampans de gueules, le premier tenant de sa patte droite une fleur de lis d'or*; supports, 2 lions d'or, tenant d'une patte l'écu, et de l'autre un guidon bleu chargé d'une fleur-de-lis d'or. Cette fleur-de-lis fut ajoutée à ses armes par Louis IX, parce que, l'Etendard royal ayant été enlevé dans une bataille par les Sarrasins d'outre-mer, il fut repris par un de Thy. Richard de Milly écartela ces armes avec les siennes... » — (La Chenaye, X, 135.)

**529.** 1300, 18 janv., Bruges. — Quitt. de gages

militaires donnée par Wales de Montigni à maitre Geoffroy du Bois et Guillaume, chantre de Milli, clercs du Roi. — (Morice, I, 1138. — Bréquigny, VII, 510.)

**530**. 1300-1320. — « Pierre d'Orgemont, fils de Jean et de Perronelle de Roissy, lieutenant de J. de Rougemont, chev., et de Hue de Chaumont, gardes des foires de Champagne et de Brie, épousa Anne de Milly. Ils élirent pour sépulture une chapelle qu'ils avaient édifiée dans le cimetière des Innocents. » — (L. Pannier, *Méry et ses seigneurs*, p. 16.)

**531**. — Nécrologe de l'abb. de S. Lucien de Beauvais : « 5 mars : Dreux de Milly, prêtre. 23 avril : Jean d'Oudeuil, qui nous donna 2 courtils à Troussures. 19 mai : Sagalon, moine. 25 mai : Agnès de Milly. 19 juillet : Nic. de Milly, chanoine de S. Pierre, pour lequel nous avons 40 sols 6 den. de rente. 29 juillet : Nic. de Milly, pour lequel nous avons 10 s. de cens annuel. 1$^{er}$ août : Sagalon. 29 nov. : Alix, dame de Milly. 11 déc. : Jean de Milly. 13 déc. Barthélemy de Milly, templier, qui donna 2 sols de cens et cent sols de deniers. » — (*Pic.*, CLXVIII.)

**532**. — Philippe de Dampierre, 5$^e$ fils de Guy,

comte de Flandre, et de Marguerite de Béthune, épousa : 1° Marg. de Courtenay, morte en 1300, fille unique de Raoul, comte de Chieti et de Loreto, et d'Alix de Montfort : 2° Pérette de Milly, veuve d'Ét. de Sancerre, fille de Geoffroy, sgr de Milly en Gâtinois, laquelle, par cette alliance, se trouva belle-sœur de 1° Robert III, comte de Flandre, marié d'abord à Blanche, fille de Charles de France, comte d'Anjou, roi des deux Siciles, puis à Yolande de Bourgogne, comtesse de Nevers, veuve de Tristan, comte de Valois, 4e fils du roi Saint-Louis; 2° Jean, duc de Brabant ; 3° Florent, comte de Hollande et de Hainaut; 4° Jean, comte de Namur; 5° Guy de Flandre, comte de Zélande ; 6° Alexandre, fils du roi d'Écosse; 7° Renaud, comte de Gueldres ; 8° Hug. de Châtillon, comte de Blois ; 9° Édouard II, roi d'Angleterre ; 10° Jean, sire de Fiennes et de Tingry. — (Moréri, IV, 98.)

**533.** 1301-1302. — « Roolle des chev. et hommes d'armes de Norm. qui feurent au camp et host des Flandres en l'an M. CCC. ung et deulx, avec le roy de France nostre syre, dressé par maistre Guillaume le chantre, escuier, sr de Milly et thresorier général de l'extrre des guerres, etc ; signé : Chantre de Milly. » — (Arch. de Mr Amédée du Buisson de Courson, membre hon. du Conseil

Héraldiqne de France; cop. légal du 30 déc. 1871.
— Poli, *Robert Assire*, p. 89-93 )

**534.** — « Après que Charles d'Anjou eut conquis le royaume de Naples, il récompensa richement beaucoup de nobles capitaines pour la valeur qu'ils avaient montrée dans cette guerre, entre lesquels il exalta grandement Guillaume Stendardo (l'Étendard), homme illustre et de haute réputation, qui dans la dite guerre avait porté l'étendard royal; il lui donna le comté d'Alisi, la ville de Bovino et beaucoup d'autres très bonnes terres, et en outre le créa connétable et maréchal du royaume. Cette très noble maison s'éteignit en Jeannet Stendardo, dont la fille unique, Jeanne, fut mariée en 1417 à Marino Boffa, gr. chancelier du royaume, à qui elle porta tout son très riche héritage. Cette très noble maison avait pour armes *un lion rampant noir en champ d'argent avec une bande rouge brochant.* » — (Mazzella, *Descr. del regno di Napoli*, 1601, p. 674-675.)

**535.** 1302, 4 juil., Naples. — Le roi Charles II confirme à Guillaume Estendard, connét. du roy. de Sicile, les fiefs qui lui furent donnés par son père, ainsi qu'une pension ann. de 30 l. t. à prendre sur le péage de Tarascon, avec transfert de lad. pension à Marie Estendard, sa sœur, à

Gabitose, sa fille, à Alasacie et Tassiette de Baux, ses nièces, relig. au monast. royal de N.-D. de Nazareth d'Aix. — (Arch. des Bouches-du-R., Reg. B 144, f. 155, 156.)

**536.** 1302, août. — « Je Guilleaume de la Rocheta, escuier d Auverne, fais assavor que ie ai receu vij l. x s. de mestre Guilleume de Mili, chantre de Mili, et Geffroi Coquatris, pour le servis que ie faict a nostre senheur le roi en Flandre. Seelez de mon seel a Arraz lundi apres la feste la nostre dame lan de grace 1302. » — (*Quittances*, ms. franç. 25992, n° 71.)

**537.** 1303. — « Le prince de Beaujeu aliène en fav. d'Antoine [de Milly, dit] de Thy la terre d'Avenas, et ne se réserve que la bouche et les mains, c. à. d. foy et hommage. C'est la première alién. du Beaujolois en fav. des seigneurs. En conséq. de cette aliénation, la rente noble fut reconnue en fav. dud. Antoine. » — (Berzé, *Maison de Thy*, mss. du XVIIIe s.)

**538.** 1304, 5 mars, Paris. — Signet de Guillaume de Milly, dit le Chantre : écu portant 3 aulx; autour, les initiales G. M. — (Demay, *Sceaux de la coll. Clairambault*, n° 6108.)

**539.** 1304. — Mgr Pierre de Milly, dit Malegrappe, chevalier. — (Bouquet, XXIII, 797.)

**540.** 1305. — « Contract de vente, intitulé « Pierre de Dicy, garde de la prevosté de Paris », par noble personne messire Philippes, fils du conte de Flandre, conte de Tyele, et madame Philippe, fille et héritière de feu monseigneur Jefroy, chevallier, sire de Milly, femme dudict Philippes, contesse du mesme lieu, — en faveur de messire Jehan de Boville, pour raison de ce qu'elle avoit de la succession de son père en la chastellerie de Milly en Gastinois et de St-Martin-en-Bière. » — (Mondonville, XI, 492.)

**541.** 1306, juill. — Odeline le Coq, veuve de Thibaut de Milly, écuyer, renonce au droit qu'elle peut avoir, à cause de son douaire, sur une vigne située à Jouy-la-Fontaine et léguée par son mari, pour le salut de son âme, à l'abb. de S. Martin de Pontoise. — (*Cartul.*, f. 155 v. — Villevieille, LVIII, 64 v.)

**542.** 1307, janv. — Messire Simon de Milly, chev., confirme led. legs de feu Thibaut, son frère. — (*Ibid.*)

**543.** 1309. — Philippe IV confirme la vente de

cent arp. de bois faite par Ancel de Vaugohan à Guillaume de Milly. — (Arch. Nat., JJ. 47 n° 1.)

**544.** 1309. — Frère Foulques de Milly, chevalier du Temple, du diocèse de Beauvais, commandeur de Sérier, sexagénaire. — [Michelet, *Procès des Templ.*, t. I, p. 446, 477 : t. II, p. 266.)

**545.** 1310, janv. — Mgr J. du Chastel, sire de Nangis, vend « à honorable homme et discret maistre Guillaume de Milli, chantre d'icel lieu, » 130 arp. de bois au territ. de la Chapelle d'Arrabloy. — (Arch. nat., JJ. 49, f. 51 v.)

**546.** 1310, juin. — Simon le Cornu, écuyer, sire de Fontaines et de la Chapelle d'Arrabloy en partie, vend 160 arp. de bois, sis au terroir de lad. Chapelle, « à honorable homme et discret mestre Guillaume, chantre de Milli, clerc de nostre sgr le Roi ». — (Arch. Nat., JJ. 45. f. 79 v.)

**547.** 1310, juill. — Noble he Mgr J. du Chastel, sire de Vienne, chev., et madame J. des Barres, sa femme, vendent 310 arp. de bois, dans le susd. terroir, « à hon. he et discret maistre Guillaume de Milli, chantre d'icelieu, clerc nostre sgr le Roy ». — (Arch. Nat., JJ. 47, f. 3.)

**548.** 1312. — Philippe IV ratifie l'acquêt fait par maître Guillaume de Milly, chantre de l'égl. de St-Jacques de Milly, de divers bois appartenant à lad. église. — (Arch. Nat., JJ. 48.)

**549.** — Sceau du chantre et du chapitre de S. Jacques de Milly. — (Douët-d'Arcq, *Sceaux*, 7641.)

**550.** 1312, 23 juil. — Testament d'Eustachie Estendard, femme de Raymond de Baux, sire de Meyrargues. — (Arch. des Bouches-du-R., Reg. Invent. B. 1209.)

**551.** 1313. — Philippe IV ratifie la vendition de divers bois et autres biens faite par Mgr Jean du Châtel, chevalier, à maître Guillaume de Milly, chantre de l'égl. de Milly. — (Arch. Nat., JJ. 49, n° 123.)

**552.** 1313, 11 juill., Naples. — Le roi Robert octroie à Simon de Beaulieu les biens féodaux de Marguerite, fille de Raymond d'Avella, amiral de Sicile, femme de Philippe Estendard, morte sans enf., sœur de Françoise, femme d'Amiel de Baux de Courtheson. — (Gr. Arch. de Naples, *Reg. ang.* 191, f. 170.)

**553.** 1314. — Guy de Milly et Odard de Rabutin, écuyers, arbitres entre les hab. de Satonnay et Hug. de Satonnay. — (Villevieille, XXXIX, 154; LVIII, 65.)

**554.** V. 1314. — Discret homme Guillaume de Milly, chanoine de S. Avit d'Orléans. — (Bibl. Nat., *Chartul. S. Aviti aurel.*, ms. lat. 12886, f. 35.)

**555.** 1315. — Arrêt défendant au sire de Milly, dioc. de Beauvais, d'exiger plus de 3 deniers par cheval chargé de poisson de mer, à son péage de Milly. — (Boutaric, II, 130.)

**556.** 1316-1323. — Le B. Sagalon, moine et maître des novices en l'abb. d'Ourscamp, puis abbé, mort en odeur de sainteté. — (*Gall. Christ.*, III, 528.)

**557.** 1317, juill. — Simon de Billy, chevalier du Roi et son bailli d'Amiens, publie une sentence rendue au profit de l'abb. de Beaupré contre Mgr Henri de Lihus, chev., en l'assise d'Amiens, où étaient Mgr Dreux de Milly, messire Jean Poli de Lihus, J. de Poix, J. d'Estrées, Thomas de Croy, etc. — (*Beaupré*, f. 17.)

**558.** 1318. — Mandés à Paris pour le conseil du Roi : « CHAUMONT : Renier de Choysuel, le sgr de Choysuel, chevaliers. AMIENS : Le sgr de Milli. » — (Bouquet, XXIII, 817-818.)

**559.** 1319, janv. — Guyonnet de Milly, damoiseau, est pleige des conventions matrimoniales entre Bérard, sgr de Salornay, et Marguerite, fille de J. Richard, chev., veuve de G. de Saligny. — (Villevieille, LVIII, 65.)

**560.** 1319. — Arrêt dans lequel est mentionné que noble femme Agnès, épouse de feu Guillaume de Milly, chev., avait légué à l'abb. de Barbeau un muid de vin à lever annuell$^t$ au clos de Brouville. — (Boutaric, 290.)

**561.** 1319. — « Noble homme Mgr Roubert de Milly, chevalier, bailliz de la conté de Bourgoingne de part messire le roy... » — (Arch. de la Côte-d'Or, Ch. des comptes, B. 1065.)

**562.** 1320. — Arrêt confirmant une sentence de la cour laïque de l'Évêque de Beauvais pour Gervais de Milly, au sujet de l'exécution d'une saisie faite en vertu d'un jugement rendu en 1304. — (Boutaric, II, 332.)

**563.** 1320. — Arrêt condamnant à 500 liv. d'amende Dreux de Milly qui, avec G. de Sully, damoiseau, et autres, avait blessé et mis aux fers Simonet de Cépoy, gardien nommé par le Roi pour protéger les biens de l'abb. de S. Lucien de Beauvais, et un sergent royal, qui s'étaient rendus à Milly pour réclamer un hôte de l'abbaye emprisonné par led. Dreux. — (*Ibid.*)

**564.** 1320, déc., Dôle. — « Robert, sire de Milley, chev., baillif de la contey de Bourgoingne », en exécution de lettres du Roi, fait prescrire au bailli de Chaumont de restituer tout ce qui a été pris par son autorité « sour monseignour Renart de Choisel et sour les autres seignours de Bourbonne ». — (Arch. de la Côte-d'Or, B. 1056.)

**565.** 1323. — Arrêt condamnant les hab. de Milly (Gâtinois) à payer 2500 liv. parisis au chantre de Milly. — (Boutaric, II, 529.)

**566.** 1324, Paris. — Jehan de Milly, clerc de Jean d'Aubigny, maistre des comptes, le 6 juillet 1324 jusqu'au 1er sept. 1326 qu'il fut clerc du Roy; mort le 18 oct. 1342. — (Arch. nat., P. 2635, f. 192 : P. 2636, *Clercs des comptes*, f. 64.)

**567.** 1332. — Acte passé par n. he Mgr J. de

Planche VII.

Geoffroy de Milly
-1259-

Courtenay, sire de Champignelles, Mgr Ph. de Courtenay, sire de la Ferté de la Louppière, chev., Rob. de Courtenay, prevost de Lisle, G. de Courtenay, vidame de Reims, Estienne de Courtenay, prevost de l'égl. de Reims, et P. de Courtenay, sire de la Villeneuve, pour raison de la vente faicte à feu messire Hue de Bouville, jadis chevalier, par feu Mgr Estienne de Sancerre, jadis chevalier, et feu madame Perrenelle de Milly, sa femme, fille feu Mgr Geoffroy de Milly, touchant ce qu'ils avoient à Milly à raison de la succession dudict feu Mgr Geoffroy de Milly, de feu madame Ennort, femme d'iceluy, et feu Mgr Guillaume de Milly, jadis frère de la dicte Perrenelle, chargiée du doire envers feu madame Françoyse de Seully, dame de Boisgibaut, vefve dud. deffunct Mgr Guillaume de Milly. — (Mondonville, IX, 499.)

**568.** 1332. — Pierre de Milly, écuyer, servant sous le maréchal d'Audrehem, donne quitt. des gages de sa compagnie. Son sceau porte un écu à *une croix ancrée*. — (Rosny, II, 992.)

**569.** 1336. — Le fils de Guillaume de Milly tient en Beauvaisis un fief relevant de la seigneurie de Trainel. — (*Pic.*, XLV, 86.)

**570.** 1337-1342. — Salvin Milly, bourgeois de

Paris. — (Tanon, *Reg. de la just. de S. Martin des Champs*, p. 93, 189.)

**571**. 1337, 6 sept. — Messire Pierre de Milly et Jobart de Milly, fieffés de la prévôté de Beauvaisis, sont convoqués pour la guerre.—(Rumet, *Chroniq. de Ponthieu*, mss. à M. de Caïeu, d'Abbeville; copie d'un rouleau de la Ch. des Comptes de Paris, à la fin du vol$^e$.)

**572**. 1337, 6 sept. — « Nobles de Beauvoisis qui font montre par devant les commiss. du Roy : Jobert de Milly, Messire Pierre de Milly, luy tiers. Le sgr de Milly, luy 4$^e$. Pierre de Milly. » — (Du Fourny, *Gens d'armes*.)

**573**. 1338, 3 avril. — Jean, sire de Milly et d'Achy, chev., transige avec l'abb. de S. Lucien au sujet des moulins d'Achy, etc. — (Villevieille, LVIII, 65).

**574**. 1338, 7 oct. — Florent de Milly, écuyer de Rob. de Marigny. — (Du Fourny.)

**575**. 1338-1341. — « Comptes de B. du Drach, trés. des guerres, et de Franç. de l'Hospital, clerc des arbalestiers :... Aymonnet de Milly, escuier... » — (Gaignières, *Extr. de comptes*, I, 251.)

**576.** 1340, 20 mars. — « Damoyselle Jehanne de Milli, fame feu Philippe de Soizi, escuier. » — (*Pic.*, CLV, 102.)

**577.** 1340, 2 mai. — Nicolas de Milly, écuyer de Mgr G. de Bordeaux, chev. — (Du Fourny.)

**578.** 1340, 2 juill., Arras. — Perrin de Milly, écuyer du baill. de Sens, donne quitt. des gages de sa comp. « en ce present ost. » — Sceau : un lion. — (*Sceaux*, I, 439.)

**579.** 1341, juin. — Philippe VI octroie des lettres d'absolution à Pierre de Milly, sgr d'Achères, clerc, injustement accusé de meurtre et de rapt. — (Arch. Nat., JJ. 72, n° 189.)

**580.** 1341, 31 déc. — « Aymon de Millie », servant dans la guerre de Gascogne, donne quitt. de gages. — (*Pièc. orig.*, Milly, 2.)

**581.** 1342, 29 janv. — Philippe VI sanctionne l'accord intervenu « entre P. de Hautecourt, procureur de Mgr Jehan, sgr de Milly, chev., et Anchier de Cayeu », proc. de l'abb. de Beaupré. — (Arch. Nat., JJ. 72, n° 153.)

**582.** 1342, 23 nov. — Aymon de Milly, écuyer,

donne quitt. pour service de guerre. Sceau : écu à une branche fleurie de 3 lis. — (*Sceaux*, LXXIV, 5807.)

**583.** 1346. — « Le borgne de Milli, escuier de Beauce ». — (Froissart, I, 212.)

**584.** 1347, 3 fév. — Philippe VI accorde des lettres de surséance à « Jehan de Milly, escuier, lequel est en garnison à Reims en armes et en chevaux. » — (Arch. Nat., K. 44, n° 6 bis. — Tardif, p. 384.)

**585.** 1347. — Firmin Milly, bourgeois de Paris. — (Arch. Nat., JJ. 76, n° 418.)

**586.** 1347, mai. — Jehan de Milly, escuyer, rend aveu pour son habergement et héritages sis en la paroisse de Boisvillette. — (Mondonville, II, 172.)

**587.** 1348, 22 août. — Jacques de Milly donne quitt. de gages « pour avoir servy en la comp. de hault homme et noble Mgr le mar$_a^l$ de Neelle soubz Mgr Sausset de Tilloy, chev. » — Sceau : écu au chef chargé d'un lambel à 3 pend. — (*Sceaux*, LXXIV, 5807 ; CV, 8213.)

**588.** 1348, oct. — Rôle des Nobles de Vermandois : « Jaque de Milly, escuier de Saucet, sgr de Tilloy, chev. bach. — Guiot de Milly, escuier de J. de Crèvecœur, ch. bach. —... Jaque de Milly, esc., porte un chef : [montre] pour luy et 4 escuiers. » — (*Pic.*, CLXIV, 132 v., 135. v., 137. — *Pièc. orig.*, Milly, 57.)

**589.** 1349. — Compte de B. du Drach, trés. des guerres :... *La baillie d'Amiens* : ... Jehan de Milli, escuier... » — (Gaignières, *Extr. de Comptes*, I, 322.)

**590.** — Compte du même « pour cause des gens d'armes qui feurent en Xainctonge et environ es ans 1349 et 1350 : ... Monseigneur Jehan de Milli, chevalier... » — (*Ibid.*, 305. — La Roque, *Harcourt*, IV, 1591.)

**591.** 1350, 30 janv. — Mgr Guill., sire de Moy, et Mgr Pierre de Milly, sire de Moymont, chevaliers, sont amiables arbitres entre noble h<sup>e</sup> Guyart de Milly, écuyer, sire de Montreuil-sur-Thérain, et l'abb. de Briostel. — (Arch. nat., Sect. jud. X<sub>1c</sub> 5.)

**592.** 1350-1390. — « Plusieurs nommés *de Milliaco* bourgeois de Cluny. » — (*Cartul. de Cluny*, ms. lat. 9091, f. 143 v., liasses de Cluny.)

**593.** 1352, 26 fév. — Litige entre l'Évêque de Beauvais et Mgr Jean de Milly, chev., sgr d'Oudeuil, au sujet du travers d'Oudeuil. — (Villevieille, LVIII, 65.)

**594.** 1352, 7 août. — Quitt. scellée de Pierre de Milly, escuier, servant sous Mgr d'Audrehem, maréchal de France. Écu à une croix ancrée, cimé d'une tête de chevreau. — (*Sceaux*, LXXIV, 5807.)

**595.** 1354, 2 mai. — Quitt. scellée de Jean de Milly, chev. bachelier, servant sous G. de Nesle. Écu à un chef chargé d'un lion naissant. — (*Ibid.*)

**596.** 1354, 17 août. — Jean II, en considération des longs services de guerre de Pierre de Milly, écuyer, l'absout d'avoir blessé Nic. de Mirenval, chevalier : « ... servicia que ipse nobis diu fecit in guerris... » — (Arch. Nat,. JJ. 82, n° 325.)

**597.** 1355, mars. — Jean d'Orival, dit Tartarin, écuyer, et damoiselle Gilles, sa femme, fille de feu Colart [de Milly], maire de Milly, vendent à n. h^e Mgr de Béthisy, chev., un fief sis à Bayonvilliers et Wiencourt, et tenu du chapitre de Saint-Quentin. — (Villevieille, LVIII, 65.)

**598.** 1355, 18 avril. — Arrêt condamnant à restit$^n$ et aux dépens messire Pierre de Milly, chev. qui, dès 1343, avait pris fait et cause pour des hab. de Bonnières et de Noirmont, qui avaient pêché dans la riv. de Thérain. — (*Ibid.*)

**599.** 1355, mai-juin, Rouen. — Montre d'Amaury de Meullent, chev. bann. : « Amauri de Milly.. Messire Drieu de Milly. » — (*Pièc. orig.*, Meulant, 4, 5.)

**600.** 1355, 17 juin, Rouen. — Jean de Milly, écuyer de messire J. de Bray, chev. — (*Sceaux*, CXXIII, 515.)

**601.** 1355, 18 juin, Rouen. — Desguisé de Milly, écuyer de Mgr Billebaut de Trie, chev. — (*Montres*, I, 23.)

**602.** 1355, 1$^{er}$ août. — Arrêt nommant deux arbitres entre M$^{re}$ J. Marguerie, « prestre chevecier de l'égl. collégialle de S. Mellon de Pontaise », et nobles hommes M$^{re}$ Regnaut de Trie, dit Billebaut, M$^{re}$ Drieu de Milly, sire de Lattainville, et autres chevaliers. — (Arch. Nat., Sect. jud. X$_1$c 9.)

**603.** 1356, 1$^{er}$ fév., Pontorson. — Jean de Milly,

écuyer, fait montre de sa compagnie — (*Quitt.* ms. franç. 26001, n° 511.)

**604.** 1356, 10 juill., Caen. — « La montre messire Drieu de Milli, chevalier... : Amalri de Milli, escuier ; Regnault Poli... » — (*Montres*, I, 125.)

**605.** 1356. — « Jean de Milly, chev., sgr de Milly en Berry, tué à la bat. de Poitiers. » — (D'Hozier, *L'Impôt du sang*, II, 251. — Lisez « sgr de Milly en Beauvaisis ».)

**606.** 1357, fév. — Henri de Milly, sgr de Méry-sur-Oise. — (Bibl. Nat., ms lat. 10999, p. 178. — L. Pannier, *Méry*, p. 14. — Sur Henri de Milly, voy. le chap. III de la savante *Hist. de Méry-sur-Oise* par M$^{rs}$ le comte de Ségur-Lamoignon et Joseph Depoin.)

**607.** 1357, 12 mars. — Accord, au sujet de la haute, moy. et basse justice des chemins de Marseilles, entre l'Évêque de Beauvais et Mgr J. de Picquigny, chev., sgr de Fluy, comme ayant la garde et admn$^n$ de Jean, sgr de Milly, écuyer. — (Arch. Nat., XIc 9. — Villevieille, *loc. cit.*)

**608.** 1358, 30 déc., Montbard. — « Le bastart de Milly » écuyer de Mgr Eudes de Muxy, chev. — (Arch. de la Côte-d'Or, B, non coté.)

**609.** 1358. — Jacques de Milly, écuyer de Sausset de Tilloy, chev. — (Rosny, II, 992.)

**610.** 1359, 21 av. et 4 juin, Avallon. — Perrin de Milly, servant sous noble h^e Mgr Jacques de Vienne, général capitaine des guerres au pays de Bourgogne, fait montre de sa compagnie, dans laquelle figure le bâtard de Milly. — (Villevieille, LVIII, 65. — Arch. de la Côte-d'Or, B. non coté.)

**611.** 1359, 4 juill. — Jean de Milly, écuyer de Mgr de Mirebel, chev. bann. — (*Ibid.*)

**612.** 1360, juill. — Jean II octroie des lettres de rémission à Bertrand de Milly, habitant de Corbie, père de Bernardin de Milly, âgé de 13 ans. — (Arch. Nat., JJ. 88, n° 36.)

**613.** 1361, 24 janv. — « Pierre de Milly, après le décès de madame sa mère vendit, dû consent. de ses frères et sœur, la portion qu'ils avoient en la terre et seig. de Moüy à Mgr Gilles de Soyecourt, chev., conseiller maistre des requestes de l'hostel du Roy, auquel le Roy avoit donné lad. terre. » — (Villevieille, LVIII, 65 v.)

**614.** 1362, 17 juin. — Foi et homm. par J. de Monchaus, écuyer, à Jeanne de Gamaches, dame de Montreuil-sur-Thérain, ayant la garde d'Angren (Enguerrand) de Milly, son fils aîné. —

(Berzé, n° 30, Registre-copie d'actes du XV<sup>e</sup> s., f. 1.)

**615.** 1363, 9 mars. — Pierre de Milly, écuyer, sgr de Moymont, reconnaît qu'il est dû, sur ses terres de Moymont et de Bonnières, diverses redevances annuelles à l'abb. de S. Lucien de Beauvais. — (Villevieille, LVIII, 65 v.)

**616.** 1363, 15 av., Pacy. — Jeane de Milly, dame de Fluy, donne décharge de 6 aunes de drap, 2 peinnes de menu vair, etc., dont lui a fait présent Mgr messire Charles de Navarre. — (*Pièc. orig.*, Milly, 3.)

**617.** 1363, 15 sept. et 4 oct., Pontaudemer. — La même donne décharge d'autres présents du même prince. Sceau de lad. Jeanne ; écu parti, au 1, fascé de 6 pièces, au chef de Navarre ; au 2, *de sable au chef d'argent* (Milly). Les hachures de sable sont nettement marquées. — (*Ibid.*, 4, 5. — *Sceaux*, LXXIV, 5807.)

**618.** 1363. — Pierre de Milly, écuyer du sire de Chasteauneuf. — (*Coll. de Bourg.*, t. CIV, f. 60.)

**619.** 1364, 16 janv. — « Johan, p. la gr. de D. roy de France... Comme piezca... nostre amé et féal chevalier Johan lestandart relachast de prinson James de Pipes, chev. anglois, lequel il detenoit prinsonnier et lequel li estoit plaige et respondant pour plusseurs autres prinsonniers... » — (*Sceaux*, LXXXVI, 6767.)

**620.** 1366, 11 fév. — Litige entre Pierre de Grigny, écuyer, fils de feu Mgr Pierre, sgr de Grigny, et Mgr Baudouin de Rubempré, dit Courbet, chev., sire d'Authies, époux de Jehanne de Milly, dame d'Authies et dame héritière de Grigny, — au sujet de 60 livres de terre que led. écuyer prétendait devoir lui être assises sur la terre de Grigny. Sceau de lad. Jeanne; écu parti, au 1 : coupé, au 1, 3 fasces ; au 2, un chef ; le 2 du parti est fruste. Lég. : ✻ S. ME DAME DAVTHIE. ET. DE GRINGNY. — (Arch. Nat., XIC 16, n° 2, orig. parch. scellé de 3 sceaux dont ne subsiste que le susdécrit.)

**621.** 1366, 18 fév. — Baud. de Rubempré et Jehanne de Milly, sa femme, nomment leurs procureurs à l'effet de passer accord sur led. litige par devant nos dessus diz grans seigneurs tenans le present parlement du Roy... à Paris. » Même pouvoir, en date du 19, par led. Pierre de Grigny. Notification de l'accord intervenu, par Charles V, le 26. — (*Ibid.*, num. 1-3.)

**622.** 1366, 6 mars. — Jeanne de Milly, dame de Fluy, donne quitt. scellée de la pension que lui fait le roi de Navarre. Écu : parti de... et de Milly. — (*Sceaux*, LXXIV, 5811.)

**623.** 1366, 22 avril. — Ph. Morhier, chev., donne quitt. de gages pour lui, un autre chev. et 3 écuyers servant sous messire Jehan [de Milly, dit] l'Estandart, chev. — (*Ibid.*, I, 287.)

**624.** 1367, 3 juin. — Quitt. scellée, donnée par Jehanne de Flui, dame de Milli. Écu écartelé : au 1, fruste ; au 2, de sable au chef d'arg. ; au 3, fascé de 6 p. ; au 4, de Navarre (?). — (*Ibid.*, XLVIII, 3589.)

**625.** 1368, 21 janv., Graçay. — Robinet de Sabrevois, écuyer, donne quitt. des gages de sa comp. servant sous le gouvern$^t$ de Mgr Jehan [de Milly, dit] l'Estandart. — (*Ibid.*, I, 315).

**626.** V. 1368. — « Madame Jehane, dame de Milly et de Floy, avoue tenir la chastellenie de Milly. Porte : de Barbançon, qui sont d'argent à 3 lyons de gueules en pal, couronnés d'or. (*Livre de Clermont*). » — (Gaignières, *Extr. de comptes*, I, 244.)

**627.** V. 1368. — Extr. du *Livre du comté de Clermont* : « Madame Jehanne, dame de Milly et de Fluy, tient du chastelain de Barbençon toute la chastell. de Milly. Écu : *un chef.* — Pierre de Milly, sire de Moymont, tient un fief à Remerangle : *de sable au chef d'arg. chargé d'un lambel à 3 p. de gueules.* — Messire Estendart de Milly tient un fief à Clermont : *de sa. au chef d'arg. avec une bord de g.* — Madame de Monstereul (Jeanne de Gamaches, mère d'Eng de Milly) : *d'hermines à 2 fasces de g., party de sa. au chef d'arg. à la bord de g.* — Pierre de Milly tient un fief à Milly : *de sa. au chef d'arg. chargé à dextre d'un annelet de g.* — Regnaud de Milly tient un fief à Milly : *de sa. au chef d'arg., à la cotice de g. brochant.* — Henri de Milly tient un fief à Milly : *de sa. au chef d'arg. chargé de 3 estoiles de g.* — Regnaut de Milly tient un chef à Villepois : *de sa. au chef d'arg. ch. de 3 merlettes de g.* — Le maire de Milly tient son office de maire : *de sa. à l'espée d'arg. posée en bande, la pointe en bas, au chef d'arg. chargé à dextre d'un tourteau de g.* — Colart de Milly tient la mairie de Belloy : *de sa. au chef d'arg., à la bord de g.* — Colart de Milly tient son office de sergenterie : *d'arg. au franc-quartier de sa. au chef d'arg.* — Guiart de Milly, dit Brunet, à cause de damoiselle Jehanne de Foulleuses, sa femme, sœur de Phelipes de F. : *de sa.*

*au chef d'arg., à la bord engr. de g.* — Colinet de Milly tient la maladerie de Milly : *d'arg. au fr. quartier de sa. au chef d'arg. chargé d'une estoile de sa.* — (*Pièc. orig.*, Milly, 56.)

**628.** 1368, 7 juin. — Accord entre noble h<sup>e</sup> Henry de Milly, écuyer, sgr de Méry, et N. H. messire Nic. Braque, chev., au sujet d'un droit que led. chevalier prétendait sur le port de Méry. — (Arch. Nat., X1c 19.)

**629.** 1369, 1<sup>er</sup> mai, St-Riquier. — Mgr Willaume de Milly, Mgr Pierre de Milly, chevaliers, Pierre de Milly, écuyer, servent dans la comp. de Mgr Walleran de Renneval, chev. bann. — (*Sceaux*, XCIII, 7218.)

**630.** 1369, 20 juill. — Sentence arbitrale de messires l'Estendart de Milly et le Helle de Campremi, chev., sur un différend entre Wautier Mauchevalier, écuyer, et l'abb. de S. Lucien de Beauvais. — (Villevieille, LVIII, 65 v.)

**631.** 1370. — Marguerite, dame de Frucourt, mère de Guillaume de Milly. — (Mondonville, IX, 663.)

**632.** 1370, 28 sept. — « ... le Bourgoing de

Milli, escuier de l'ordonnance de Mgr Loys de Sancerre, mareschal de France. » — (Gaignières, *op. cit.*, I, 418.)

**633.** 1371, 3 mai. — Ancel de Helley vend le quart de la dîme de Maisières, tenu de Henri de Milly, écuyer, à cause de sa seigneurie de Méry.—(Villevieille, *loc. cit.*)

**634.** 1372, 1ᵉʳ fév. — Bourgoin de Milly, écuyer de Gaucher de Passac, chev. bachelier. — (*Montres*, I, 195.)

**636.** 1372. — « Les chevaliers croisez qui allèrent au voiage de Prusse... : Pontus de Meslie, de Picardye : *de sable au chef d'argent chargé d'un lion naissant de gueules*. Pierre de Meslie : *de sable au chef d'arg. ch. d'une mollette de g.* Jehan de Meslie : *de mesme*: — (Goussencourt, *Armor. des Crois.*, II, 193 v.)

**636².** 1372, 20 avril. — Henri de Milly, écuyer sgr de Méry, confesse avoir reçu de G. Pilleronce, prêtre « la somme de trois frans d'or coing du Roy» pour « l'année dun arriere fié dont le demaine est en la quarte partie des dismes de Maisières. » — (Arch. de S.-et-Oise, fonds St-Martin, carton 13. — Communiqué par M. Joseph Depoin.)

**636.** 1373, 29 nov. — Guillaume de Milly, chev., sgr d'Oudeuil, donne quitt. scellée de 20 liv. tourn. de rente à héritage sur le domaine de Montdidier. — Écu : *un chef chargé d'un lion naissant.* — (*Sceaux*, I, 349. — *Pièc orig.*, Milly, 55⁸.)

**637.** M. d. — Le même donne quitt. scellée des gages de sa compagnie d'écuyers. Même sceau. — (*Sceaux.*, LXXIV, 5807.)

**638.** 1373. — « Estandart de Milly, chevalier. » — (Cᵗᵉ de Luçay, *Le comté de Clermont*, p. 281. — L'auteur a lu « Nully » pour « Milly ».)

**639.** 1374. — État des chevaliers chypriotes emmenés comme prisonniers ou otages par les Génois : « Ce ssont les chevaliers et escuers chipriens que les faus Jeneuois ont pris... par grant traïzon... en Famagouste :... Sire Jacques le Buffle... » — (Mas-Latrie, *Nouv. preuv. de l'hist. de Chypre*, 1873, p. 73.)

**640.** 1374, 1ᵉʳ déc. — Acte de tutelle des enfans de Henry de Milly, sgr de Méry-sur-Oise. — (Arch. du chât. de Méry, Invent. de 1628. — Communiqué par Mʳ J. Depoin.)

**641.** 1375. — « Dreux de Milly, dict l'Estendart, chev. » — (Mondonville, IX, 673.)

**642.** 1375, 23 mars. — Aux requêtes du Palais, adjud. à Pierre d'Orgemont de la terre de Méry, à la requête de Mre Nic. Braque, maistre d'hostel du Roy, sur Henry de Milly, escuier, moyt 520 liv. paris., avec quitt. de 60 fr. d'or au coing du Roy. — (Arch. du chât. de Méry, *Invent. de* 1628. — Communiqué par M. Depoin.)

**643.** 1376, 10 fév. — Vente par Nic. Braque et J. la Bouteillère, sa femme à Me Pierre d'Orgemont, doien de l'égl. S. Martin de Tours, de VIIIxx liv. de rente à prendre sur toute la terre de Méry, achetées de divers particuliers, avec une garantie de 30 liv. de lad. rente, faite par Henry de Milly. — (*Même source.*)

**644.** 1376, 12 août. — Bourgoin de Milly, écuyer, donne quitt. scellée des gages de sa comp. servant le Roi en ces présentes guerres en Périgord. Écu : *un chef denché.* — (*Sceaux*, LXXIV, 5811.)

**645.** 1378, 22 juill. — Charles V saisit sur Rob. de Picquigny, son chevalier, « criminel de lèse-majesté pour s'estre attaché au roy de Navarre », le châtel de Milly, mouvant en fief du châtel de Bulles, et le donne au comte de Clermont. — (*Pic.*, CLV, 102.)

**646.** 1379, 4 sept., Ducé. — Montre de « Mgr Pierre de Milly, un autre chevalier et 8 escuyers. » — (Morice, II, 405-406.)

**647.** 1380, 14 mars, Abbeville. — « La monstre de Robert de Milli, escuier, et de neuf autres escuiers de sa comp., receuz a Abbeville le XIV$^e$ jour de mars l'an 1379 : Led. Robert de Milli, Jehan de Milli, etc. » — *Quitt.*, ms. fr. 26016, p. 2655.)

**648.** 1380, 20 juill., Hesdin ; 1$^{er}$ août, Amiens ; 2 sept., Arras. — Guillaume de Milly, chev., fait montre de sa comp. et donne quitt. scellée de ses gages. Écu : *un chef chargé d'un lion naissant.* — (*Sceaux*, LXXIV, 5810, 5811. — Rosny, II, 992.)

**649.** 1380, 20 juil., Hesdin. — Pierre de Milly, chevalier, donne quitt. scellée des gages de sa comp. servant le Roi en ces présentes guerres au pays de Picardie. — Ecu : *un chef chargé d'un lambel à 5 pend.* — (*Sceaux*, LXXIV, 5811.)

**650.** M. d. — Guillemin de Milly, écuyer de J. de Fosseux, chev. — (*Sceaux*, XLIX, 3648.)

**651.** 1380, 1$^{er}$ sept., Corbeil. — Messire Lestendart de Milly, chev., sert dans la comp. de

Guill., châtelain de Beauvais, chev. bann. — (Rosny, IV, 244. — Belleval. *Trés.*, 18.)

**652.** 1380, 1ᵉʳ juil. — Pierre de Milly, chev., fait montre de sa compagnie. — (*Sceaux*, LXXIV, 5810.)

**653.** 1381, 30 mars. — Arrêt pour Mgr l'Évêque de Beauvais et madame Agnès de Milly, dame d'Achy, contre Jacotin de Baigneux. — (Arch. nat., XIc 40.)

**654.** 1381, 13 avril. — P. de Ploymont, écuyer, avoue tenir en foy et hommage le fief qu'il a à Silly de noble hᵉ et puissant sgr Mahieu de Milly, écuyer, sgr de Tillart, Aumarets et Silly. — (Villevieille, LVIII, 65 v.)

**655.** M. d. — Aveu d'un bois sis à Aumarets rendu au même par Isabeau de Fay, veuve de Gilles d'Aumarets. — (*Ibid.*, 66.)

**656.** 1381, 1ᵉʳ nov., Saint-Omer. — Jean de Milly, écuyer de J., sire de Fontaines, chev. — (*Sceaux*, XLVIII, 3613.)

**657.** 1381, 22 déc. — Noble h. Jean de Milly, damoiseau, souscrit comme témoin le testam. de dam^lle Marie Babute, femme de G. Cadier, chev. — (Villevieille, *loc. cit.*)

**658.** v. 1385. — Guillaume de Milly, écuyer et panetier du roi Charles VI.— (Roger, *Nobl. et chev.*, p. 265.)

**659.** 1386, 11 sept., Amiens. — Monstre de l'Évesque de Beauvaiz, per de France. *Escuyers* : Mahieu, Engerren et Guiot de Milly. — (*Sceaux*, XL, 3076.)

**660.** 1387. — « Robert de Milly, chev. — Gautier de Milly, chev. » — (Gaignières, *Extr. de titres*, p. 483.)

**661.** V. 1387. — « Isabeau de Conty, fille de Jean, dit Maillart, s. de Coutres et de Belleuse, et de Marg^te de Soyecourt, fut femme de Robert de Milly, mais sans lignée. Par le trespas des siens, elle devint dame de Coutres et Belleuse. » — (La Morlière, *Maison du dioc. d'Amiens*, p. 297.)

**662.** 1387, 1^er nov. — Jehan de Milly, écuyer de Jehan, s. de Fontaines, chev. —(*Sceaux*, XLVIII, 3612.)

**663.** 1388, 18 mars. — Accord entre Ant.

et J. d'Archiac, frères, et messire Robert de Milly, chev., tant en son nom que comme bail de Louis et Jean de Milly, ses neveux, enfans et hér. de feu Jehan de Milly, dit le Bourgoing, jadis son frère, — au sujet de la maison-fort de Verrières. — (Arch. nat., X 1 c, 56.)

**664.** 1388. — Enguerrand de Milly, écuyer de P. de Villaines, chev. — (*Montres*, III, 463.)

**665.** 1389, Saint-Denis. — La dame de Milly assiste au tournoi donné par Charles VI pour fêter la chevalerie de Louis, roi de Sicile, et de Charles, son frère, fils du duc d'Anjou. — (Bellaguet, *Chron. du relig. de S. Denis*, t. I, p. 594-597.)

**666.** 1389, 31 juil. — Jean de Milly, avocat en parlement, licencié en l'un et l'autre droits, chanoine de Noyon, est un des exécut. testam. de feu Michel de Dainville, archidiacre d'Ostrevant en l'égl. d'Arras. — (Félibien, III, 516-517.)

**667.** 1390-1393. — Noble h. Étendart de Milly, écuyer, tient à Juvignies un fief mouvant de celui de Rotangy. — (Villevieille, LVIII, 66.)

**668.** 1391, 23 mai. — Mess. Dreux de Milly, chev., vend à J. de Trie la terre de Lattainville, sauf le domaine que Mr de Boury y prend à cause de madame sa femme, mère dud. sgr de Milly, et le tiers appart. aux frère et sœur dud. Dreux; cette vente faite moyennant 60 liv. t{s} de rente, en déduction des 100 l. t. de terre à Parisis que led. Dreux et madame Marguerite, sa femme, avaient acheptées dès le mois de juillet 1389 aud. J. de Trie, chev., chambellan du Roi et de Mgr de Touraine; et à l'égard des 40 l. restant à payer, led. sgr de Trie prendra, chacun an, à son profit, les revenus que prend led. sgr de Milly à cause du bail du fils de feu Amaury de Milly, sur les héritages que led. Amaury tenait aud. Lattainville. — (*Pièc. orig.*, Milly, 51.)

**669.** — Milly : *de sable au chef d'argent*. Supp. 2 lions d'arg. Cimier : un cygne. — I. Dreux de M., chev., espousa [Marguerite] de Humières, dont : 1° Jacques, qui suit ; 2° Marie, femme de Jean de Brunvillers. II. Jacques de M., chev., chambellan du Roy, père de : III. Jean de M., chev., esp. Françoyse de Conty, dont : 1° Françoys, qui suit ; 2° Jean de M., sgr de Monceaux, qui suivra ; 3° Hervé de M., sgr de Saint-Arnoult. IV. Françoys de M., chev., esp. Jacqueline de Bétizy, dont 1° Florimond, qui suit ; 2° Jean de M., marié à Jeanne de Hanecourt, dont Pierre de M., marié à Louise de Villers ; 3° Artus, protonotaire du cardinal de Bourbon ; 4° N..., femme du sʳ de Champeaux ; 5° Françoise, femme de N... d'Estrées, sgr de Faverel ; 6° Claire, s. all. ; 7° Jacqueline, femme de N... de Thoury, sgr du lieu. V. Florimond de M., sgr du Plessier, esp. Antoinette de Varluzel, dont : 1° Charles, qui suit ; 2° Jean de M., marié à N..., dont est issue madame d'Authieule, qui a nom Marguerite de Milly, et son mari, Jacques de Gargan ; 3° Pierre. VI. Charles de M., sg du Plessier, enseigne de la comp. du sʳ d'Antrague, esp. Cécile de Saveuse, dont : 1° Charles ; 2° Jacques de M., sgr du Plessier, marié à Charlotte de la Fontaine, fille de Françoys, sgr d'Ognon, et de Charlotte de Soyecourt ; 3° Philippe de M., chev. de Malte ; 4° Antoinette, religieuse à Poissy ; 5° Marie, relig. à Arras ; 6° Anne, relig. au Paraclet ; 7° Jeanne, femme de Charles de Cambrai, sgr de Maubuisson ; 8° Guillemette, relig. aux Ursulines d'Amiens.

« IV. Jean de Milly, sgr de Monceaux, esp. Jeanne de Soyecourt, dont : 1° Manassès, qui suit ; 2° N..., sgr de la Neufville, qui eut des enfans. V. Manassès de M., sgr de Monceaux, mort en 1617, esp. Jeanne de Bristel, dont : 1° Françoys, sgr de Monceaux ; 2° Antoine ; 3° Nicole, femme de Jonathas de Berthellain, sgr de Belleuse ; 4° Claire, femme de J. le Cornut, sgr d'Orme. » — (D'Hozier, *Fragm.*, 73 r. - 74 v.)

**670.** — 1392, 31 juil., Le Mans. — Bernardin de Milly, écuyer de Pierre de Villaines, chev. bach. — (Morice, II, 608.)

**671.** 1392. — Charles VI octroie des lettres de rémission à Dreux de Milly. — (Arch. Nat., JJ. 144.)

**672.** 1393, 1er août, et 1394, 1er fév., Herment. — Messire Robert de Milly, chev. bachelier, sert sous J. le Méingre, dit Bouciquaut, mareschal de France, chev. banneret. — (*Sceaux*, LXXIII, 5700, 5702.)

**673.** 1393. — Charles VI octroie des lettres de rémission à Bertrand de Milly. — (Arch. Nat., J J. 145.)

**674.** 1394, juin. — Charles VI anoblit Thomas de Milly, bourgeois de Paris. — (Arch. Nat., J J. 146, n° 44.)

**675.** 1394, 20 août. — « Lettres royaux obtenues par Simon de Til, damoiseau, contre Édouard sire de Beaujeu, qui auroit fait saisir la terre d'Avenas, faute de foy et hommage par led. sr de Til. Orig. en parch. — Ordonnance dn juge de Beaujeu, du mois de mars 1400, pour faire exécuter lesd. lettres. » — (Berzé, *Invent.*, reg. du XVIIIe s.)

**676.** 1394, 7 déc.. Montcontour. — Procur. donnée par Olivier de Clisson « à ses chiers et bien amez les sires de Riez et de Beaumanoir et ses b. amez conseillers... maistre Jehan de Milly... » — (Morice, II, 643.)

**677.** — Extraits d'anc. armoriaux. — Arm. du héraut Navarre, fin du XIVe s. : « Mgr Jehan Lestendart, *d'arg. à un lyon noir rampant, à la queue fourchiée...* Le grand seneschal de Puille, *d'arg. à un lyon noir rampant...* Le sire de Villars : *bandé d'or et de g. de VI p.* » (B. N., mss., Suppl. franç., n° 254 [24].) — Arm. du héraut Sicile : « Beauvoisins à bannière : Le sgr de Milly, *de sable au chef d'arg.* Sans bannière : Pierre de Milly, *de sa. au ch. d'arg. à 2 lyons de gueules cour. d'or.* (*Pic.*, CLXIV, 140.) — Arm. du héraut Navarre : « Vermandoys et Beauvoisin : le sire de Milly, *de noir à un chief d'arg.* Bachelers : Mgr Poteau de Meslieu, *de noir à un chief d'arg. à un demy lyon de g. rampant ou chief.* Mgr Pierre de Meslie, *de noir à un chief d'arg. à une meslete de g.* Mgr Jehan de Meslie, *de noir à un chief d'arg. à une molete de g.* (B. N., ms. franç. 14356.) — Arm. de Vermandois : « Le s[r] de St Ernoult : *de sa. au chef d'arg. à*

12

une molette de gueules.... Le S$^r$ de Mily, *de sa. au chef d'arg*. Le s$^r$ de Moiemont, *de sa. au chef d'arg. au lambel*. Le s$^r$ de Postel, *de sa. au chef d'arg. paré d'un lyon naiss. de g.* » (Pic., CLXIV, 125, 128.) — Armor. de J. le Féron, xvi$^e$ s. Bulles: *d'arg. à 3 lyons de sable, à la bord. de gueules besantée d'or*. Messire Pierre de Milly, chev., banneret, *de sa. au chef d'arg. chargé. d'un lambel à 3 p. de gueules*. Lorens de Milly, *d'or à la croix de g. chargée de 5 besans d'arg*. Pierre de Milly, *de sa. au chef d'arg. chargé à dextre d'un annelet de g*. Drouart de Milly, *de sa. à l'épée d'arg. posée en bande, la pointe en bas, au chef d'arg. ch. d'un annelet de g*. Bulles de Milly, *d'arg. à la fasce de sa. chargée de 3 besans d'or, surmontée d'une fleur-de-lis au pied coupé de sable, mouvante de la fasce, et d'une croisette de même au canton dextre du chef*. Madame Jehanne de Milly, *Parti, au 1, d'arg. à 3 lyons de sable, à la bordure de g. besantée d'or; au 2, d'arg. à 3 lyons superposés de g. couronnés d'or*. Bulles-Milly, *Parti, au 1, fascé d'arg. et d'az., à la bord. de g.; au 2, de sa. au chef d'argent*. Collinet de Milly, *de gueules au fr.-quartier de sable au chef d'arg. chargé d'une étoile à 6 rais de sable*. Collart de Milly, *de même, sans l'étoile*. Derien de Bulles, *fascé d'arg. et de sa. de 8 p., à la cotice de g. brochant*. Jean de Bulles, *de même, sans la cotice*. Colart de Mylly, *de sa. au chef d'arg. à la bord. de g.* Henry de Milly, *de sa. au chef d'arg. ch. de 3 étoiles à 6 r. de g.* Le prevost de Milly, *de g. à 3 épées d'arg. à la poignée de sable, superp. en bande, la pointe en bas.* « Extr. du livre terrier du comté de Clermont en Beauvoisin. » — (B. N., ms. fr. 5934, *pass.*)

**678.** 1395. — Jehan de Milly, avocat au parlement, assiste à l'assemblée des prélats du royaume convoquée par le Roi pour travailler à la paix de l'Église. — (Bellaguet, II, 223.)

**679.** 1396, juill. — Maistre Jehan de Milly, grand archidiacre de Soissons. — (Arch., Nat., Xc 1, 72, n°s 1, 2.)

**680.** 1396. — Charles VI octroie des lettres de rémission à Jean de Milly. — (Arch. Nat., JJ, 151, n° 11.)

**681.** 1397. — Lettres de rém. pour Pierre de Milly, chevalier de Rhodes. — (*Ibid.*, JJ. 153.)

**682.** 1397-1398. — Thomas de Milly, changeur et bourgeois de Paris. — (Froissart, III, 282, note. — Arch. Nat., kk. 41, comptes d'Hémon Raguier, f. 169 v.)

**683.** 1397, 19 juin. — Aveu et dénombr. baillés par Renaud de Lesglentier, chev., sgr de Vignemont, à son très cher sgr Enguerrand de Milly, sgr de Monceaux et Moymont. — (Berzé, 131, orig. parch. scellé.)

**684.** 1397, 1ᵉʳ juil. — Aveu et dénombr. baillés à l'Év. de Beauvais par Mahieu de Milly, écuyer, sgr d'Aumarets et de Silly. — (Villevieille, LVIII, 66.)

**685.** 1398, 9 fév. — Partage entre Mgr Sarrien des Quesnes, chev., sgr de Gannes, madame Péronne, sa femme et paravant femme de feu Pierre de Sons ; Mgr Rob. des Quesnes, chev., sgr de Rogy, madame Marye de Sons, sa femme : Enguerrand de Milly, escuyer, et damoiselle Juliane, sa femme ; icelles dames Marye et Julianne enffans dud. Pierre et de lad. madame Péronne ; dᴵᴵᵉ Vyette de Sons, dᴵᴵᵉ Wienne de Sons, filles d'icelluy feu Pierre. » — (Berzé, 30, Reg. copie d'actes du XVIᵉ s., fol. 1-5.—Coll. Du Chesne, LXXXVI, 1.—Louvet, I, 605.)

**686.** 1399, 17 mars. — P. d'Omécourt, dit Postel, écuyer, et Marg., sa sœur, vendent le fief des Monceaux, en Saint-Omer-en-Chaussée, à noble h. Enguerrand de Milly, écuyer. — (Berzé, 53, orig. parch.)

**687.** 1399, 16 nov. — Enguerrand de Milly, écuyer, reconnaît qu'il a fait led. acquêt pour le prix de dix liv. tournois de rente perpétuelle. — (Berzé, 77, orig. parch. ; 102, cop. coll. parch.)

**688.** 1399, 1$^{er}$ déc. — Le même vend à Raoul de Ville 12 liv. parisis de rente. — (Berzé, 30, f. 5.)

**689.** — « Environ 1400, Marie de S$^{te}$-Colombe épousa le sgr de la Douse, dont deux fils, Guillaume et Antoine, au nom desquels leur mère fit hommage du château de la Douse à Jeanne de Bourbon. » — (Berzé, *Notes sur la maison de Thy*, XVIII$^e$ siècle.)

**690.** 1400, 15 mai. — Test. de Guy de Roye, arch. de Reims, qui élit pour exécuteurs maîtres Jean de Milly, Ph. de Boisgiroud, etc. — (*Gall. christ.*, X, instrum., 76.)

**691.** 1400, 10 août. — Messire Guérard de Milly, dit le Galois, chev., tient à Friencourt, à cause de sa femme, un arrière-fief mouvant de noble et p. sgr M$^{re}$ Regnault de Trie, dit Patrouillart, chev., sgr de Mouchy-le-Châtel. — (Villevieille, LVIII, 66.)

**692.** V. 1400. — Jean de Chevenon, écuyer, sgr de Bigny, épouse Guillemette de Milly. — (Le P. Anselme, VIII, 491.)

**693.** 1401 : — « Terrier fait au proffit de Simon de Til, damoiseau, à cause de sa terre d'Avenas, de l'année 1401 et suivantes, signé Dupas. Original en parch$^n$. — N$^a$. Guill$^e$ de Vibil, suivant sa reconnoissance insérée dans led. terrier, déclare avoir acquis le mas de la Fleur de noble Jehan de Til, damoiseau, en son vivant seign$^r$ d'Avenas. » — (Berzé, *Invent.*, XVIII$^e$ s.)

**694.** 1401-1403. — « Simon de Thil, damoiseau, reçoit des reconnaissances de divers tenanciers de la terre d'Avenas, en Beaujolois. Il la possédoit depuis le décès de Jean, bastard du Thil, mort sans postérité légitime. Celui-cy en avoit été investi par Edouard, sire de Beaujeu. Louis II, duc de Bourbon, donataire de ce dernier, prétendit qu'elle lui appartenoit et fit assigner Simon du Thil à sa cour. On ignore quel fut l'événement du procès, mais il est certain que la terre d'Avenas passa à ses descendans. Il mourut avant le 23 sept. 1413, laissant de Marie de S$^{te}$-Colombe Guillaume I$^{er}$, qui suit, et Antoine, écuyer, seigneur d'Alvignet, coseigneur d'Avenas et de Milly, qui paraît être

Planche VIII.

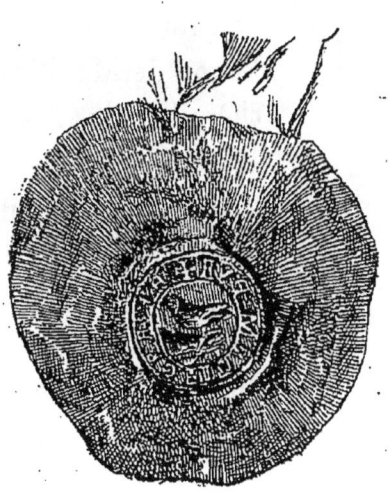

GEOFFROY DE MILLY
1294

mort sans postérité après l'année 1481. » — (Coll. Chérin, *Thy.*)

**695.** 1401. — « Desclar<sup>n</sup> des fiefz de la segnourie de Conchy, app<sup>t</sup> à noble sgr Mgr Jaque de Milly, chev., sgr dud. lieu. » — (Berzé, liasse 7.)

**696.** 1401, 11 juin. — G. Dufour, écuyer, vend aux chartreux de Dijon toute la terre que tenait à vie, en la ville d'Essey, près Milley en Auxois, feu damoiselle Marguerite de Milley, femme de feu Joffroy de Mavilley, écuyer. — (Arch. de la Côte-d'Or. B. 11350. — Lisez Milly, Mavilly.)

**697.** 1402, 10 juin. — P. d'Omécourt, dit Postel, écuyer, vend à Enguerrand de Milly, écuyer, sgr de Montreuil-sur-Thérain, « la somme de dix francs d'or qu'il prenoit chascun an sur le fief de Monceaulx, séant en la par. de Saint-Ausmer et app<sup>t</sup> aud. achetteur. » —(Berzé, 60, orig. parch.)

**698.** 1402-1404. — « Cest la desclaracion des denombremens des hommages de la ville, terre et segnourye de Hausu, app<sup>t</sup> à noble sgr Mgr Jaque demilly, chevallier, sgr dud. lieu... » — (Berzé, liasse 7, et *Invent. des titres de la maison de Milly de Thy*, XVII<sup>e</sup> s.)

**699.** 1403, 23 janv. — Arrêt renvoyant au bailli de l'Év. de Beauvais le jugement du procès criminel intenté à Mathieu de Milly, écuyer, sgr d'Aumarets, pour avoir « battu un homme jusqu'à effusion de sang ». — (Villevieille, LVIII, 66.)

**700.** 1404, 24 mai. — Dénombrements fournis par Jehan Clabaut, escuier, et Pierre le Fantosme, chantre et chanoine de l'église de Noyon, à noble sgr Mgr Jaques de Milly, chev., sgr de Haussu. — (Berzé, liasse 7.)

**701.** V. 1405. — Messire Robert de Milli, chevalier, parent du maréchal de Bouciucault. — (*Livre des faits de J. Bouciquaut*, dans le t. III, des *Chron.* de Froissart, éd. Buchon, p. 590.)

**702.** 1405. — Aveu et dénombr. des terres et sgries de Silly, Thillart et Auxmarais, baillé à l'Ev. de Beauvais par Mathieu de Milly, écuyer. — (Villevieille, LII, 14 bis : LVIII, 66.)

**703.** 1405, 13 sept. — Messire Jean de Milly, chev. bachelier, et 14 écuyers de sa comp. sont reçus en accroissance de celle que Morelet de Bettencourt, chev., conduit à Paris, au service du duc de Bourgogne. — (*Ibid.*, LVIII, 66 v. — Arch. de la Côte-d'Or, B. 11759.)

**704.** 1407. — Amortisations faites par les exécuteurs testam. de maître Jean de Milly, curé de Milly et de Saint-Front. — (Arch. Nat., JJ. 161.)

**705.** 1407. — Jean de Milly, chev., fils et hér. de Pierre de Milly, chev. — (Mondonville, IX, 695.)

**706.** 1408, 14 mai. — A la requête de P. Briois, d'Arras, sont saisis des héritages sis à Sailly et tenus de Mgr Enguerrand de Milly, chev. — (Villevieille, LVIII, 66 v.)

**707.** 1408, 27 sept., Paris. — Blanchet de Milly, Guillaume de Milly, écuyers de la compagnie de J. de Limermont. — (*Pièc. orig.*, t. 1723, doss. 39972, p. 2.)

**708.** 1408, 8 oct., Paris. — Jean de Milly, chev., sgr de Moymont, servant sous Mgr le connétable, donne quitt. scellée des gages de sa comp. à Macé Héron, trés. des guerres du Roi. Écu : *un chef chargé d'un lambel à 5 p.* — (*Pièc. orig.*, Milly, 55.)

**709.** 1408. — Robert de Milly, chev., commande une galée du Roi. — Louis de Milly prend part à un combat naval. — (*Livre des faits de J. Bouciquaut*, p. 668, 670.)

710. 1410, Gournay. — « Amendes : Jehan Berthelemy dit Maupas, pour avoir esté trouvé par Jehan de Milli cueillant pommes en la garderie. » — (*Quitt.*, ms. franç. 26037, p. 4386.)

711. 1410, 19 sept. — Bourgoin de Milly, écuyer du comte de Nevers, frère du duc de Bourgogne. — (Arch. de la Côte-d'Or, B. 11777.)

712. 1410, 26 sept., Paris. — « La monstre de messire Jehan de Milly, dit le Galloys, chev. bachelier, et de 14 escuiers de sa compaignie... Escuiers : Enguerrand de Milly... » — (*Pièc. orig.*, Milly, 6.)

713. M. d. — Les maréchaux de France mandent à J. de Pressy, trés. des guerres, de payer aud. Jean de Milly, dit le Galoys, chev. bach., ses gages et ceux de sa comp. — (*Ibid.*, 7.)

714. M. d. — Robert, dit Robinet de Milly, écuyer de Baudin de Sains, dit Troussellet, chev. bach. — (*Pièc. orig.*, Sains, 5.)

715. 1410, 21 oct. — Hommage au Roi par

Jean de Milly, chevalier, son chambellan, neveu de feu Guillaume de Milly, chevalier, pour la moitié de la terre d'Oudeuil-le-Châtel. — (Rosny, II, 992 ; IV, 73.)

**716.** 1411, 27 juill. — Robert de Milly, chev., chambellan du Roi, sgr de Verrières, donne quitt. de 13 liv. 3 den. tournois à Philippe de Chevenon, dit de Bigny, en diminution de plus grosse somme que lui doit led. Philippe. — (Villevieille, LVIII, 66 v.)

**717.** 1411. — Lettres de rémission pour Mgr Jean de Milly, chev. — (Arch. nat., JJ. 166, n° 22.)

**718.** 1412. — Messire Robert de Milly, chev., commande la garnison de Montivilliers. — (Arch. nat., LL. 188, f. 21 v.)

**719.** 1412, 14 mai, Melun. — Guillaume de Milly, écuyer de mess. Rob. de Bar, chev. banneret. — (*Sceaux*, IX, 532.)

**720.** 1413, 25 avril. — « La monstre de mess. Jehan de Milly, chev. bachelier... Escuiers : le bastart de Milly... » — (*Sceaux*, LXXIV, 5810.)

**721.** 1413, 23 sept. — « Aveu et dénombrement de la terre d'Avenas par noble dame Marie de S^te-Colombe, veuve de Simon de Til, damoiseau, sgr de la Douze, tutrice de Guille et Antoine, ses enfans. Original en la Chambre des comptes de Paris. » — (Berzé, *Invent.*, xviii^e s.)

**722.** 1414. — « Guillaume de Thil, 1^er du nom, damoiseau, seigneur, avec son frère [Simon], d'Avenas et de Milly, reçut des reconnoissances de ses censitaires les années 1414, 1416, 1436 et 1442, rendit aveu en 1444 de la terre d'Avenas, et mourut le 15 may 1459, père de François. » — (Coll. Chérin, *Thy.*)

**723.** 1415, 14 août. — Ancelet de Milly, écuyer de Raoul, sire de Gaucourt, chev. bann. — (*Sceaux*, LII, 3906.)

**724.** 1415, 27 oct., Paris. — « La monstre Jaques de Milly, escuier, de 9 autres escuiers de sa comp. » — (*Pièc. orig.*, Milly, 9.)

**725.** M. d. — Les maréchaux de France mandent à Hémon Raguier, trés. des guerres, de payer aud. Jacques de Milly les gages de sa comp. (*Ibid.*, 10.) — Le 2 nov.. quitt. scellée dud. Jacques, pour ses gages et ceux de sa comp. au service du Roy et de Mgr le duc de Guyenne. Écu : *un chef chargé d'un lion naissant.* — (*Ibid.*, II, 55².)

**726.** 1415-1438. — André de Milly, abbé de S. Sauve, dioc. d'Amiens. — (*Gall. christ.*, IX, 1299. — *Pic.*, LXVIII, 143.)

**727.** 1416, 14 janv., Paris. — Dyago (Jacques) de Milly, écuyer de Nic. de Cordova. — (*Pièc. orig.*, t. 855, doss. 19173, n° 3.)

**728.** 1416, Paris. — Jacques de Milly, écuyer, donne quitt. scellée de ses gages à Macé Héron, trés. des guerres, « pour servir le Roy et l'accompaignier en sa bonne ville de Paris pour la garde et seurté de sa personne et d'icelle ville. » — Écu : *un chef chargé d'un lion naissant.* — (*Sceaux*, LXXIV, 5811.)

**729.** 1416, 1ᵉʳ mai, Paris. — « La reveue de Jaquet de Milly, escuier, dit lestendart, et de 13 autres escuiers de sa comp. — (*Pièc. orig.*, Milly, 13.)

**730.** M. d. — Les maréchaux de France ordonnent le paiement des gages de Jaquet de Milly, dit lestendart, et de sa comp. — (*Ibid.*, 14.)

**731**. 1416, 8 mai, Paris. — « Sachent tuit que je Jaquet de Milly, escuier, confesse avoir eu et receu de Hemon Raguier, trés. des guerres du Roy nostre sire, etc. » Quitt. scellée. Écu : *un chef chargé d'un lion naissant*. Cimier : une tête de lion. — (*Ibid.*, 12.)

**732**. 1416, 4 sept. — Guérard de Milly rend hommage à l'Évêque de Beauvais pour un fief sis à Hymbercourt. — (Beauvillé, I, 188. — Villevieille, LVIII, 66 v.)

**733**. 1416, 11 déc. — Robert de Milly, écuyer, fils de feu Mahieu, écuyer, et de d<sup>lle</sup> Marie d'Erquinvillers, à présent remariée à Adam Costel, vend le bois du Belloy, à S<sup>t</sup>-Léger, pour acquitter une dette de son père. — (Villevieille, *loc. cit.*)

**734**. 1417, 21 janv. — P. le Bastier, bourg. de Beauvais, fait foi et homm. à l'Év. de Beauvais, pour deux fiefs acquis, depuis peu, de feu Mahieu de Milly, écuyer, sgr d'Aulmarès. — (*Ibid.*)

**735**. 1417, 27 fév. — Hommage aud. Évêque par Ancel de Milly, comme mari de damoiselle Huguette, pour un fief assis à Haucourt. — (*Ibid.*)

**736.** 1417, 31 août, Beauvais. — Montre de Mr de Salneuve, escuyer banneret. *Chevaliers bach.* : Lestendart... — *Escuyers* : Jean de Milly... — (Arch. de la Côte-d'Or, B. 11788.)

**737.** 1419. — Lettres de rémission pour Jacques de Milly, écuyer. — (Arch. nat., JJ. 171.)

**737²**. 1419, 5 juin, Pontoise. — Vente judiciaire d'« héritages sis à Hérouville qui furent à deffuncts J. et P. de Brocourt, frères, escuiers... Aux quatre criées... se sont apparus Ancelot de Milly, Robin de Milly, escuiers... » — (Arch. de S.-et-Oise, fonds St-Martin. — Commun. par Mr J. Depoin.)

**738.** 1420, 2 mai. — Accord entre Mre P. de Marcellies, curé de Montreuil-sur-Thérain, et Enguerrand de Milly, écuyer, sgr du dud. Montreuil, au sujet d'une rente aumônée par ses prédécesseurs. — (Berzé, liasse 1, parch., et n° 30, Reg. copie d'act., XVIᵉ s., f. 6-7.)

**739.** 1420, 28 juin, Offémont. — Jehan, dit Baujois de Milly, écuyer de Guy de Nesle, sgr d'Offémont, écuyer banneret. — (*Pièc. orig.*, Neelle, p. 41.)

**740.** 1421, 20 av., Saumur. — « Lionnet de

Teil, » écuyer du sgr de Prully, chev. bann. — (*Sceaux*, XC, 7052.)

**741.** 1422, 4 août, Avalon. — Jean de Milly, écuyer de G. de Vienne, chev. banneret. — (Arch. de la Côte-d'Or, B. 11799.)

**742.** 1424, 30 janv. — Quitt. générale donnée par Oudinette le Eèvre, légateresse univ. de feu P. d'Épineuse, écuyer, à Enguerrand de Milly, écuyer. — (Berzé, 99, orig. parch. scellé.)

**743.** 1425, 23 mai. — Foi et homm. à l'Év. de Beauvais, pour le fief de Canny, par madame Agnès de Lihus, veuve de messire Jean de Milly, chev. — (Villevieille, LVIII, 66 v.)

**744.** 1426, sept. — Foi et homm. aud. Évêque par Robert de Milly, écuyer, fils de feu Mahieu, écuyer, sgr de Silly et d'Aumarais, pour ces deux fiefs. — (*Ibid.*)

**745.** 1426, 30 sept. — Accord entre J. Damesmes et Enguerrand de Milly, écuyers. — (Berzé, 30, Reg. copie d'actes, XVIe s., f. 7.)

**746.** 1427, 18 janv. — Reconnaiss. passée par Ben. Sarrazin en fav. de nobles Guillaume et An-

toine de Til, frères, damoiseaux, sgrs d'Avenas.
— (Berzé, *Invent.*, XVIII<sup>e</sup> s.)

**747.** 1428, 1<sup>er</sup> juin. — Guillaume de Milly, écuyer, légat. univ. de Blanche des Quesnes, sa tante. — (Berzé, 70, orig. parch., et 30, f. 7.)

**748.** 1428, 12 sept. — Enguerrand de Milly, écuyer de P. de Villaines, chev. bachelier. — (*Montres*, III, 463.)

**749.** 1429. — « Jacques de Milly, fameux dans l'histoire de Monstrelet, fut fait chevalier à la bat. de Patay, et, un an après, fut prisonnier des Anglois à Brie-Comte-Robert. » — (*Pièc. orig.*, Milly, 67. — Monstrelet, p. 606, 631. — La Morlière, *Maisons*, p. 200.)

**750.** V. 1429. — Marguerite de Milly, femme de J. le Clerc, not. et secrétaire du Roi. — (Le P. Anselme, II, 306.)

**751.** 1429, 22 juin. — Damp Gilles Galopin, prêtre, prévôt de S. Symphorien lez Beauvais, vend à noble h. Enguerrand de Milly, écuyer, une maison sise à Courtieu et Beauvais, sur la rivière de Thérain, à la charge de 5 sols 10 den. parisis dus chaque année à la communauté des chapelains de lad. église. — (Berzé, 119, parch.)

**752.** 1430, 25 mars. — Enguerrand de Milly, écuyer, sgr de Monceaux, vend à J. d'Auchy, bourgeois d'Amiens, 3 fiefs sis à Montreuil-sur-Thérain, du consent. de d$^{lle}$ Henrie de Rieu, sa femme, de Guillaume de Milly, son fils, et de Jean de Milly, écuyers. — (Berzé, 118, orig. parch., et 30, f. 8, liasse 55.)

**753.** 1431. — « Jacques de Milly, dit lestendart », écuyer de Jean, bâtard d'Orléans, comte de Dunois, grand chambellan de France, et capitaine de son château de Romorantin. — (*Pièc. orig.*, Milly, 15.)

**754.** 1437, 9 juin. — Pierre de Créqui transporte à noble h. Enguerrand de Milly, écuyer, sgr de Moncheaulx, tous les héritages qu'il a au terroir dud. Moncheaulx. — (Berzé, 30, f. 8.)

**755.** 1440, 31 déc. — Robert, dit Robinet de Milly, écuyer, fils de feu messire Jean de Milly, chev., et de madame Agnès de Lihus, relève le fief de Canny, tenu de l'évêché de Beauvais. — (Villevieille, LVIII, 67.)

**756.** 1442, mai. — Accord entre l'abb. du Mont-St-Quentin et Pierre de Milly, écuyer, sgr d'Allemans. (*Ibid.*)

**757.** 1442. — « Colard de Melly » est au nombre des seigneurs commandés par le comte d'Estampes, gouverneur de Picardie, qui reprennent le château de Milly. — (La Morlière, *Antiq. d'Amiens*, p. 326-327. Peut-être est-ce un Mailly.)

**758.** 1443. — Jacques de Milly, grand-commandeur de l'hôpital en Chypre. — (Rey, *Suppl. aux fam. d'outre-mer*, p. 35.)

**759.** 1444, 24 août. — Foi et homm. faits à l'Év. de Beauvais, pour le fief de Canny, par Robinet de Milly, écuyer. — (Villevieille, LVIII, 67.)

**760.** 1444, 4 déc. — Aveu de la terre d'Avenas baillé au sire de Beaujeu par Guillaume et Antoine de Til, frères, damoiseaux. — (Berzé, *Invent.*, XVIII$^e$ s.)

**761.** 1445, 4 mai, Soissons. — Le duc d'Orléans mande à J. Chardon, receveur gén. des finances, de payer « à lestandart de Milly la s$^e$ de unze liv. tz pour avoir fait l'allée et la venue vers son beau-frère de Bourgogne. » — (*Pièc. orig.*, Milly, 16, 17.)

**762.** 1446, 15 sept., St-Quentin. — Guillaume de Milly, écuyer, dem. à la Ferté-Milon, reconnaît une rente constituée, le 1er déc. 1399, par feu Enguerrand de Milly, écuyer, son père. — (Berzé, liasse 1, orig. parch., et n° 30, f. 6.)

**763.** 1450, 3 mars. — Jean de Bunvillers épouse Marie, sœur de Jacques de Milly, chev., chambellan du Roi. — (D'Hozier, *Fragm.*, 74 v.)

**764.** 1450, 11 oct., St-Quentin. — Marg. de Lisle, veuve de P. Grin, lic. ès loys, vend une rente de 15 liv. parisis à Guillaume de Milly, écuyer. — (Berzé, liasse 1, orig parch., et n° 30, f. 6.)

**765.** 1450, 10 avril. — Enguerrand, fils d'Ancel de Milly et de damoiselle Huguette, sa femme, relève de l'Évêché de Beauvais un fief assis à Haucourt. — (Villevieille, LVIII, 67.)

**766.** 1450, 18 juin, Lyon. — Charles, duc d'Orléans, mande à J. le Prestre, général de ses finances, de faire payer par J. Chardon, son rec. géné ral, la s$^e$ de 18 liv. 15 sols tz, à titre de don « à nostre bien amé serviteur Estienne de Milly, mary de Haignon, » femme-de-chambre de la duchesse, et « laquelle a gési d'enfant aud. lieu de Lion. » — (*Pièc. orig.*, Milly, 18.)

**767.** 1451, mai. — Dénombrement servi par Et. Escoffier, de Nandax, à nobles Guillaume de Thy, sgr de la Douze, et Jeannette de Montjornal, sa femme. — (*Pièc. orig.*, Thil, 5 v.)

**768.** 1451, 19 août, Roye. — Nobles personnes messire Jacques de Milly, chev.. sgr de Villers-aux-Saules, J. de Brévillers, écuyer, sgr du Plessier-Roisinvillers, et Marie de Milly, sa femme, sœur dud. chevalier, vendent à G. de Belloy le fief de Haussu, tenu de la seigneurie de Neelle. — (Berzé, 23, orig. parch.)

**769.** 1452, 22 nov. — Robert de Milly, écuyer, fait don à Enguerrand de Milly, son cousin, des fiefs d'Aumarès et Silly. — (Villevieille, LVIII, 66.)

**770.** 1453-1460. — Étienne de Milly, abbé de la Cour-Dieu, dioc. d'Orléans. — (*Gall. christ.*, VIII, 1586.)

**771.** 1454, 1er juin. — Jobert, dit Jacques de

Milly, grand prieur d'Auvergne, est élu grand-maître de l'Ordre de S. Jean de Jérusalem. — (B. N., *Armor. de l'Ordre de S. Jean*, ms. fr. 1868, p. 18, 19.)

**772.** — « Jacques de Milly, gr. prieur d'Auvergne pour l'Ordre de St-Jean de Jér. fut élu grand-maître après la mort de J. de Lastic en 1454. Suivant La Chenaye-des Bois, il appartenoit à une famille du Gâtinais. Pendant sept années qu'il exerça le magistère, Mahomet II, occupé à porter les derniers coups à l'empire grec, après la prise de Constantinople, ne dirigea contre l'Ordre que des attaques faibles et partielles, qui furent repoussées. Jacques de Milly mourut à Rhodes le 17 août 1461. Il portait *De gueules au chef d'argent émanché de deux pièces et de deux demi pièces.* » — (Bouillet, *Nobil d'Auvergne*, IV, 142. — Jacques n'était pas des Milly du Gâtinais.)

**773.** — « Jacques de Milly, grand-maître de Rhodes, 1454. Une peste terrible ayant affligé l'Ile de Rhodes, il donna tous ses soins aux malheureux qui en étaient atteints, et par son généreux dévouement arrêta les progrès du mal. Il mourut en 1461. Armes : *Écartelé, aux 1 et 4, de l'Ordre; aux 2 et 3, de gueules au chef denché d'argent.* » — (Borel d'H., II, 407, Salles des Croisades. —

Bosio, *Hist. de l'O. de S. Jean de Jérus.* — Moréri, V. 332.)

**774.** — « François de Milly, sgr du Plaissier Rozinviller, épousa Jaqueline de Béthisy. Il étoit fils de Jean, chev., sgr de Monceaux, et neveu de frère Jaques de Milly, grand maître de Rhodes en 1454, suivant les 32 quartiers de Marie Madeleine, chanoinesse de..., produits en 1647, qui sont entre les mains du sgr de Villers aux Erables, près Moreuil. » — (*Pic.*, CXLIV, 21.)

**775.** 1455-1459. — Six bulles de Jacques de Milly, gr. maître de l'Ordre de S. J. de Jérusalem. — (Arch. de l'Ord., à Malte, série I, vol. XXVIII.)

**776.** 1455, 12 avril. — J. le Breton vend 9 quartiers de terre, tenus d'Enguerrand de Milly, écuyer, sgr de Silly. — (Villevieille, LVIII, 67.)

**777.** 1456, 11 janv. — Renaud de Condé, écuyer, sgr de Condé, vend à Guillaume de Monceaulx (Milly), écuyer, sgr de Monceaulx en St-Omer, « ung petit fief à luy app$^t$ de son propre héritage matrimonial, sis à Monceaulx, Courroy, etc. » — (Berzé, 30, f. 11.)

**778.** 1457, 1$^{er}$ mars. — Jacques de Milly, dit

l'Étendart, Eng. de Sains et Louis de Montérollier, neveux et hér. de feu Renaud de Fontaines, chev., donnent le fief de Grémévilliers à Pierre, bâtard dud. chevalier. — (Villevieille, LVIII, 67 ; LXXX, 21 v.)

**779**. 1457, 2 mars. — Jacques de Milly, dit l'Étendart, écuyer, vend, comme cohéritier de feu Renaud de Fontaines, chev., à Mgr G. de Hellande, évêque comte de Beauvais, la moitié indivise de 3 fiefs tenus de lad. comté, assis à Auchy, Beauvais et Marseilles. — (*Ibid*. — Beauvillé, I, 178, 218-219.)

**780**. 1456, 24 av., Rhodes. — Jacques de Milly, gr. maître de l'Ordre. Sauf-conduit pour Napoléon Lomellini, capitaine de Famagouste. — (Mas-Latrie, *Chypre*, Docum., II, 28.)

**781**. 1457, 22 juil. — Jean de Milly, lieutenant à Provins de Mgr le bailli de Meaux. — (*Pièc. orig.*, t. 2609, doss. 58106, n° 2.)

**782**. 1458-1460. — Jacques de Milly, grand-maître de Rhodes, voulant reconnaître les bons services de Louis de Magnac, grand commandeur de Chypre, lui accorde diverses grâces. — (Mas-Latrie, *Chypre*, Docum., II, 86.)

**783.** 1458, 7 août. — L'évêque de Beauvais donne à Roger de Hellande, chev., son frère, la moitié du fief de Songeons, vendue depuis peu aud. sgr Évêque par Jacques de Milly. — (Villevielle, LVIII, 67 v.)

**784.** 1459, 6 avril. — « Foi et homm. au sire de Beaujeu par Antoine de Til, escuyer, sgr d'Avenas, faisant pour François de Til, escuyer, son neveu, fils de noble Guillaume de Til. » — (Berzé, *Invent.*, XVIIIe s.)

**785.** 1459, 15 mai. — Aveu et dénombr. de la terre d'Avenas par Antoine de Til, écuyer, sgr d'Avenas, au nom dud. François, son neveu. — (*Ibid.*)

**786.** 1460, 14 juin. — Renaud Soirant vend à noble h[e] Guillaume de Milly, sgr de Monchaux, un fief sis aud. Monchaux. — (Berzé, 63, orig. parch., et 30, f. 12.)

**787.** 1460, 6 nov., Rhodes. — Jacques de Milly, gr. maître de l'Ordre, réclame des secours instants pour résister aux Turcs : « Frater Jacobus de Milly... » — (Mas-Latrie, II, 108.)

**788.** 1461, 19 janv. — « Contrat de mariage de messire Raymond de Milly avec Élisabeth de Thy ; led. Raymond procédant de l'autorité de haut et puiss$^t$ Sgr. Mgr Jacques de Milly, son père, chev. de l'Ordre du Roi. Dans led. contrat intervient autre Jacques de Milly, grand maître de l'Ile de Rhodes, qui fait un présent aud. Raymond, son neveu. » — Charrier, notaire. — (Berzé, *Invent.*, XVII$^e$ s. — Ce contrat est visé dans les preuves du 12 août 1750.)

**789.** — « Élisabeth de Thy, femme de Raymond de Milly, étoit petite-fille de Jehan de Thy, connestable de Bourgogne. » — (Berzé, *Notice ms. sur la Maison de Thy de Milly*, XVIII$^e$ s.)

**790.** 1361, 7 mars. — Noble h$^e$ Guillaume de Milly, écuyer, sgr de Monchaulx emprez Milly, reconnaît devoir à Nic. le Batier, etc. » — (Berzé, 30, f. 12.)

**791.** 1461, 3 avril. — Enguerrand de Milly, écuyer, est reçu en souffrance d'aveu du fief d'Aumarès par l'Évêque de Beauvais. — (Villevieille, LVIII, 67 v.)

**792.** 1466. — Guillaume de Milly, sgr de Semoutier. — (Arch. de la Côte-d'Or, B. 467.)

**793.** 1467. — Lettres de rémission pour Colin de Milly. — (Arch. Nat., JJ. 195, n° 10.)

**794.** 1468, 12 mars. — J. de la Barre vend un jardin sis à Silly et tenu à cens d'Enguerrand de Milly. — (Villevieille, LVIII, 67 v.)

**795.** 1470, 6 janv. — J. de Breviller et Marie de Milly, sa femme, vendent à Colart d'Amerval, cons. au bailliage d'Amiens, une rente de 8 écus d'or. Vidimus du 29 mai 1475, où les 3 sus-nommés sont dit défunts. — (Berzé, 116. Au dos : « J. de Brevillier et Marye de Milly eurent une fille unicque, Jehanne, mariée à Guill. de Milly, fils d'Eng$^d$, laquelle luy porta la terre du Plessier-Rosainvilliers. »)

**796.** 1470, 13 av. — G. de Pisseleu rend hommage à l'Év. de Beauvais pour le fief d'Aulmarès, que lui a donné, du consent. de Renaud de Saint-Samson, son mari, Isabeau. sœur d'Enguerrand de Milly, écuyer. — (*Ibid.*)

**797.** 1471, 18 juin. — J. de Bruviller et Robert, son fils, écuyers, sgrs du Plessier-Rosainvillers, acquittent partie du contrat de mariage de feu Jeanne, fille dud. Jean et de feu dam$^{lle}$ Marie de Milly, et femme de Guillaume de Milly, écuyer, sgr de Monceaulx. » La succession de lad. Jeanne est eschue par son trespas à Jehan de Milly, dit Hurtault, escuyer, filz mendre d'ans émancippé desd. Guill. de Milly et deffuncte dam<sup>lle</sup> Jehanne de Bruviller, et seul héritier d'icelle sa mère. » — (Berzé, 91, orig. parch., et 30, f. 11.)

**798.** 1472. — Frère Pierre de Milly, chev. de Rhodes. — (*Pièc. orig.*, doss. 65780, n° 30.)

**799.** 1473, 19 juil. — Pierre de Milly, se faisant fort pour Jean, son fils, vend le fief d'Aulmarès à Louis de Balagny. — (Villevieille, LVIII, 68.)

**800.** 1473, 8 nov. — Enguerrand de Milly et Isabeau, sa sœur, femme de Renaud de Saint-Samson, sgr de Fromericourt, vendent à Rob. de Picquigny le fief de Houcourt. — (*Ibid.*)

**801.** 1474, 1<sup>er</sup> juillet, Rhodes. — Lettres de sauf-conduit données par le grand maître, sur la demande de la reine de Chypre, à Nicolas de Milias, chevalier, Louise de Milias, et autres sujets chypriotes. — (Mas-Latrie, *Chypre*, Docum., II, 127, note 3.)

**801**<sup>2</sup>. 1474. — Jean de Milly, archer dans la

comp. du comte de Saint-Pol. — (Rosny, IV, 259.)

**802.** 1476, 27 juil. — Raoul de Milly, écuyer, dem$^t$ à Alemand, cautionne G. Rune, grenetier royal de Coucy. — (*Pièc. orig.*, t. 2594, doss. 57695, n° 2.)

**803.** 1477, 30 janv., Clermont. — Relief par Jean de Milly, dit Heurtault, écuyer, du fief de Monchaulx, à lui échu par le trépas et succession de Guillaume de Milly, écuyer, son père. — (Berzé, liasse 55, orig. parch., et n° 30, f. 9.)

**804.** 1478. — Charte d'échange entre le prieuré du Val-Saint-Éloy, dioc. de Paris, et noble homme Jean de Milly et damoiselle Florence d'Onzonville (Auzouville?), sa femme. — (*Gall. christ.*, VII, 866.)

**805.** 1481, 6 nov., Paris. — Robert de Milly, juré du Roi en l'office de maçonnerie, et Isabeau, sa femme, fille de feu Robert Bonhomme, procureur général au Châtelet, et feu Marion de Lorme, vendent à Pierre de Milly, marchand bourgeois de Paris, leur fils, des héritages sis à Fay-le-Port, Fay-le-Hénault, Fayel, Sammeron, etc. — (*Pièc. orig.*, Milly, 19.)

**806.** 1481, 19 déc. — « Abergeage fait par noble Antoine et François de Thy, damoiseaux, sgrs de la Douze, à J. Garin, du tènement appellé Coitou. Grossoyé le 3 8^bre 1503, signé Daigueperse. Orig. en parch. » — (Berzé, *Invent.*, XVIII^e s.)

**807.** 1482, márs. — Noble Marguerite de Thil, femme de noble J. de Mairieux, fille de défunts nobles Guillaume de Thil, sgr de la Douze, et Jeannette de Montjornal. — (*Pièc. orig.*, Thil, 7 v.)

**808.** 1482, 20 mai. — « Noble François de Thil, sgr de la Douze. » — (Berzé, *Invent. des titres de la Maison de Milly de Thy*, XVII^e siècle.)

**809.** 1483. — Aveu à François de Thy (fils de Guillaume), damoiseau, sgr d'Avenas, la Douze et Milly, pour des biens tenus de sa terre de Milly. Il obtint en 1492 des lettres de sauvegarde du bailli de Mâcon, et mourut avant le 4 août 1457. Il avoit eu de Claudine de Fougières Lionet de Thy, écuyer, sgr de la Douze, dont la postérité est inconnue [voy. ci-après le n° 876], et Guillaume de Thy. » — (Chérin, *Thy.*)

**810.** 1487, 30 nov. — Foi et homm. à Mgr P. de Bourbon, comte de Clermont, par Jean de

Milly, dit Heurtault, écuyer, « pour ung fief assiz à Monceaulx prez Milly, tenu de la chastell. de Milly », et à lui « escheu par le trespas et succession de feu Guillaume de Milly, son père. » — (Berzé, 104, orig. parch.)

811. 1489, 30 janv., Blainvilliers. — « Jeannet de Milly et Jean de Milly le jeune, frères, escuyers et gentilshommes, dem. à Verrières, vendent à Roger Boelier, laboureur, onze quartiers de terre sis à Bièvre. » — (Villevieille, LVIII, 68.)

812. 1490, 15 juill. — « Jehan de Milly, escuyer, sgr de Monceaulx, baille a tousjours à Jacques de Bellencourt, moulnyer, dem. à Caigny, une place et lieu contenant 2 mynes de pré en la prairye dud. Monceaulx, moy$^t$ 8 liv. t$^s$ de cens ou rente par chacun an, et se relèvera d'hoir en hoir de 40 solz t$^s$. » — (Berzé, *Invent. des titres trouvez en l'hostel seigneurial de Monceaulx peu après le decedz de feu noble homme Jehan de Milly, sgr de Monceaulx.*)

813. 1491, 14 mai. — « Jehan de Milly, escuier, sgr de Monceaulx, baille à cens perpétuel à G le Coq, marchand dem. à S$^t$ Omer, 8 mynes de bos anciens ou environ pour mectre en labeur, seans au dessus dud. Saint-Omer ; et à Fremin du Merlier,

2 mynes et demye, moy$^t$ une myne de blé mesure de Clermont pour chascune myne de bos. » — (Berzé, 44, orig. parch.)

**814.** 1492, 2 oct., Épernon. — Foi et homm. à haut et puiss. prince Mgr le Comte de Vendosmois et de S$^t$-Pol, à cause de sa baronnie d'Esparnon, par Pierre de Milly, écuyer, et dam$^{lle}$ Marie de Ponceaulx, sa femme, pour un fief qui fut à feu Renaud de Ponceaulx. — (*Pièc. orig.*, Milly, 20.)

**815.** 1493, 20 août. — « Lettres de sauvegarde obtenues par haut et puissant homme François de Thy, damoiseau, sgr de la Douze, pour estre maintenu dans sa justice d'Avenas. *Signé* de la Prahe. Orig. en papier. » — (Berzé, *Invent.*, xviii$^e$ s.)

**816.** 1493. — Lettres de légitimation pour maître Guy de Milly. — (Arch. Nat., JJ. 227, n° 2.)

**817.** 1498. — Pierre de Milly, archer de J. de Rieux, maréchal de Bretagne. — (*Montres*, XX, 2.)

**818.** 1501, 20 juin. — « J. Chenau, lieut. de Jacques Lengles, baillif et garde de la justice de Monchaux et de la Neufville-sur-Oudel en partye, pour noble h^e Jehan de Milly, escuyer, sgr desd. lieux. » — (Berzé, 51.)

**819.** 1502, 13 avril. — Traité de mariage entre François de Milly, écuyer, sgr du Plessier-Rosainvilliers, et Jacqueline de Béthisy. — (Berzé, comme au n° 812.)

**820.** 1503, 31 mars. — Testam. de Marie de Hénencourt, veuve de P. de Bailleul, sgr de St-Léger : Jean de Milly, sgr de Monchaux est un des exécuteurs testam. — (Berzé, 97; cop. coll. pap.)

**821.** 1505, 28 n. — Accord entre l'abb. de Beaupré et Jean de Milly, sgr de Monceaulx, touchant le travers d'Oudœil. — (Berzé, comme au n° 812.)

**822.** 1506, 30 mars. — Traité de mariage entre Ant. de Donquerre, écuyer, sgr de Huitainéglise, et dam^le Jeanne de Milly, fille de Jean, écuyer, sgr. de Monceaulx. — (*Ibid.*)

**823.** 1506, 9 avril. — Noble h^e Jean de Milly, écuyer, sgr de Monsiaulx, Roménil et la Neuville en partie, acquiert de P.-Bérenger Huchet le fief de la Mairerie, assis aud. Monsiaulx. — (Berzé, 29, orig. parch.)

**824.** 1507, 11 s., Clermont. — Le même comparaît au ban des nobles fieffés de la comté de Clermont. — (Berzé, 30, f. 10.)

**825.** 1507, 24 août. — Noble dame Claude de Faugières, veuve de François de Thy, damoiseau, sgr de la Douze et Avenas, tutrice de Léonet de Thy, son fils. — (Berzé, *Invent.*, XVIIIe s.)

**826.** 1508-1509. — Noble et discret h[e] maître Jean de Milly, du dioc. de Beauvais, maître ès arts en l'Univ. de Paris. — (Berzé, 41, 52.)

**827.** 1510, 20 juin, Paris. — Noble et discret h[e] Me Jean de Milly, clerc du dioc. de Beauvais, maître ès arts et bachelier en décrets, élit pour ses procureurs nobles et généreux hommes messire Jean de Milly, son père, Ferry de Conty, chev. de l'Ordre de S. Jean de Jérus., son oncle, et François de Milly, écuyer, Claude de Milly, relig. de l'Ordre de S. Benoit, ses frères. — (Berzé, 109, orig. parch.)

**828.** 1513, 6 janv. — Les abbés de Beaupré et de Lannoy, G. de Pisseleu, sgr d'Aumaretz, et G. de Cantiers, élu à Beauvais, écuyers, attestent la noblesse d'extraction et de vie de Jean de Milly, écuyer, sgr de Moncheaulx et de la Neufville, et de dam^lle Marg. de Conty, sa femme ; « led. Jehan est filz de déf. noble h^e Guillaume de Milly, escuier, en son vivant sgr desd. lieux, lequel estoit yssu de la maison de Milly, qui de tout temps et ancienneté a esté tenue et réputée une des nobles et anc. maisons de la comté de Cleremont... Les dessusd. conjoinctz ont ung filz nommé M^e Jehan de Milly, qui a estudié et esté gradué et est encorres estudiant en la noble et fameuse Univ. de Paris... » — (Berzé, 16, orig. parch.)

**829.** 1513, 29 s. — Hommes de fief de Moreuil : François de Milly, écuyer, sgr du Plessier-Roisinviller, pour 2 fiefs assis à Milly. — (Beauvillé, III, 254.)

**830.** 1514, 20 juin. — Commission de sergent en ses terres et seigneuries donnée par Jean de Milly, écuyer, sgr de Monchaux, la Nœufville sur Oudœul et Oudœul le Chastel. — (Berzé, 134, orig. parch. Sceau perdu.)

**831.** 1514. — Testament de noble h. M^e J. des Plantes, cons. du roy en sa cour de parlement : « ... Item donne à Estienne de Milly, pour marier une de ses filles de son premier mariage, cent escuz. » — (*Bl. Manteaux*, p. 153.)

**832.** 1513. — Jean de Milly, archer des Ordonn. du Roi sous le sgr d'Humbercourt. — Florimond de Milly, archer sous le duc de Vendôme. — (Rosny, II, 992.)

**833.** 1515, 23 août, au camp, près Champ, en Piémont. — Jean de Milly, archer dans la comp. d'Adrien de Brimeu, chev. — (Rosny, IV, 272.)

**834.** 1517, 23 janv., Paris. — Noble et relig. personne frère Ferry de Conty, chev. de l'Ordre S. Jean de Jhérusalem, comm$^r$ de Boncourt et Sancourt, constitue pour son proc$^r$ M$^e$ Jean de Milly, son neveu. — (Berzé, 80, orig. parch.)

**835.** 1517, 26 fév., Paris. — Noble h$^e$ et sage M$^e$ Jean de Mylly constitue pour son proc$^r$ noble h$^e$ François de Mylly, sgr de Plesseys Roisinvillier, son frère. — (Berzé, 28, orig. parch. Sceau perdu.)

**836.** 1517, 3 nov. — Sentence arbitrale donnée par sires J. de Sarcus, sgr de Sarcus, et Loys de Pysseleu, sgr de Marseilles, chevaliers, entre Ant. de Moyencourt, écuyer, sgr de Moymont, et Jean de Milly, écuyer, sgr de Monceaulx. — (Berzé, 100, parch.)

**837.** 1518, 2 juin. — Noble h$^e$ Jean de Milly,

écuyer, sgr de Monceaulx, baille à tousjours le droit de pêche des rivières dud. Monceaulx à G. Bizart, meunier, moy$^t$ cent sols t$^s$ de cens foncier et 6 truites, ou pour chacune d'icelles 12 den. parisis. — (Berzé, 14, parch.)

**838.** 1519, 4 juin. — Transaction entre noble Guillaume de Thy, fils de feu noble François, et noble Léonet de Thy, sgr de la Douze, frère dud. Guill$^e$, touchant les biens que noble dame Claude de Faugières, veuve dud. François, avoit donnés aud. Guillaume pour dot et mariage. — (Berzé, *Invent.*, xviii$^e$ s.)

**839.** 1519, 6 nov. — Constitution de procureurs spéciaux par Jean de Milly, écuyer, sgr de Monceaux et de la Neufville. — (Berzé, 42, parch. Sceau perdu.)

**840.** 1519, 15 nov., Chartres. — Contrat où apparaissent M$^e$ Estienne Poirier, procureur en cour laye, et Anne de Milly, sa femme. — (Mondonville, III, 224.)

**841.** 1520. — « Guillemette de Milly ép. Ant. du Guérenard, lequel avoit la garde noble de ses enfans le 20 oct. 1520; Geneviève de Milly, femme en 1520 d'Ant. de Maufras, écuyer; Marguerite de

Milly, femme en 1520 d'hon. h<sup>e</sup> Allain Hébert. »
— (*Pièc. orig.*, Milly, 60.)

**842.** 1521. — « François de Milly, lieutenant de 500 hommes de pied sous le sire de Sarcus, est tué au service du Roi. » — (*Impôt du sang*, II, 252.)

**843.** 1521, 15 oct. — Testam. de Jean de Milly, écuyer, sgr de Monceaux et de la Nœufville en partie. Lègue à Marguerite de Conty, sa femme, à Barbe, Madeleine, Adrien et Christophe, ses enfants. « Item, je laisse à mon filz Franchois de Milly ung escu d'or pour mettre en une verge affin qu'il ait mémoire et souvenance de prier pour moy. » Maître Jean de Milly, aussi son fils, est un des exécuteurs testam. — (Berzé, 93, cop. coll. parch.)

**844.** 1521, 7 nov. — Testament de Marguerite de Conti, veuve de Jean de Milly, écuyer, sgr de Monceaux : «... Donne à chacune de mes filles qui sont en religion ung escu d'or ; » laisse tous ses biens à ses filles Barbe et Madeleine « pour avanchement de leurs mariages... Je eslis pour mes exécut. testam. Mgr Ant. de Donceure et M<sup>e</sup> Jehan de Milly, mon filz. » — (Berzé, 101, cop. coll. pap.)

Planche IX.

GUILLAUME DE MILLY
DIT LE CHANTRE
1304

JACQUES DE MILLY
1348.

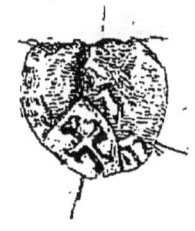

PIERRE DE MILLY
1352

JEAN DE MILLY
1354.

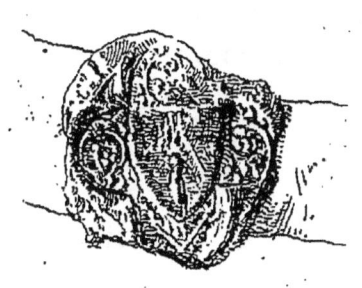

JEANNE DE MILLY
DAME DE FLUY
1363

**845.** 1521, 27 nov., Clermont. — Foi et homm. pour le fief de Monchaulx, mouvant de la chastell. de Milly, par noble h<sup>e</sup> M<sup>e</sup> Jean de Milly, écuyer, licencié en décret, fils aîné de déf. Jean de Milly, dit Hurtault, écuyer, sgr de Monchaulx. — (Berzé, 48, orig. parch.)

**846.** 1522, 4 août. — Contrat de mariage entre Bastien le Vaillant, écuyer, sgr de Montcornet et Merval en Normandie, et dam<sup>lle</sup> Barbe de Milly. — (Berzé, comme au n° 812.)

**847.** 1522, 21 août. — Lettres d'acquit d'une partie dud. contrat. — (Berzé, 32, parch.)

**848.** 1522, 28 d. — Foi et homm. pour le fief de Houssoy, près Milly, baillé par M<sup>e</sup> Jean de Milly à P. Clément, écuyer, sgr du Wault. — (Berzé, comme au n° 812.)

**849.** 1523, 22 d. — L'official de Beauvais atteste que nobles hommes Ferry de Conty et M<sup>e</sup> Jean de Milly, chanoine de Longpré, exécuteurs testam. de déf. Jean de Milly, écuyer, sgr de Monceaulx, ont acquitté tous les legs dud. sgr. — (Berzé, 18, parch.)

**850.** 1524, 23 f. — Contrat de mariage entre noble h̔ Guillaume de Thils, écuyer, sgr de Milly et Corcelles, et Péronne de Chavagnieux, fille de nobles conjoints Étienne, sgr de Corcelles, et Jeanne d'Assigny. Présents : noble h̔ Lionet de Thy, sgr de la Douze, P. Geoffroy, de St-Étienne-la-Varenne, etc. — Acte de célébr. dud. mariage le 7 avril 1524. — (Berzé, 58, cop. coll.)

**851.** 1525, 23 janv., Guise. — Florimond de Milly, archer dans la comp. du duc de Vendôme. — (Rosny, IV, 280.)

**852.** 1525, 11 mai. — Noble Guillaume de Thy, fils de feu François, sgr de la Douze et de Milly, vend lad. sgrie de Milly à noble et puiss. sgr Ant. de Sainte-Colombe, sgr de Thil-Vaurenard. — (Berzé, *Invent.*, xviiie s.)

**853.** 1525, 16 d. — Noble h̔ Jean de Milly, écuyer, sgr de Monceaulx, baille à cens annuel et perpét. à Bertin Brisepot 2 mines de pré en la prairie dud. Monceaulx. — (Berzé, 94, parch. Sceau perdu.)

**854.** 1526. — Lettres de rémission octroyées par François Ier à Hervé de Milly. — (Arch. Nat., *Trés. des chartes*, reg. non coté des ann. 1526-1527.)

**855.** 1526, 24 nov. — Adrien de Milly, prieur du prieuré de *Prolhulno* (Prâlon). — (*Pièc. orig.*, Milly, 21.)

**856.** V. 1527. — Christophe de Milly, homme d'armes de la compagnie d'ordonnance du Comte de Saint-Pol, est tué au service du Roi, servant en Italie sous Odet de Foix, sgr de Lautrec. — (*Impôt du sang*, II, 252.)

**857.** 1527, 29 janv. — Traité de mariage entre noble h<sup>e</sup> Priam Forme, écuyer, sgr de Saint-Omer, et dam<sup>lle</sup> Madeleine de Milly. — (Berzé, comme au n° 812.)

**858.** 1527, 24 av. — Noble h<sup>e</sup> Jean de Milly, écuyer, sgr de Monceaulx, pour parfaire la dot de Madeleine, sa sœur, femme de Priam Forme, écuyer, lui constitue 30 liv. t<sup>s</sup> de rente. — (Berzé, 83, parch. Sceau perdu.)

**859.** 1528, 7 s. — Bastien de Merval, dit le Vaillant, mari de Barbe de Milly, donne quitt. à Jean de Milly, écuyer, de ce qu'il avait promis à lad. Barbe, sa sœur, en traitant son mariage. — (Berzé, comme au n° 812.)

**860.** 1528, 27 déc., Soissons. — Florimond de

Milly, archer dans la comp. du duc de Vendôme.
— (Rosny, IV, 281.)

**861.** 1529, 7 janv., Thérouanne. — Ozias de Milly, homme d'armes dans la comp. d'Ant. de Moreul, chev. — (*Montres*, XXVI, 234.)

**862.** V. 1530. — « Damoiselle Marguerite de Milly, vefve Charles Hebert. — Damoiselle Geneviève de Milly, vefve Estienne Piedefert, sgr et chastelain de Maufraiz. » — (Mondonville, VII, 173.)

**863.** 1530, 1$^{er}$ déc., Vienne en Dauphiné. — Florimond de Milly, homme d'armes des ordonn. du Roi sous Mgr le Comte de Saint-Pol. — (*Montres*, XXVI, 292.)

**864.** 1533, 24 janv. — « Échange de la terre d'Avenas contre celle de la Douze, entre noble Léonet de Thy, escuyer, sgr de la Douze, et de son authorité dam$^{lle}$ Antoinette de Varey, sa femme, et G. Barjot, sgr de la Palud. — (Berzé, *Invent.*, XVIII$^e$ s.)

**865.** 1534, 28 fév., Péronne. — Jean de Milly, archer dans la comp. de Mgr le Dauphin. — (Rosny, II, 992 : IV, 283.)

**866.** 1534 et 1536. — Lettres de rémission pour Jean de Milly. — (*Trés. des chart.*, reg. non coté de 1534, et JJ. 84, n° 655.)

**867.** 1537, 29 mai. — Foi et homm. au Roi par Jean de Milly, écuyer, sgr de Monceaulx, fils de feu Jean de Milly, dit Hurtault, écuyer, «pour raison du fief, terre et seignourie dud. Monceaulx, haulte justice, moyenne et basse... » — (Berzé, 82, 103, parch.)

**868.** 1538, 15 mai, Péronne. — Jean de Milly, homme d'armes des Ord. du Roi sous Mgr le Dauphin. — (Beauvillé, I, 233-237.)

**869.** 1538, 22 d. — Lettres de Fr. Vigneron, lieut. du comté de Clermont, contenant, «Jehan de Milly, escuier, sgr de Monceaulx, avoir faict apparoir des tiltres en vertu desquelz il joyssoit dud. fief, et icelluy luy estre venu et escheu par le decedz de Jehan de Milly, dict Hurtault, escuier, son père. » — (Berzé, 113, parch.)

**870.** 1539, 9 sept. — Ferry de Berles, escuyer, sgr de Monceaulx en partie, donne procur[n] à l'effet de vendre la succession de sa feue mère, Marguerite de Milly, sœur de Jehan de Milly, en son vivant femme de J. de Berles, escuyer, sgr de Guignicourt lez Mézières sus Meuze. — (Berzé, orig. parch. scellé, non coté.)

**871.** 1539, 16 d. — Aveu au sgr de Crèvecœur par Jean de Milly, écuyer, sgr de Monceaulx, pour « ung petit fief scitué aud. Monceaulx près les comunes dud. lieu ». Dénombrement, le 20 dud. mois. — (Berzé, comme au n° 812.)

**872.** 1540, 10 mars. — Aveu et dénombr. de la seign. de Corcelles baillés au duc de Bourbon par nobles Guillaume de Thy et Péronne de Chavagneu, sa femme. — (Berzé, *Invent.*, XVIIIe s.)

**873.** 1540. — Preuves de noblesse produites devant les élus de Beauvais par Jehan de Milly, écuyer, sgr de Monceaulx et en partie de la Neufville sur Oudœul : « ... Dict icelluy Escuyer qu'il est noble de nom et de armes, nay et extraict de noble lignée, vyvant noblement, faisanz tous actes appartenans à noblesse, venu et yssu de toute antienneté de la maison de Milly, maison et race antienne de noblesse, et comme noble et vray gentilhomme a tousjours vescu et tenu estat de personne noble, ayant harnoys, chevaulx et bastons de guerre... Item, les prédécesseurs dud. Escuyer comme nobles ont tousjours esté au service du Roy de France et des princes pour la tuition et deffence de ce Royaulme, et y sont plusieurs des dessusdictz esté occis belliqueusement et comme gens de noble couraige. Item, mesmes Françoys de Milly, en son vyvant Escuyer, frère aisné dud. Jehan, fut mys à mort au service du Roy nostre sire en ses premières guerres, en l'an 1521, comme lieutenant pour le Roy de 500 hommes de pied soubz la charge de Mgr de Sarcus... Item, y est encores mort ung nommé Christofle de Milly, en son vyvant Escuyer, frère puisné dud. Jehan, qui estoit homme d'armes soubz le Roy en la bande du sgr comte de S$^t$-Pol, et fut tué de là les montz dedans Gennes, estant sur la muraille en la bresche, dernièrement que Gennes a esté révoltée, du retour du feu sgr de Laustrec, lors lieut. pour le Roy de là les montz. Item, semblablement son plus jeune frère, nommé Adrien de Milly, a tousiours suivy les guerres depuis 18 ou 20 ans au service du Roy, et de présent centaynier de la Légyon du sgr de Heilly. Item, les prédécess. desd. Jehan et ses frères sont fondateurs de l'abb. de Beaupré, de l'Ordre de Chisteaulx, et fut fondée l'an 1101 par ung nommé Manassès de Milly, en son vyvant chevallier sgr de lad. chastell. de Milly et de Bulles, avec lequel fut fondateresse une de ses sœurs nommée dame Mathilde de Milly et, depuis ce fondement, la priore dud. Milly... Item, l'abaye dud. Jehan et de ses frères se nommoit messire Robert de Milly, en son vyvant sgr dud. lieu, fut allié et comjoinct par mariaige avoc madame Jehanne de Gamaches, desquelz mariez seroit yssu noble h$^e$ Engrens de Milly, leur filz aisné,... escuyer, comjoinct par mariaige avec damoiselle Henrye des Quesnes... Et a esté led. Engrens proave dud. Jehan de Milly et de ses frères. Item, desquelz Engrens de Milly, Escuyer, et damoiselle Henrye des Quesnes seroit ussu en loal mariaige Guillaume de Milly, qui fut en son vyvant sgr dud. Monceaulx, Romenil et de la Nœufville sur Oudœul en partye, et fut comjoinct par mariaige avec damoiselle Jehenne de Brunviller, en son vyvant fille de Jehan de Brunviller et de damoiselle Marye de Milly.. ; Item, et duquel mariaige auroit esté nay, issu et sorty noble h$^e$ Jehan de Milly, en son vyvant Escuyer sgr desd. lieux, père dud. Jehan de Milly, Escuyer, qui fut allié par mariaige avec damoiselle Marguerite de Comty, ... duquel mariaige seroit yssue Jehenne, Françoys, led. Jehan, apresent vyvant et successeur desd. deffunctz ses père et mère et autres dessusnommez, tous lesquelz ont esté dictz, tenuz et reputez communément et notoirement nobles,... sans aulcunement avoir desrogué au previllège de Noblesse, ne faict actes mécanicques, mais atousjours vescu de leur bien et revenu noblement, faisans gaigner mécanicques leur vie en leur service...

Item, que en signe que luy et ses prédécess. et ceulx qui sont yssus de la maison de Milly sont nobles et de noble génération tant du costé mascullin que feminin, ont tousiours porté et portent encores insignes et armoryes, qui sont ung escu *de sable, le chef ou face d'argent...* Et sur le timbre ses anciens portent ung cygne... » — (Berzé, 76, orig. parch. — En tête est peint un écu de sable au chef d'arg., sommé d'un casque posé de profil. Supp., 2 lions d'arg. Cimier, un cygne d'arg. Lambrequins de sable et d'arg.)

874. 1540, 2 déc. — Arrêt de mainlevée du fief de Monceaulx au profit de Jean de Milly, écuyer, sgr dud. fief, qui avait été saisi pour défaut d'hommage. — (Berzé, comme au n° 812.)

875. — « Charles de Milly, cons. au Parlement de Paris l'an 1541, maître des requêtes l'an 1543, mort le 23 oct. 1549. Gist aux Innocens. » —(*Pièc. orig.*, Milly, 61.)

876. — 1542, 5 juin. — « Damoiselle Antoinette de Varey, veuve de feu noble Lyonet du Thy, écuyer, sgr de la Douse, noble Dom Pierre du Thy, religieux de Cluny et de Savigny, et François du Thy, son frère, sgrs de la Douse, tant en leurs noms qu'en ceux de Guillame et Jeanne du Thy,

filles desd. defunct et veuve et sœurs desd. nobles Pierre et François du Thy, passent abbenevis aux consors Roudillon, par acte receu Duvierre. » — (Berzé, *Not. sur la maison de Thy*, XVIII<sup>e</sup> s.)

**877.** 1543. — Noble h<sup>e</sup> Jean de Milly, écuyer. sgr de Moncheaulx, requis, le 4 mars, de comparoir au ban des nobles fieffés de la comté de Clermont, y comparaît, les 15 mars, 15 avril et 14 déc. — (Berzé, liasse 11; et n° 57.)

**878.** 1544, 31 mars, Clermont. — P. de Warty, chev., bailli de Clermont, certifie que noble et discrète personne Jehan de Milly, sgr de Monceaulx, a comparu aud. ban. — (Berzé, 49, parch.)

**879.** 1544, 14 juil. — Ferry de Berles, écuyer, sgr de Guignicourt, accède au partage, — fait naguère entre noble h<sup>e</sup> Jean de Milly, écuyer, sgr de Monceaulx, et de la Neuville-sur-Oudeuil en partie, et feu Marguerite de Milly, sa sœur, femme de J. de Berles, écuyer, sgr dud. Guignicourt, — des biens provenant de la succ<sup>n</sup> de déf. noble h<sup>e</sup> Jean de Milly, écuyer, leur père. » — (Berzé, 96, parch.)

**880.** 1545, 5 janv. — Ferry de Berles vend à Jean de Milly, écuyer, sgr de Monceaux, son tiers du fief et noble tènement de la Neufville sur Oudœul. — (Berzé, 14, parch.)

**881.** 1545. — « Dame Guillemette de Thy, dame de la Douze. » — (Berzé, *Invent.*, xviiie s.)

**882.** 1545, 18 av. — « Lectres faisans mention du quart du travers appartenant à Jehan de Milly, escuyer, sur le travers d'Oudœul, passées par devant J. le Grand, bailly et garde de la justice d'Oudœul le Chastel. » — (Berzé, comme au n° 812.)

**883.** 1545, 28 av. — Foi et homm. à Mgr le duc d'Orléans, comte de Clermont, par Jean de Milly, écuyer, pour la terre et seigneurie de Monceaulx. — (Berzé, 43, parch.)

**884.** 1545, 14 mai. — Dénombrement de lad. seigneurie. — (Berzé, *Invent.*, xviie s.)

**885.** 1545, 5 oct. — Contrat de mariage entre noble Jean de Milly, écuyer, sgr de Monceaulx, fils aîné et hér. de feu Jean, aussi écuyer sgr dud. Monceaulx, et de feu dam[lle] Marguerite de Conty, — et dam[lle] Jeanne de Saucourt, fille de feuz nobles personnes Jean de Seoicourt et dam[lle] Jeanne de Chantellou. — (Berzé, 106, parch. — Le P. Anselme, VIII, 525.)

15

**886**. 1546, 18 oct. — Dam^lle Madeleine de Milly, veuve de Priam Forme, écuyer, est mariée en 2^es noces à J. de Chantelou, écuyer. — (Berzé, comme au n° 812.)

**887**. 1547. — Mathurin de Milly, abbé de la Boissière. — (Denais, II, 386.)

**888**. 1547, 29 oct., chât. d'Esparcieu. — Contrat de mariage entre noble Antoine Du til, fils de noble Guillaume du Til, chev., sgr de Milly et de Corcelles, paroisse de Vaulx, dioc. de Lyon, — et noble dam^lle Isabeau Dodieu, fille « de feu noble h^e Loys Dodieu, quant vivoit cytoien de Lyon et sgr d'Esparcieu, et de noble Marie Rossellate ». Présents « noble Françoys du Til, chevallier de Roddes... » — (Berzé, 58, extr. coll.)

**889**. 1549, 20 s. — Gabriel du Vergier, lieut. général du baill. de Clermont, certifie « Jehan de Milly, escuier, sgr de Monceaulx, avoir faict apparoir aux officiers de Clermont de tous ses tiltres, suyvant la public^n faicte à ceste fin ». — (Berzé, 111, parch.)

**890**. 1550, 21 mars. — « Lectres d'appoinctetement d'entre le procureur du Roy de Clermont, d'une part, et Jehan de Milly, escuier, sgr de Monceaulx, d'aultre part. » — (Berzé, comme au n° 812.)

**891.** 1550, 23 mai. — Sentence du bailli de Clermont contre le procureur du Roi au profit de Jean de Milly, écuyer, sgr de Monceaulx. — (Berzé, 62, parch.)

**892.** 1551, 12 janv. — Aveu et dénombr. du fief de Bouillers, assis à la Neuville-sur-Oudœil, baillés à noble sgr Jean de Milly, écuyer, sgr de Monceaulx et de lad. Neuville, par Françoise de Feuquières, veuve de Claude de Forceville, écuyer, sgr d'Applaincourt. — (Berzé, comme au n° 812.)

**893.** 1553, 25 mars. — Noble h<sup>e</sup> Adrien de Milly, écuyer, co-sgr de Monceaulx et du Houssoy, fait donation de tous ses biens à noble h<sup>e</sup> Jean de Milly, écuyer, sgr de Monceaux, son frère aîné. — (Berzé, 72, parch.)

**894.** 1553 et 1564. — « Noble Léonet de Thy, sgr de Corcelles. » *En note* : « Le chasteau de Corcelles estoit celuy que l'on nomme maintenant de Milly en la par. de St-Estienne la Varenne. » — (Berzé, *Inventaire*, XVII<sup>e</sup> s.)

**895.** 1554, 17 mai. — Testament de Jean de

Milly, écuyer, sgr de Monchaulx. Fait un grand nombre de legs pies. « Laisse le résidu de tous ses biens à qui il appartient. » — (Berzé, 101, parch.)

**896.** 1554, 30 juin. — Lettres de garde noble pour d<sup>lle</sup> Jehanne de Saucourt, vefve de feu noble h<sup>e</sup> Jehan de Milly, escuier, sgr de Monceaulx, mère de Malassaire (Manassès), Françoys, Vespazien et Charlotte de Milly, enffans myneurs d'ans dud. defunct et d'elle ». — (Berzé, 47, parch.)

**897.** 1554, 26 juil. — Lettres de souffrance pour le fief de Monceaulx, au profit de « Jehanne de Saulcourt, vefve de feu Jehan de Milly, escuier, sgr dud. Monceaulx, ou nom et comme ayant la garde noble de Manassère, Françoys, Vaspazien et Charlotte de Milly, enf. min. d'elle et dud. deffunct ». — (Berzé, liasse 55, parch.)

**898.** 1554, 28 s. — Artus de Milly, écuyer, est institué tuteur desd. enfans mineurs. — (Berzé, orig. parch. non coté.)

**899.** 1554, 26 oct. — « Lectres de ratiffication faicte à damoiselle Jehanne de Soycourt, veufve de feu noble homme Jehan de Milly, escuier, sgr de Monceaulx, par damoiselle Barbe de Milly, touchant la quictance de son mariage. » — (Berzé, comme au n° 812.)

**900.** 1555, 17 janv. — Lettres du lieut. général du comté de Clermont, relatives au douaire de d{le} Jeanne de Soicourt, veuve de Jean de Milly, écuyer, sgr de Monceaux. Y est mentionné Antoine de Milly, tuteur des enf. mineurs dud. défunt. — (Berzé, orig. parch., non coté.)

**901.** 1555, 24 avr., Clermont. — Nic. Pintart, procureur de d{lle} Jeanne de Soycourt, veuve de Jean de Milly, tant comme douairière que comme ayant la garde noble de ses enfans, comparaît au ban des nobles du comté de Clermont. — (Berzé, 50, parch.)

**902.** 1557, 5 mars. — G. du Cavrel, bailli d'Amiens, ordonne l'exécution de 2 sentences rendues contre Frédéric de Soyecourt, écuyer, sgr de Landoncourt, au profit de Jeanne de Soyecourt, veuve de Jean de Milly. Signé : G. Quatresols. — (Berzé, 40, parch.)

**903.** 1557. — Hervé de Milly, écuyer, sgr de Saint-Arnoul et d'Athies, et dam{lle} Anthoinette de Milly, veuve de J. d'Estrées, écuyer, sgr de Favrel,

sont taxés à l'arr.-ban des fieffés du Beauvoisis.
— (Beauvillé, III, 423, 444.)

**904.** 1561, 25 mars. — Simon de Milly, homme d'armes des Ord. du Roi sous l'amiral de Châtillon. — (*Montres*, XXXVII, 27.)

**905.** 1562, 30 janv. — « Décès de Catherine de Milly, fille de Jean de Milly, écuyer, seigneur du Metz, femme de J. de Marisy, sgr de Cervet (en St-Léger-lès-Troyes), grenetier au grenier à sel de Troyes. Elle fut inhumée en l'Église St-Léger où l'on voit encore sa pierre tumulaire. Ses armes sont : *de sable au chef d'argent chargé de 2 merlettes de sable*. Ces armes figurent dans un vitrail de l'Église donné par elle et son mari en 1558, et sont accompagnées de la devise : *Mon espoir passe fortune.* » — (Note de M$^r$ A. Roserot, archiviste de la Haute-Marne.)

**906.** 1563, 8 oct. — Foi et homm. à haut et puiss. sgr François Gouffier, chev. de l'Ordre du Roi, cap$^{ne}$ de 50 h. d'armes de ses Ordonnances, sgr de Bonnivet, Crèvecœur, Belloy, etc., par noble h$^e$ Manassel de Milly, écuyer, sgr de Monceaulx et de la Neufville sur Oudeul Malinfay, fils aîné et hér. de déf. Jean de Milly, écuyer, sgr dud. Monceaulx et de lad. Neufville Malinfay, pour raison « d'ung petit fief et noble tènement séant aud. Monceaulx, qui anc<sup>t</sup> faisoit partie de la mairie dud. Belloy », — (Berzé, 106, parch.)

**907**. 1564, 3 sept., Auxerre. — Jean et Charles de Milly, hommes d'armes des Ord. du Roi sous M<sup>r</sup> de Vaudemont. — (*Montres*, XXXVIII, 98.)

**908**. 1565 et 1568. — Lionnet de Thy, Ecuyer, sgr de Milly et du chasteau-fort de S<sup>t</sup>-Estienne de la Varenne, comparaît à l'arr.-ban du Lyonnais. — (Chérin, *Thy*, Honn. de la Cour.)

**909**. 1565, 10 oct., Confolens. — François de Milly, archer des Ord. du Roi sous le Comte de la Rochefoucauld. — (*Montres*, XXXVIII, 132.)

**910**. 1566. — Lettres de légitimation pour Pierre de Milly. — (*Trés. des chartes*, reg. de 1566.)

**911**. 1567, 21 juin, Paris. — Charles de Milly, sgr du Plessis (Plessier), porte-enseigne de la comp. de 30 lances des Ord. du Roi sous Mgr d'Entragues. Quitt. de ses gages. (*Pièc. orig.*, Milly, 24.) — « Cécile de Saveuse (fille d'Imbert et de Marie de Saint-Fuscien) fut conjoincte avec Charles de Milly, s<sup>r</sup> du Plessiers, fils de Florimont et d'Antoinette de Warlusel ; iceluy descendu de Jean, baron de Milly, et de Marie de Soissons-Moreuil. » (J. le Carpentier, II, 998.)

**912.** 1567, 16 oct. — Hugues de Milly, prêtre, « chapelain de la chap. Notre Dame fondée en la chapelle de Pacy juxte l'Eglise S$^t$-Gervais à Paris ». Quitt. de rente à Fr. de Vigny, receveur de la ville de Paris. — (*Pièc. Orig.*, Milly, 22.)

**913.** 1567, 24 n. — Charles de Milly, s$^r$ du Plessis, guidon de la comp. de Mgr d'Armentières. Quitt. de gages. — (*Ibid.*, 23.)

**914.** 1568, 21 d., Melun. — Charles IX donne à Charles de Villemontée l'office de procureur au châtelet de Paris, vacant par résignation de M$^e$ Etienne de Milly. — (*Carrés*, t. 435, Milly, p. 153.)

**915.** 1569, 9 mai. — Charles de Milly, s$^r$ du Plessis, guidon de la comp. du s$^r$ d'Armentières. Quitt. de gages. — (*Pièc. orig.*, Milly, 25.)

**916.** 1569, 10 oct. — Etienne de Milly, sgr de Milly, cons. du Roi, premier président en sa cour des Aides à Paris. Quitt. de rente à Fr. de Vigny, receveur de la ville de Paris. — (*Ibid.*, 26.)

**917.** 1570, 9 avril, la Ferté-Milon. — Christophle de Milly, archer des Ord. du Roi sous M$^r$ de la Chappelle des Ursins. — (*Sceaux*, CXXXV, 2221.)

**918.** 1570, 1$^{er}$ juil. — J. Érard, bourgeois et marchand d'Amiens, procureur de Messire Charles de Milly, chev., sgr du Plessier Rozinvillers, mari et bail de dam$^{lle}$ Cécile de Saveuse, fille et légateresse de feu M$^{re}$ Ymbert de Saveuse, sgr de Lozinghem, maître des requêtes. Quitt. de rente à Fr. de Vigny, rec$^r$ de la ville de Paris. — (*Pièc. orig.*, Milly, 27.)

**919.** 1570, 31 août, camp de Châlons. — « Arthus de Milly, dict le Préau, dem$^t$ aud. lieu en Auvergne », archer des Ord. du Roi sous le M$^{al}$ de Villevieille. — (*Sceaux*, CXXXV, 2159.)

**920.** V. 1571. — « Jean, baron de Milly, espousa Marie de Soissons Moreul, dont descend Florimond. » — (*Pièc. orig.*, Milly, 71.)

**921.** 1571, 16 juil., et 1577, 17 juil. — Marie Barthélemy, veuve de Nic. Chevalier, sgr de Vignau, cons. au parlement de Paris, procuratrice de Jean de Milly, écuyer, sgr d'Offeu, et de dam$^{lle}$ Jeanne de Soissons, sa femme. Quitt. de rente à

Fr. de Vigny, receveur de la ville de Paris. — (*Ibid.*, 28, 30.)

**922.** 1572, 24 fév. — Contrat de mariage entre Manassès de Milly, écuyer, sgr de Monceaulx, et dam{lle} Jeanne de Bristel. — (Berzé, 121, *Invent. après décès dud. Manassès*.)

**923.** 1573, 23 av., camp de la Rochelle. — Geoffroy de Milly, homme de guerre au régiment d'Estrossy (Strozzi). — (*Montres*, XLIII, 543.)

**924.** 1573, 15 oct. — Charles de Milly, guidon d'une comp. de 50 lances des Ord. du Roi. Quitt. de gages. — (*Pièc. orig.*, Milly, 29.)

**925.** 1574, 23 fév. — Noble h{e} Lyonnet de Thy, fils de « feus noble Guillaume de Thy et dame Péronne de Chavagnieux, sgr et dame de Milly et Corcelles en Beaujollois », rachète à Guillemette de Thy, veuve de noble Gilbert de Mars, écuyer, sgr de Châteauroux, la terre et sgrie des Loges que lui avaient vendue lesd. feus Guillaume et Péronne, pour la s{e} de 550 liv. t{s}. — (Berzé, 58, extr. coll.)

**926.** 1574, 15 juin. — Testament d'Ant., cardinal de Créqui, év. d'Amiens : « ... En approbation du présent test. led. seigneur a faict signer par les soubzsignans Marie de Créquy, Pierre de Milli... » — (*Gall. christ.*, X, instrum., 359.)

**927.** 1574, 21 s. — Guillemette d'Ethy, veuve de noble Gilbert de Mars, sgr de Châteauroux et Baleine, fille et hér. univ. de défunts nobles Lionnet D'Ethy et Antoinette de Varet, sgr et dame de la Douze, vend lad. sgrie de la Douze à noble Hugues Charreton, sgr de la Terrière. — (Berzé, *Invent.*, XVIIe s.)

**928.** 1575, 21 fév. — Échange de terres, à Monceaulx, entre Manassès de Milly, écuyer, sgr dud. Monceaulx, et Marin Bigue. — (Berzé, comme au n° 922.)

**929.** 1577, Picardie. — Association entre les princes, seigneurs, gentilshommes et autres, tant du Clergé que de la Noblesse et du Tiers-État, pour le maintien de la Religion Catholique. Ont signé : « ... De Milly... J. de Milly... » — (Monglave, *Hist. des conspir.*, p. 34.)

**930.** 1577, 24 janv. — Françoise Warnier, veuve de Michel le Febvre, notaire royal à Milly, vend à noble he Manassès de Milly, chev., sgr de

Moncheaulx, une vigne sise aud. Milly. — (Berzé, 71, parch.)

**931.** 1577, 26 mars. — J. le Fevre, praticien de Cagny, vend aud. Manassès une vigne sise à Milly au lieu dit Peu Aymée. — (Berzé, comme au n° 922.)

**932.** 1578, 28 janv. et 16 mars. — Nic. Bérenger et Eng<sup>d</sup> Bâtart vendent aud. Manassès deux vignes sises à Milly. — (*Ibid.*)

**933.** 1579, 20 juil., Paris. — Étienne de Milly, chevalier, sgr de Milly, cons. du Roi et prem. président en sa cour des Aides. Quitt. de rente à Fr. de Vigny, receveur de Paris. — (Villevieille, *Titres orig.*, XXII, 283.)

**934.** 1579, 8 août. — J. Guillet, prêtre, vend à Manassès de Milly, chev., des terres «antiennement en vigne», au terroir de Milly.—(Comme au n° 922.)

**935.** 1579, 16 n. — Vespasien de Frutay vend aud. Manassès 3 quartiers d'une vigne sise à Milly. — (Berzé, orig. parch. non coté.)

**936.** 1580, 8 août. — Jean de Milly, écuyer, sgr de Milly, signe au contrat de mar. entre Louis de

Bournonville, chev., sgr du Quesnoy, Franssu, etc. et Antoinette de Moreuil. — (*Pic.*, XLV, 116.)

**937.** 1581, 27 août, Nauroy, près St-Quentin. — « Robert de Milly, s<sup>r</sup> de Culloison, y demeurant, bailliage de Meaulx... Jehan de Milly, dem. à Othon en Beauce, » hommes d'armes des ord. du Roi sous M<sup>r</sup> Christophe des Ursins, sgr de la Chapelle, chevalier des Ordres dud. Seigneur. — (*Sceaux*, CXXXV, 2231. — Poli, *Courtin*, preuv. n° 1477.)

**938.** 1583, 13 oct. — Accord entre « noble Adrien de Bristel, escuier, sgr de Martaigneville, et Malassès de Milly, escuier, sgr de Monchaux, » touchant une rente due à M<sup>e</sup> P. Œulliot, avocat au présidial de Ponthieu. — (Berzé, 95, liasse.)

**939.** 1584, 4 juin. — Manassez de Milly, écuyer, sgr de Monceaulx, Houssoy lez Milly et la Neufville sur Oudeuil en partie, baille à titre d'échange à François de Milly, écuyer, sgr dud. Monceaulx en partie, dem. à Ploisy près Soissons, « la moictié indivise de la terre et seignourie de la Neufville sur Oudeil qui fut et appartint à deffunct Jehan de Milly, escuyer, père desd. parties ; et led. François baille en contre eschange la moictié de ce qui est escheu au lot dud. François et Vaspazien de Milly, escuyer, son frère, en la terre et sgrie dud. Monceaulx par le partaige qu'ilz ont faict avec led. Manassez, leur frère. » — (Berzé, liasse 59, parch.)

**940.** 1585, 20 janv. — Etienne de Milly, cons. du Roi, prem. président de la cour des Aides à Paris. Quitt. de rente à Fr. de Vigny, rec$^r$ de lad. ville. — (*Pièc. orig.*, Milly, 31.)

**941.** 1586, 26 janv. — Foi et homm. au Roi par Manassès de Milly, écuyer, sgr de Monceaulx, à cause de l'échange fait avec François de Milly, son frère. — (Berzé, comme au n° 922.)

**942.** 1586, 28 f. — « Quictance en papier des droictz feodaulx paiez au sgr de Bouflers par Manassès de Milly, escuier, sgr de Monceaulx. » —
(Invent. après décès de Manassès de Milly. — Archives de Berzé, n° 121.)

**943.** 1586, 19 s., Paris. — Constitution de rente « faite pour venir en aide au Roy à l'entretien de l'armée et pour remettre ses subjets en l'obéyssance de la Religion Catholique ». Y figure messire Etienne de Milly, chev., sgr de Milly, prem. prés. en la cour des Aides. — (*Pièc. orig.*, Milly, 32.)

**944.** 1587, 14 mai, Milly. — Accord entre François de Milly, écuyer, sgr de Ploisy, et Vespasien, son frère, écuyer, sgr de Monceaux en partie, sur le legs fait aud. Vespasien par dam$^{lle}$ Jeanne de Soycourt, leur feue mère. — (Berzé, 85, parch.)

**945.** 1587, 9 nov. — Noble h$^e$ Manassès de Milly, sgr de Monceaulx, Houssoye et la Neufville en partie, accense à honneste Christofle Roussel, M$^d$ tavernier de St-Omer, « une myne de terre séant au terroir dud. Monceaulx, au lieu nommé Langlée ». — (Berzé, 114, parch.)

**946.** 1590, 9 d. — Jacques de Milly, fils de Charles de Milly et de Cécile de Saveuse. Quitt. de rente. — (*Pièc., orig.*, Milly, 39.)

**947.** 1591, 26 oct. — « Lettres du roi Henri IV à Manassès de Milly, écuyer, sgr de Monceaux. » — (Berzé, *Invent.*, XVII$^e$ s.)

**948.** 1591, 28 d. — Testament de noble dam$^{lle}$ Françoise de Servisac, femme de noble Léonet du Til, sgr de Milly. Lègue à Guillaume, Hugues, Jean, Claude et Antoine, ses fils, à Marie, sa fille aînée, Bénigne, Antoinette, religieuses au monast. de Sales, et Claudine, aussi ses filles. — Fait son hér. univ. noble Léonnet du Thy, sgr de Milly, son cher mari. « Faict et passé à St-Estienne la Varenne, au chasteau fort de Milly ». Jacques de Viret, not. royal à Vaulx. — (Berzé, 58, extr. coll.)

**949.** 1593, 12 juin. — « Roolle de 200 hommes de guerre à pied François ordonnez par Mgr le duc de Guise pour tenir garnizon dans la ville de Saint-Dizier pour le service de la Saincte Unyon des Catholicques :... Jehan de Milly... » — (*Montres*, LXIII, 851.)

**950.** 1593, 27 juin, Stenay. — Aubry de Milly, homme de guerre à cheval dans la comp. du capitaine J. de Pouilly. — (*Ibid.*, 858.)

**951.** 1594, 28 d. — J. Leguay vend à Manassès de Milly, écuyer, sgr de Monceaulx, une mine et demie de terre au terroir de Saint-Omer. — (Berzé, comme au n° 922.)

**952.** 1595, 6 janv., chât. de Milly. — Testament de noble Lyonnet de Thyl, sgr de Milly : « ... Item, led. s$^r$ testateur a prié Guillaume et Jean, ses enfans, religieux de l'Ordre de S$^t$ Benoît, persévérer et continuer en leur dicte religion, à faute de quoy et où il adviendroit qu'ilz seroient contraintz par la malice et injure du temps ou calamitez publicques ilz ne pourroient rester aux monasteres où ilz sont logez et n'y pourroient recepvoir ce qu'il leur fault pour leur vie et vestement, en ce cas et non aultrement led. s$^r$ testateur veut... leur estre payé à chacun d'eulx la s$^e$ de 200 escus. » Lègue à Bénigne, sa fille, relig. au prieuré de Sales ; à Anthoine, son fils ; à Marie et Claudine, ses filles. Fait son hér. univ. noble Claude de Thil, son fils, et, en cas de mort, lui substitue led. Antoine. Signé : Chappollier, not. royal à Charentay. — (Berzé, 58, extr. coll.)

**953.** 1595, 19 juin. — Thomas Blassel vend à Manassès de Milly, écuyer, sgr de Monceaulx, 3 quartiers de terre au terroir de St-Omer, au lieu dit la Campaigne. — (Berzé, comme au n° 922.)

**954.** 1596, 10 janv., Paris. — Rejet par le parlement de l'appel interjeté contre deux sentences du sénéchal de Ponthieu par Manassès de Milly, écuyer, sgr de Monseaulx, et dam$^{lle}$ Jeanne de Breseul (Bristel), fille et hér. de feu Adrien de Breseul, écuyer, sgr de Martaigneville ; lesd. sentences au profit d'Ant. Martin, bourg. et m$^d$ d'Abbeville. — (Berzé, 45, parch.)

**955.** — Angélique Milly, née en 1595, fille d'un avocat de Metz, supérieure de la Congrég. de

Notre-Dame, à Nancy, morte en 1660. — (*Gall. Christ.*)

**956.** 1597, 4 janv., Joigny. — Contrat de mar. entre J. de Montberon, écuyer, gentilhomme ord. de la Chambre du Roi, et Marie de Voves, dame de Malherbes et Richebourg, sgr des mêmes lieux, et de Francoise de Courtenay-Changy, et veuve en prem. noces de Louis de Milly, fils de Gabriel, écuyer, sgr de Tournoye, homme d'armes de la comp. de Mgr le connétable en 1555, mort à Paris en 1562, et de Silvine d'Assigny, dame de Montréal, veuve en prem. noces de Fr. de Giverlay, sgr de la Borde. — (Le P. Anselme, VII, 30.)

**957.** 1597, 17 s., camp d'Amiens. — « Josias de Milly, dict Milly », homme de guerre au rég. des Gardes du Roi, comp. de Mainville. — (*Montres*, LXIX, 1389.)

**958.** 1598, 12 juin. — « Noble Claude Dethy, sr de Milly, a reconnu au terrier, signé Gerfaut, de la rente noble de la Bastie, le 12 juin 1598. » — (Berzé, *Invent.*, XVIIe s., *Terrier de la Varenne.*)

**959.** 1598, 11 août. — « Foy et homm. par Manassès de Milly, sgr de Monceaulx, et François de Milly, son frère, écuyers, pour ce qui leur est eschu par le trespas de Vespazien, lour frère. » — (Berzé, comme au n° 922.)

**960**. 1602. — Chevaliers de Malte du gr. prieuré de France et de Champagne : « Philippe de Milly, *de sable au chef d'argent*, dioc. d'Amiens. — (Cab. des titres, n° 839, f. 65.) — « Philippe de Milly du Plesier. » (Saint-Allais, *Fam. nobles admises dans l'O. de Malte*, p. 71.) — « Philippe de Milly du Plessier, du dioc. d'Amiens ». (Bibl. Nat., *Armor. de l'O de St-Jean*, Ms. Franç. 1868, p. 359.)

**961**. 1609, 27 mai, Montdidier. — « Orry de Milly, sieur dud. lieu », homme de guerre à cheval sous le ch$^{er}$ de Vendôme. — (*Montres*, LXXVIII, 2192.)

**962**. 1609, 26 s. — Testament de Messire Manassès de Milly, écuyer, sgr de Monceaux. — (Mentionné dans la quitt. du 5 avril 1630. Voy. ci-après, n° 977.)

**963**. 1610, 29 n. — Contrat d'échange entre led. Manassès et François de Milly, écuyer, sgr de Ploisy, son frère, qui donne sa part de la terre de Monceaux et reçoit en retour le quart de celle de la Neuville-sur-Oudeuil. — (Berzé, comme au n° 922.)

**964.** 1612, 16 août. — Foi et homm. au Roi par led. Manassès pour un douzième de la terre et sgrie de Monceaulx, par lui acquis dud. François de Milly, son frère. — (*Ibid*).

**965.** 1612, 8 oct., chât. de Pressy. — Contrat de mariage entre noble Antoine d'Esthil (de Thil), écuyer, sgr des Oulières en Beaujolais, procédant de l'avis et conseil de noble Claude d'Esthil, s$^r$ de Milly et des Loges, son frère, noble Louis d'Orelle, écuyer, s$^r$ de la Channe, son beau-frère, noble Pierre d'Esthil, écuyer, sgr de Monternaud et Vauxbresson, son cousin, etc., — et d$^{lle}$ Renée de Collonges, fille de noble Étienne de Colonges, sgr de Pressy et de Curtil, et de Marie du Crest. — Dessaignes, not. royal. — (Berzé, 58, cop. coll.)

**966.** V. 1612. — Jacques de Milly, sgr du Plessis-Rosinvilliers, épouse Charlotte de la Fontaine, fille de François, baron d'Oignon, et de Charlotte de Soyecourt. — (Le P. Anselme, VIII, 851.)

**967.** 1617. — Décès de Manassès de Milly, écuyer, sgr de Monceaux. — (D'Hozier, *Fragm.*, 74 v.)

Planche X.

Guillaume de MILLY
1378-1380

Bourgoin de MILLY
1376

Pierre de MILLY
1380

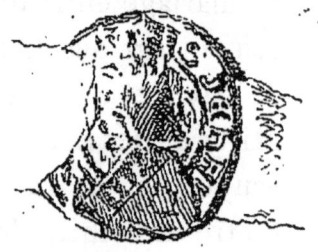

Jean de MILLY
SIEUR DE MOYMONT
1408

Jacques de MILLY
1416

Guillaume de MILLY
1444

*Fac-simile par Geoffray.*

**968.** 1618, 29 mars, Clermont. — Foi et homm. au Roi et à la comtesse de Soissons et de Clermont, pour la sgrie de Monceaux, par François de Milly, écuyer, « disant que depuys peu Manassès de Milly, écuyer, sgr dud. lieu, son père, seroit déceddé ». — (Berzé, liasse 55, parch.)

**969.** 1618, 8 mai. — « Inventaire, faict... en l'hostel et lieu seigneurial de Monceaulx, par nous Simon Vigneron, lieut. particulier civil et crim¹ du baill. et comté de Clermont,... des lettres, titres, papiers et enseignemens dellaissez par le decedz et trespas de deffunct Manassès de Milly, vivant escuier sr dud. Monceaux ». — (Berzé, 121, orig. pap.)

**970.** 1619. — Maistre Simon de Milly, prestre, curé de Lihons-en-Santerre. — Nicolas de Milly, notable habitant d'Estrées-en-Santerre. — (Beauvillé, II, 293, 295.)

**971.** 1620, 30 janv. — Transaction entre P. Raimbaut, agent de Mgr de Vaudemont et Madame la duchesse de Brunswick-Nagniem, comte et comtesse de Clermont, et François de Milly, écuyer, sgr de Monceaux, au sujet de droits appartenant en lad. terre de Monceaux au comte de

Clermont et au sgr de Milly. — (Berzé, liasse 59, orig. pap.)

**972.** 1621, 6 déc. — Commission de capitaine d'une compagnie du régiment de Milly inf., pour le s<sup>r</sup> de Monceaux (François de Milly), signée Louis, et plus bas Brulart. — (Berzé, 105, parch.)

**973.** 1626, 7 janv. — Sœur Louise de Milley, dite de Saint-Étienne, est élue abbesse triennale des Bénédictines du Val-de-grâce, dioc. de Paris. Elle mourut en 1637. — (*Gall. christ.*, VII, 584. — Félibien, III, 1384.)

**974.** 1629. — «... François de Milly... Il prenoit la qualité de comte de Milly. C'est la première apparition de ce titre dans la famille. » — (Berzé, *Notes Généal.*, XVIII<sup>e</sup> s., non coté.)

**975.** V. 1629. — « Bon du Roy pour la fille de François de Milly d'une place au Paraclet d'Amiens. » — (Berzé, *Invent. des titres de la maison de Milly de Thy*, XVII<sup>e</sup> siècle.)

**976.** 1629, 19 s. — Transaction entre François de Milly, escuier, s<sup>r</sup> de Monceaux, la Neufville et autres lieux, et Anthoine de Milly, escuier, son frère, au sujet du partage fait entre eux le 18 janvier 1628, par devant P. Houppin, not. royal à Beauvais. — (Berzé, 16, orig. pap.)

**977**. 1630, 5 avril. — Damoizelle NICOLLE DE MILLY, veufve de feu Jonatas de Berthelein, escuier, sgr de Belleuze, confesse avoir receu de messire FRANÇOIS DE MILLY, escuier, sgr de Monceaulx, la s$^e$ de 50 liv. t$^s$, en quoy il estoit vers elle redevable comme héritier de feu MANASSEZ DE MILLY, vivant escuier sgr dud. Monceaulx. *Signé* : Nycolle de Mylly. — Saulnyer, not. roial. — (Berzé, orig. pap., non coté.)

**978**. 1631, 1$^{er}$ août. — Commission de capitaine d'une compagnie du rég. de Brazeux inf., pour le s$^r$ de Monceaulx (François de Milly), signée Louis, et plus bas Phelypeaux. — (Berzé, 127, parch.)

**979**. 1638, 4 janv. — Testam. de Renée de l'Isle, « veufve de M. Daucy » (d'Auchy), mère d'Angélique de Belloy, femme de François de Milly, chev., sgr de Monceaux : «... Icelle dame Angélique sera tenue de bailler à damoiselle Renée de Milly [sa fille], la s$^e$ de 2000 liv. t$^s$... » — (Berzé, 66, cop. coll. pap.)

**980**. 1638, 8 mars, Beauvais. — Louis de Hallencourt, chev., sgr de Cromesnil, capitaine d'une comp. de chevau-légers, subroge Messire François de Milly, chev.. sgr de Monceaulx, « au legz universel à luy faict par déf. dame Renée de Lisle, sa mère ». — (*Ibid*).

**981.** 1638, 28 oct., Curtil sous Buffières. — Testament d'Antoine d'Esthy (de Thy), écuyer, s$^r$ de Milly. Lègue 500 liv. t$^s$ à chacun de ses enfans, Hugues, Jean, Henriette, Louise, Marie, Véronique et Coronne d'Esthy. Institue son hérit. univ. d$^{lle}$ Renée de Colonges, sa femme. — J. Prevost, not. royal. — (Berzé, 58, cop. coll. pap.)

**982.** 1638, 27 oct. — Quittance de la taxe du ban pour noble Antoine de Thy, escuyer, s$^r$ de Milly. — (Berzé, *Invent.*, xviii$^e$ s.)

**983.** 1644, 28 janv. — « Procuration passée par dame Renée de Colonges, veuve de noble Antoine de Thy, escuyer, sgr de Milly, à noble Claude de Colonges aux fins de traiter avec Hugues de Thy, son fils. Signé Bonnetain, no$^{re}$, orig. en pap. » — (*Ibid.*)

**984.** 1644, 31 janv., St-Julien en Mâconnais. — Contrat de mariage entre Hugues de Thy, écuyer, sgr de Curtil, fils d'Antoine de Thy, vivant écuyer sgr dud. Curtil, et de damoiselle Renée de Colonges, et d^lle Antoinette Geoffroy, fille de feu Claude, écuyer, sgr de Civry, et de dam^lle Louise de Naturel. Présents : Guyot, de Thy, écuyer, sgr de Milly... — Favre, not. royal. — (Berzé, 58, cop. coll.)

**985.** 1646, 24 mars, Paris. — Arrêt du parlement pour messire Charles de Milly, s^r Duplessis, et Charlotte de la Fontaine, sa femme, comme étant aux droits de J. du Tillet, greffier-chef du Parlement, — contre Louis de Pernes, s^r de Rochefort, et Charlotte de la Fontaine, sa femme, veuve du s^r Duplessis, et Jeanne de Milly, damoiselle héritière du feu s^r Duplessis, son frère. — (*Pièc., orig.*, Milly, 40.)

**986.** 1654, 8 fév. — Commission de capitaine au rég. de la Feuillade pour M^r de Milly Saint-Omer, signée Louis, et plus bas Le Tellier. — (Berzé, 15, parch. scellé du gr. sceau de cire jaune.)

**987.** 1654, 16 fév., Paris. — Installation du « capitaine Milly Saint-Omer dans la charge d'une comp. au rég. de la Feuillade », par le duc d'Espernon. Signé : Bernard de Foix et de la Vallette,

— et plus bas Symony. — (Berzé, orig. parch. non coté.)

**988.** 1654. — Guyot de Thy fait don. des terres de Milly et d'Arbuissonnas à Hugues de Thy, écuyer, sgr de Curtil, son cousin-germain. — (Chérin, *Thy*.)

**989.** 1656. — Louis de Milly, capitaine au rég. de la Feuillade, est tué au siège de Valenciennes — (*Impôt du sang*, II, 252.)

**990.** 1666, 15 nov. — « Testament de dem[lle] Antoinette Geoffroy, femme de Hugues de Thy, escuyer, sg. du Curtil, par lequel elle institue pour héritier son mary. Signé Leonde. Expéd. en pap. » — (Berzé, *Invent.*, XVIIIe s.)

**991.** 1667, 27 sept. — Jugement de Fr. Dugué, intendant de Lyon, portant maintenue de noblesse pour Guyot de Thy, écuyer, ci-devant sgr de Milly et d'Arbuissonnas, âgé de 77 ans, dem. à Beaujeu, portant *d'argent à 3 lyons de gueules, dont l'un tient une fleur de lys en sa patte droite*; « il appert qu'il est issu de noble Guillaume de Thy et de dam[lle] Péronne de Chavagnieux, qui eurent pour fils Léonnet de Thy, qui épousa Françoise de Servisac, qui eurent pour fils Claude de Thy, qui épousa dam^lle Marie de la Porte, qui ont eu pour fils led. Guyot de Thy... Nous intendant et commissaire susdit, avons déclaré led. Guyot de Thy noble issu d'anc. et noble race... » — (Berzé, 58, cop. coll.)

**992.** 1670, 31 mai. — Antoine de Milly, lieutenant réformé à la suite de la compagnie de Chillac, donne quitt. de ses gages du mois (20 livres en louis d'argent) au trésorier de l'extraord. des guerres. — (*Pièc. orig.*, Milly, 41.)

**993.** 1672. — Jacques de Thy et Louis-François de Thy, lieutenant au rég. de Doucet cav., frères, sont tués dans la guerre de Hollande. — (*Impôt du sang*, III, 337.)

**994.** 1672, 6 août. — Messire François de Milly, chev., sgr de Monceaux, la Neufville sur Oudeuil, Houssoye lès Milly et a. l., et dame Françoise de Trécesson, sa femme, vendent à M^r M^e Isaac de Malinguehen, sgr de Douy, lieut. général du baill. de Beauvais, la s^e de 80 liv. t^s de rente. — (Berzé, 87, parch.)

**995.** 1677, 12 mars, Curtil. — Testament de Hugues de Thy, écuyer, sgr de Curtil et Milly. Lègue à messires Claude, prêtre, Antoine, capitaine au rég. du Plessis-Bellièvre, Guichard, lieut. aud. régiment, Jean et Louis de Thy, au cas qu'il « revienne de l'armée où il est dèz longtemps », et à damoiselles Henriette et Véronique, tous ses enfans et de feu dam$^{lle}$ Antoinette Geoffray, sa femme. Institue son héritier univ. messire François de Thy, s$^r$ des Francs, son fils aîné. — Bonnetain, not. royal. — (Berzé, 58, cop. coll.)

**996.** 1677. — François de Thy, chev., sgr de Milly et de Curtil, capitaine au rég. du Plessis-Bellière inf. — (Chérin, *Thy*.)

**997.** 1677, 5 avril. — Sentence des Élus généraux des États de Bourgogne, par laquelle François de Thy, écuyer, fils de feu Hugues, sgr de Milly, est renvoyé « de l'assignation à luy donnée, attendu sa noblesse ». — (Berzé, 58, ext. coll. signé Rigoley.)

**998.** 1677, 4 mai, Mâcon. — Maistre Claude de Thy, prêtre du dioc. de Mâcon, est pourvu de la cure de Curtil. — (Berzé, Lettres orig. de coll. scellées, non coté.)

**999.** 1678. — Guichard de Thy, lieutenant au rég. du Plessis-Bellière inf., exerce le recrutement à Massilly. — (Arch. de Saône-et-Loire, B. 1283.)

**1000.** 1680, 16 août. — Lettres de page de S. A. S. le Grand Maître de l'Ordre de Malte, pour noble Louis-Enguerrand de Milly, fils de noble François et de dame Françoise de Trécesson de Carné. — (Berzé, *Invent.*, xviiie s.)

**1001.** 1680, 5 sept., Paris. — Le chev. de Forbin, capitaine-lieutenant de la prem. compagnie de Mousquetaires à cheval de la Garde du Roi et maréchal des camps et armées de S. M., certifie que le sr de Milly, mousquetaire de lad. comp., a servi depuis le 12 déc. 1677 jusqu'à présent, et lui délivre son congé. — *Au dos :* « Congé accordé au Vicomte de Milly. » — (Berzé, orig. pap., non coté.)

**1002.** — « *Mémoire pour Mr le prieur de Milly* :…. En l'année 1683, le 3 fév., messire Jean Dethy, pour lors lieut. d'un bataillon au rég. de Normandie, fit son testament par devant De paris, not. royal, [par] lequel, après avoir légué à messires Claude et Anthoine Dethy et à damoiselle Véronique de Thy, ses frères et sœur, à chacun une se de 500 l., il fait son héritier Mre Guichard de Thy, aussi son frère. » Mentionne Mre François de Thy, aussi son frère et tuteur. « En avril 1702, led. Mre Jean Dethy decedda au service…. Quelque temps après, led. Mre Guichard Dethy decedda aussi au service et laissa pour son hér. M^re François Dethy, son frère... » — (*Ibid*).

**1003.** 1684, 27 juin, Versailles. — Commission de capitaine au rég. d'infanterie de la Chastre pour « le cappitaine Milly », signée Louis, et plus bas Le Tellier. — *Au dos*: « Pour le vicomte de Milly. » — (Berzé, 58, orig. parch. sceau perdu.)

**1004.** 1686. — Adélaïde de Milly, de Picardie, est reçue dans la maison Royale de S^t-Louis, à Saint-Cyr. — (C^te de Riocour, *Liste des filles demoiselles reçues à S. Cyr*, p. 6.)

**1005.** 1689, 11 janv., Claveisolles. — Contrat de mariage entre « Anthoine de Thil, écuyer chevallier, capitaine au rég. du Plessis-Bellièvre », et damoiselle Renée de Viry Claveison, fille de feu J.-Claude de Viry, écuyer, sgr de Claveison, et de dame Anne de Colombet. — Poyet, not. royal. — (Berzé, 58, extr. coll.)

**1006.** 1689 et 1693. — François de Thy, chev., sgr de Milly et de Curtil, anc. capitaine au rég. du Plessis Bellière inf., sert à l'arr.-ban de la Nobl. du Mâconnais. — (Chérin, *Thy*.)

**1007.** 1691, 27 fév., Versailles. — Commission

de capitaine au rég. de Toulouse inf., pour « le capitaine Milly » (Louis Enguerrand, tué à Steinkerque), signé Louis, et plus bas Le Tellier. — (Berzé, 89, orig. parch. Sceau perdu.)

**1008.** 1692, 21 oct., au camp de Saubernheim. — Congé absolu donné par le s$^r$ du Mesnil-Grand-pré, lieut.-colonel au rég. de Souternon cav., au s$^r$ de Milli, cavalier dans sa compagnie. — (Berzé, orig. pap., non coté.)

**1009.** 1692, 13 d., Versailles. — Louis XIV accorde à Marie-Anne-Françoise de Milly une place de religieuse de chœur en l'abb. royale du Paraclet, dioc. d'Amiens. — (Berzé, 17, orig. parch.)

**1010.** 1693-1697. — « Six quittances de ban pour Antoine de Thil, chevalier, sgr du Curtil et Claveyson. » — (Berzé, *Invent.*, XVIII$^e$ s.)

**1011.** 1694, 24 mai, Versailles. — Brevet de cornette dans la comp. de Vivens, au rég. de dragons de Rannes, pour le s$^r$ de Milli, signé Louis, et p. b. Le Tellier. — (Berzé, orig. parch. non coté.)

**1012.** 1695, 17 mai, Versailles. — Lettres de dispense de servir au ban et arrière-ban pendant la présente année, pour le s^r de Milly, signées Louis, et p. b. Le Tellier. — (Berzé, 125, orig. pap.)

**1013.** 1696, 22 mars. — « Aveu et dénombr. de la maison de Claveyson par Antoine de Thil, chevalier, mari de Renée de Viry, dame dud. Claveyson. » — (Berzé, *Invent.*, xviii^e s.)

**1013²**. 1696, 24 août, au camp de Dimpstein. — Congé donné par le maréchal de Choiseul au s^r de Milli, cornette de dragons dans le rég. de Ranes, pour aller rétablir sa santé aux eaux de Plombières. — (Berzé, orig. pap., scellé aux armes de Choiseul, non coté.)

**1014.** 1697. — « Antoine Dutil, escuyer, sgr de Cnrtil et de Claveison, porte *d'arg. à 3 lyons de gueulles, celuy du canton dextre soutenant de sa pate une fleur de lis d'or.* Renée de Viry, femme dudit Antoine du Til, porte *de sable à une croix ancrée chargée en cœur d'un carreau de sable.* » (Cab. des titres, *Armor. général*, Lyon, p. 214-215.) — « François d'Ety, sgr d'Emilly, porte *d'arg. à 3 lyons de g., le premier supportant de sa patte dextre une fleur de lis d'azur.* » (*Ibid.*, Bourgogne, p. 116.)

**1015.** 1698, 26 fév. — Jugement de maintenue de noblesse rendu par l'intendant de Bourgogne en faveur de François de Thy, écuyer, sgr de Milly et Curtil, « descendu de Guillaume de Thy de Milly, qui étoit son trisayeul... Lyonnet de Thy, écuyer, fils dud. Guillaume, étoit son bisayeul... Lyonnet eut Antoine de Thy, écuyer, qui étoit son ayeul... Hugues de Thy, écuyer, fils d'Antoine, étoit son père, qui a laissé, outre le deffendeur, Claude, Antoine, Guichard, Jean et Louis de Thy... Guyot de Thy, écuyer, s$^r$ de Milly, seigneur d'Arbuissonnas, cousin germain du père du deffendeur, ayant été assigné pour même fait, fut renvoyé en 1667 par M$^r$ Dugué, pour lors intendant de Lyon. » — (Berzé, n° 58, cop. coll. — Chérin, en mentionnant ce jug$^t$ note que François de Thy mourut « sans postérité de Huguette de Villards ».)

**1016.** 1704, 19 mars, chât. de Clavéyson, en Claveysolles. — Testament de M$^{re}$ Hugues-Antoine Dethy, chevalier, sgr de Curtil et Claveyson ; donne la jouissance de tous ses biens à dame Renée de Viry, sa femme ; lègue à Alexandre, Claude-Louis, Antoine, Huguette-Françoise et Marie-Huguette Dethy, ses fils et filles ; institue pour son héritier univ. led Alexandre, son fils aîné. — Dumont, not. royal. — (Berzé, expéd. coll. pap. non coté. — Chérin dit que le testateur mourut avant le 28 juin 1711 ; qn'Antoine, son 3ᵉ fils, fut grand cellerier du chapitre noble de Savigny en Lyonnais ; que Huguette fut mariée à J.-Louis de Chambes, chev., sgr de Givry.)

**1017.** 1706, 5 oct., La Neuville-sire-Bernard, dioc. d'Amiens. — Inhum. de Marguerite-Antoinette Dornelle, épouse de Monsʳ De Milly, sgr de Sᵗ-Omer, Milly, etc., âgée viron de 32 ans. *Au dos:* « A.-M. Dournel, fᵉ de Mʳᵉ Hyacinthe de Milly, chev., sgr de Monceaux. » — (Berzé, 35, extr. certifié par le vic. général d'Amiens.)

**1018.** 1711, 28 juin. — Testament de dame Renée de Viry ; lègue à Alexandre, Claude-Louis et Antoine, ses fils ; institue pour son hér. univ. Antoine de Thy, chev., sgr du Curtil et de Claveyson, son mari, à la charge de remettre l'hoirie à l'aîné de ses fils. — Brac, not. royal. — (Berzé, *Invent.*, xviiiᵉ s.)

**1019.** 1723, 23 n., chât. de la Bruyère, en Sᵗ-Bonnet des Bruyères. — Contrat de mariage entre Mʳᵉ Louis-Claude de Thy, chev., fils de feu Mʳᵉ Antoine de Thy, chev., sgr de Clavaizon, et de dame Renée de Viry, et damoizelle Jeanne-Louise de Brosse de la Bruyère, fille de Lazare de Brosse, chev., sgr de la Bruyère, et de la dame M.-Angélique Dumont de Borde. Présents : Hauts et puiss. sgrs M^re Claude de Brosse, baron de Chavane, M^re Alexandre de Thy, chev., sgr de Clavaizon, frère... — Cortambert, not. royal. — (Berzé, n° 56, expéd. orig. — Chérin relate que de cette alliance vinrent : 1° Nicolas ; 2° Antoine-François, gentilh. de la chambre et aide-de-camp du prince de Wurtemberg ; 3°-4° Jeanne-Marie, Brigitte-Claudine, religieuses de Marcigny ; 5° Françoise, dame d'honneur de la Princesse de Saxe-Cobourg, mariée à Jacques-Sigismond, baron de Roll, gr. maître de la cour de Bade-Rodstat.)

**1020.** 1724, 12 sept. — Contrat de mariage entre Alexandre de Thy, chev., sgr de Curtil, Claveison et Thoirias, lieut. au rég. de Toulouse cav. et Christine de la Fage, fille de Victor-Amédée, chev., sgr de Vaux-sous-Targes. — (Berzé; *Invent.* XVIII^e s. — Chérin relate que de cette all. vinrent : 1° Philibert-Joseph ; 2° Alexandre, capitaine des vaisseaux du Roi en 1779 ; 3° Nicolas, mort capitaine au rég. d'Aquitaine ; 4° Ponthus, aumônier du chapitre noble de Savigny ; 5° Jean-Louis, capitaine au dit rég., chev. de S.-Louis ; 6°-9° quatre filles, dont une chanoinesse de Leigneux en 1761, et une autre mariée à M^r de Damas, lieut.-colonel de cav.)

**1021.** 1729, 18 fév. — « Enregistrement au greffe de l'élection de Villefranche des titres de noblesse de Claude-Louis de Thy de Milly, chevalier, sgr de la Bruyère. » — (Berzé, *Invent.*, XVIII$^e$ s.)

**1022.** 1730, 14 mars, Dompierre en Mâconnais. — Testament de M$^e$ Claude-Louis de Thi, écuyer, prêtre prieur de Milli, s$^r$ de Neureulx, paroisse de Montmelard; lègue à Marie de Thi, sa nièce, et à Pierre de Thi, s$^r$ de la Vernée; institue pour son hér. univ. Véronique de Thi, sa sœur, à qui il donne « tous ses biens qu'il s'est réservés par le contrat de mar. de M$^{re}$ Claude-Louis de Thi de Milli, son neveu, avec dame J.-L. de Brosse de la Bruyère. » — Cortambert, not. royal. — (Berzé, expéd. coll., non coté.)

**1023.** 1732, 5 fév. — Décès, « à Nurus, par. de Montmelard, » de M$^e$ Claude-Louis Dethy, prestre. — (Berzé, *Invent.*)

**1024.** 1740, 25 janv. — Don. entre vifs faite par Lazare de Brosse, chev., sgr de la Bruyère, à dame J.-L. de Brosse, sa fille, épouse de M$^{re}$ Claude-Louis Desthy, chev. — (Berzé, 17, orig. parch.)

**1025.** 1750, 12 août. — Preuves de noblesse

de Marguerite-Jeanne de Milly de Thy, née le 13 sept. 1729, fille de Claude-Louis et de J.-L. de Brosse de la Bruyère, pour être reçue au nombre des dames du prieuré de la S. Trinité de Marcigny; dressées par Claude-Louis Verchère de Reffie, avocat en parl., juge ord. de la ville de Marcigny : « ... Plus, le contract de mariage de Remond de Milly avec d^lle Isabeau de Thy, dans lequel il procède de l'autorité de Jacques de Milly, son père; dans ce contrat, autre Jacques de Milly, grand maître de l'île de Rode, est intervenu pour faire un présent aud. Remond, son neveu... » — (Berzé, 17, orig. pap.)

**1026.** 1752, 12 oct., chât. de Nurux. — Testam. olographe de Claude-Louis de Milly de Thy, chev., sgr de la Bruyère ; lègue à dame J.-L. de Brosse, sa femme, l'usufruit de tous ses biens ; legs, « à son fils le chevalier, nommé Antoine-François de Milly » ; à Brigide-Claudine, Nicole-Véronique, Françoise de Milly, et dame Jeanne-Marie de Milly, dame à l'abb. de Merssigny ; institue pour son héritier univ. M^re Nicolas de Milly, lieut. au rég. de Condé cav. *Signé* : « Milly de Thy. » — Charles, not. royal à Cluny. — (Berzé, 69, extr. coll. pap.)

**1027.** 1756, 7 août. — Alexandre de Thy, seigneur de Thoiriat et a. l., et dame Christine de la Fage, sa femme, font donation de tous leurs biens à Philibert-Joseph de Thy de Thoiriat, leur fils aîné. — (Arch. de la Côte-d'Or, série B. Chambre des comptes, n° 11099.)

**1028.** De 1756 à 1760. — Sept lettres signées Louis-Joseph de Bourbon (Prince de Condé) et adressées « à M$^r$ de Milly. » — (Berzé, orig., non coté.)

**1029.** 1757. — Le s$^r$ de Milly, capitaine au rég. de Mailly, est blessé à la bat. de Rosbach. — (*Impôt du sang*, II, 252.)

**1030.** 1757, 17 av., Cluny. — Donation entre vifs faite par les mariés Emilian Durand et Claudine Mazille, dem. à Cluny, « à haut et puissant seigneur messire Claude-Louis de Milly D'esthy, chevaillier, sgr de la Bruiere en Beaujollois, Nurux et capitaine comm$^t$ la ville de Cluny, et à dame dame Jeanne-Louise de Brosse de la Bruière, son épouze. » — (Berzé, orig. parch.)

**1031.** 1757, mai, Mâcon. — Lettre de M$^r$ de Lamartine, ayant obtenu l'agrément du Roi pour la place d'Elu de la Noblesse du Mâconnais, il sollicite le suffrage du comte de Milly. *Signé* : Lamartine. — (Berzé, orig., non coté.)

**1032.** 1758. — « Jean-Louis-Ponthus de Thy de Milly, chev. de St-Louis et capitaine au rég. d'Aquitaine, blessé de deux coups de feu, un à une jambe à Creweldt, en 1758, et l'autre à un bras à la journée de Wilhelmstadt, le 24 août 1762. » — (*Impôt du sang*, III, 337.)

**1033.** 1758, 15 déc. — « Commission de mestre de camp au rég. de Coigny dragons, pour Nicolas, comte de Thy de Milly. — (Berzé, *Invent.*, XVIII$^e$ s.)

**1034.** 1759, 20 août, Cluny. — Françoise Grillet, bourgeoise de Cluny, veuve de Claude Carré, officier en la Connétablie de France, vend divers fonds à haut et puissant messire Claude-Louis Milly de Thy, chev., sgr de la Bruyère, Nurux et autres places, et à dame Jeanne-Louise de Brosse, sa femme. — Pennet, not. — (Berzé, orig. parch., non coté.)

**1035.** 1759, 28 oct., Versailles. — Commission de capitaine au rég. de Condé cav., pour le s$^r$ Nicolas, comte de Milly de Thy, lieutenant dans led. régiment, signée Louis, et p. b. Boyer. — (*Ibid.*)

**1036.** 1760, 6 juil., Versailles. — Louis XV écrit « à Mons. Nicolas, comte de Milly, capitaine dans le rég. de cav. de Condé, » qu'il l'associe à l'Ordre Mil. de St-Louis et commet le Prince de Condé pour l'y recevoir. *Signé* Louis, et p. b. Boyer. — (Berzé, 9, orig. pap.)

**1037.** 1760, 19 juil., au camp de Corbach. — Le prince de Condé certifie avoir reçu chev. de l'Ordre de St-Louis le s$^r$ Nicolas, comte de Milly. *Signé* : Louis-Joseph de Bourbon, et p. b. Roullin. — (*Ibid.*)

**1038.** 1760, 29 oct., au cantonnement d'Oberniesa. — Les major et capitaine du rég. de cav. de Condé certifient que « notre cher et estimable camarade le s$^r$ Nicolas, comte de Milly de Thy, cap. aud. rég., a servi pendant 18 ans et 9 mois dans led. rég. avec toute la valeur, la bonne conduite et la distinction possibles, » et qu'il emporte les regrets de tous en le quittant. — (*Ibid.*)

**1039.** 1760, 30 oct., Cassel. — Même certificat du Prince de Condé, dont le comte de Milly a été l'aide-de-camp dans les campagnes de 1758 et 1759. — (*Ibid.*)

**1040.** 1760, 1$^{er}$ nov., Oberniesa. — Même certificat du chev. de la Guiche, mestre-de-camp commt du rég. de cav. de Condé, qui atteste aussi que le comte de Milly de Thy a fait la campagne de 1757 comme aide-de-camp du comte de Saint-Germain, lieut. général des armées de S. M. — (Berzé, 65, orig. pap.)

**1041.** 1760, 20 déc., Dusseldorf. — Le marquis de Castries, lieut. général des armées et mestre-de-camp gén. de la cav. légère, ordonne de reconnaître pour capitaine au rég. de cav. de Condé Mr le comte de Milly, nommé par lettres-pat. du Roi signées Louis, et p. b. Le Maréchal de Belleisle. — (Berzé, non coté.)

**1042.** 1761. — N... de Thy, dit le chev. de Milly, capitaine au rég. d'Aquitaine, est tué dans la Hesse au service du Roi. — (*Impôt du sang*, III, 337.)

**1043.** 1761, 9 janv. — Mr de Laval, commandant le vaisseau du roi le *Lion*, certifie que le chevalier de Milly a servi avec distinction et qu'il est à même de faire un bon officier. — (Berzé, *Invent.*)

**1044.** 1761, 5 fév. — Brevet de major au service du Duc régnant de Wurtemberg, pour le comte de Milly. — (*Ibid.*)

**1045.** 1761, 16 mars, Stuttgard. — Brevet d'adjudant général et de lieutenant colonel en pied dans le corps d'armée de S. A. S. Mgr le Duc régnant de Wurtemberg, pour Nicolas, comte de Milly de Thy. — (Berzé, orig. parch. scellé, non coté.)

**1046.** 1761, 1$^{er}$ août. — Diplôme de Chambellan actuel du Duc régnant de Wurtemberg, pour Nicolas de Thy, comte de Milly. — (Berzé, *Invent.*)

**1047.** 1761, 16 sept., Louisbourg. — Lettre de Charles, duc de Wurtemberg, informant le comte de Milly, son aide-de-camp général, qu'à sa recommand$^n$ il donne à son frère la charge d'aide-de-camp avec le grade de capitaine et l'état de gentilhomme de chambre. — (Berzé, orig. non coté.)

**1048.** 1761, 2 oct., Toulon. — Certif. de valeur et bonne conduite délivré au s$^r$ chevalier de Milly, garde de la marine depuis le 9 août 1756, par M$^{re}$ de Carné de Marcein, cap. des vaisseaux du Roi, ch$^{er}$ de St-Louis, comm$^t$ les gardes de la marine. — (Berzé, orig. pap. scellé, non coté.)

**1049.** 1761, 3 oct. — Même certif. de M. d'Abon, capit. des vaisseaux du Roi au dép$^t$ de Toulon, qui

certifie en outre que le chev. de Milly a fait avec
distinction une campagne de dix mois sur le vaisseau *Le Sage*, en 1757. — (*Ibid.*)

**1050.** 1761, 10 oct. — M^r de Sabran, cap. des vaisseaux du Roi, certifie que le chevalier de Milly, garde de la marine, a servi sous ses ordres sur le vaisseau du Roi le *Centaure* et qu'il y a donné les preuves de la valeur la plus distinguée, notamment au combat du 17 août 1759, qu'ils ont soutenu pendant l'espace de sept heures contre toute l'escadre anglaise, composée de 14 vaisseaux et commandée par l'amiral Rosenwert. — (Berzé, *Invent.*)

**1051.** 1762, 6 avril, Versailles. — Le Roi permet au chev. de Milly, garde de la marine, de se retirer du service, où il s'est conduit à la satisfaction de S. M. *Signé* Louis et p. b. Le Duc de Choiseul. — (Berzé, orig. pap. scellé, non coté.)

**1052.** 1761, 14 oct., Versailles. — Le Duc de Choiseul informe le comte de Milly que le Roi lui permet d'accepter les emplois que le Duc de Wurtemberg lui offre à son service. — (*Ibid.*)

**1053.** 1762, 24 juin. — Le s^r de Milly, capitaine au rég. d'Aquitaine, est blessé et fait prisonnier dans un combat près de Cassel. — (*Impôt du sang*, II, 252.)

**1054.** 1763, 1er fév., Stuttgard. — Lettre de S. A. S. le duc de Wurtemberg au sujet de la promotion militaire où le comte de Milly devait être fait colonel en pied. — (Berzé, orig. non coté.)

**1055.** 1763, 11 fév., Stuttgard. — Brevet de colonel en pied dans l'armée de S. A. S. le duc régnant de Wurtemberg, pour le Sr Nicolas, comte de Milly de Thy, lieutenant colonel, adjudant général et chambellan actuel. — (*Ibid.*)

**1056.** 1764, 5 nov., Cluny. — Contrat de mariage entre haut et puissant sgr Nicolas, comte d'Ethy de Milly, Chambellan actuel, colonel en pied et adjudant général de S. A. S. Mgr le Prince régnant, Duc de Wurtemberg et de Teck, chevalier des Ordres de Brandebourg, Baireuth, et de l'O. R. et Mil. de St-Louis, sgr de la Bruyère, fils de feu Messire Claude-Louis d'Ethy de Milly, chev., sgr de la Bruyère, Neureux et a. l., et de dame madame Jeanne-Louise de Brosse, — et demoiselle Marie — Suzanne Berthelon de Brosse, en présence de noble et relig. personne Mre Alexandre-Antoine d'Ethy de Milly, celerier major du noble chapitre de Savigny en Lyonnois, oncle du futur époux. — (Berzé, cop. coll. pap. non cotée.)

**1057.** 1764, 8 nov., Ludwigsburg. — Le duc de Wurtemberg autorise le comte de Milly, son colonel et aide-de-camp général, à se marier. — (Berzé, orig. pap. non coté.)

**1058.** 1768, 17 janv., Munich. — Lettre de S. A. S. Joseph, Évêque d'Augsbourg, Landgrave de Hesse, confirmant au comte de Milly la promesse d'une compagnie. — (Berzé, *Invent.*)

**1059.** 1769, 10 déc. — Lettres de congé et retraite accordés à Messire Nicolas de Thy, comte de Milly, par le Duc de Wurtemberg. — *(Ibid.)*

**1060.** 1770, 22 déc. — Le secrétaire d'État au dép$^t$ de la Maison du Roi informe le comte de Milly que S. M. lui a conféré l'emploi de 1$^{er}$ lieutenant français de la Compagnie des Suisses de la Garde de S. A. R. Mgr le Comte de Provence, petit-fils de S. M. — *(Ibid.)*

**1061.** 1770. — Deux lettres de S. A. S. le prince de Conti au comte de Milly, le remerciant de services rendus. — (Berzé, orig.)

**1062.** 1771, 26 janv. — Retenue de lieutenant français de la Comp. des Suisses de Mgr le Comte de Provence, pour le s$^r$ Nicolas-Christierne, comte de Milly, capitaine de cav. *Signé* Louis, et p. b. Phelippeaux. — (Berzé, 21, orig. parch. scellé.)

**1063.** 1771, 15 mars. — Quitt. de la somme de 20,000 livres pour la finance de la charge de 1$^{er}$ lieutenant français de la comp. des Suisses de la Garde de S. A. R. Mgr le comte de Provence, délivrée par M$^r$ Papillon de la Ferté au comte de Milly. — (Berzé, *Invent*.)

**1064.** 1772, 31 mars. — Lettre de M$^r$ Bertin, relative à un *Mémoire* du comte de Milly, prem. lieutenant des Gardes-du-Corps de Mgr le comte de Provence, sur la fabrication de la porcelaine de Saxe. — (*Ibid.*)

**1065.** 1771, 4 nov., Paris. — Commission de lieutenant des Maréchaux de France à Montbard, pour Nic.-Christian, comte de Milly et de Thy, sgr de Bruyères, chev. de St-Louis, prem. lieutenant des Gardes de Mgr le comte de Provence, signée : Le M$^l$ de Tonnerre. — (Berzé, orig. parch. scellé, non coté.)

**1066.** 1772, 15 déc., Versailles. — Le s^r Nicolas, comte de Milly de Thy, lieut. de la comp. Suisse de la Garde de Mgr le comte de Provence, tiendra rang de mestre-de-camp de dragons. Brevet signé Louis; par le Roi, Monteynard. — (Berzé, 23, orig. parch. Sceau perdu.)

**1067.** 1773, 7 fév. — Lettre du Margrave de Brandebourg Anspach, à laquelle sont joints deux décrets par lesquels S. A. S. nomme son chambellan le comte de Milly, et lui accorde une pension de 500 florins. — (Berzé, *Invent.*)

**1068.** — La cour de Bayreuth notifie au comte de Milly la mort de S. A. S. Mgr le Margrave de Brandebourg, beau-frère de S. M. le Roi de Prusse et Grand-Maître de l'Ordre de l'Aigle Rouge, dont le comte de Milly est dignitaire. — (*Ibid.*)

**1069.** 1774, 28 juil. — Diplôme de membre honoraire non résidant de l'Académie des Sciences, Arts et Belles-Lettres de Dijon, pour M. le comte de Milli, colonel de Dragons, etc. *Signé* Brosses, Maret, secr. perpétuel. — (Berzé, orig. parch.)

**1070.** 1775, 20 avril. — Brevet par lequel sont conservés au comte de Milly le titre et les honneurs de la charge de prem. lieutenant français des Suisses de la Garde de S. A. R. Monsieur, frère du Roi. — (Berzé, *Invent.*)

**1071.** 1775, 5 juin. — M$^r$ Milly de la Croix, écuyer, est nommé chevalier du St-Sépulcre. — (C$^{te}$ Allemand, *Précis hist. de l'Ordre du S. Sép. de Jérus.*, p. 171.)

**1072.** 1775, 7 nov., Fontainebleau. — Passeport pour le comte de Milly, mestre de camp de dragons, allant en Italie et en Espagne, signé Louis, *par le Roy* Saint-Germain, 1. g. — (Berzé, 25, orig. pap. scellé.)

**1073.** 1776, 24 fév., Paris. — Lettre du duc de Wurtemberg au comte de Milly, à qui il envoie une pièce qu'il lui avait promise, ce même jour. — (Berzé, orig. non coté.)

**1074.** 1776, 5 mars, Londres. — Le duc de Wurtemberg prie le comte de Milly, membre de l'Acad. des Sciences, de lui communiquer ce qui paraîtra d'intéressant en France. — (*Ibid.*)

**1075.** 1776, 15 août. — Diplôme de membre de l'Académie *Matritensis*, conféré au comte de

Milly, membre de l'Académie Royale des Sciences de Paris. — (Berzé, orig. parch. scellé.)

**1076.** 1778, 9 mars. — Lettre du Roi de Prusse au comte de Milly, l'assurant de toute son estime. — (Berzé, orig. non coté.)

**1077.** 1778, 7 mai. — Requête en reprise de fief de la terre et sgrie de Thoiriat, présentée à la Chambre des Comptes de Dijon par Philibert-Joseph de Thy de Thoiriat. — (Arch. de la Côte-d'Or, B. Ch. des comptes, n° 11099.)

**1078.** 1779, 21 sept., Hohenheim. — Le Duc de Wurtemberg informe le comte de Milly qu'à sa recommandation il recevra dans son Académie Militaire de Stuttgard le fils unique du comte de Chamisso. — (Berzé, orig. non coté.)

**1079.** Sans date. — Lettre du Baron de Poëllnitz, grand chambellan, annonçant au comte de Milly qu'il lui envoie la clef de Chambellan de son S$^{me}$ maître. — (*Ibid.*)

**1080.** 1781, 16 juin, Haarlem. — Diplôme de membre de la Société Hollandaise des Sciences, pour le comte de Milly. — (Berzé, 45, orig. parch. scellé.)

**1081.** 1782, 9 avril. — Alexandre-Hugues de Thy, chev. de St-Louis, capitaine des vaisseaux du Roi, chef de division et comm$^t$ la 6$^e$ escadre, est atteint de 4 contusions à bord du *Citoyen*, qu'il commande dans le combat du comte de Grasse contre l'amiral Rodney. — (*Impôt du sang*, III, 337.)

**1082.** 1784, 8 mai. — Le duc de la Rochefoucauld atteste que le comte de Milly est membre de l'Académie Royale des Sciences, en qualité d'associé libre. — (Berzé, *Invent.*)

**1083.** 1784. — « Le comte de Milly, chev. de St-Louis, lieut. avec les honneurs et le service des Gardes Suisses de Monsieur. — M. de Milly, lieut. des Mar. de France à Mâcon. — Jean-Louis-Pontus Dethy de Milly, né à Mâcon le 15 déc. 1736 : enseigne au rég. d'Aquitaine, 1$^{er}$ déc. 1755 ; lieut., 1$^{er}$ nov. 1756 ; capit., 8 avril 1761 ; chev. de St-Louis, blessé de 2 coups de feu à Crevestat en 1758 et à Wilhelmstadt en 1762. — Phil.-Josselin de Milly, né à St-Michel en Lorraine le 10 fév. 1744 ; volontaire au Royal-Barrois ; s.-lieut. au rég. de Foix, 6 mai 1760 : lieut., 1$^{er}$ juil. 1762 ; capit., 21 mai 1771. — M. de Milly, mar.-des-logis des Gardes du Roi, comp. de Beauvau, 17 mars 1782. »

— (Waroquier de Combles, *Tableau hist. de la nobl. milit.*, p. 248.)

**1084.** 1784. — Antoine-Louis de Thy est reçu chevalier de Malte. — (Saint-Allais, t. IV, part. II, p. 141.)

**1085.** 1784. — « Philibert-Joseph de Thy (fils d'Alexandre et de Christine de la Fage), chev., sgr de Thoirias, anc. off$^r$ au rég. de Penthièvre cav., élu de la Noblesse du Mâconnois, né le 29 nov. 1728, marié depuis 1777 avec Marie-Claude de Villers de la Faye, fille de Nicolas-Pierre, comte de Rousset, demande à avoir l'honneur de monter dans les carrosses du Roy. » — Même demande de la part de Nicolas, comte de Thy de Milly, mestre-de-camp de dragons, prem. lieutenant honoraire de la garde Suisse de Monsieur, Frère du Roi, et chev. de Saint-Louis, associé libre de l'Acad. des Sciences de Paris. — (Chérin, THY, *Honn. de la Cour.*)

**1086.** 1784. — Le comte de Thy est admis aux honneurs de la cour. — (Saint-Allais, II, 471. — M. Borel d'Hauterive ne mentionne pas le comte de Thy dans sa liste des familles admises ; ce fut la mort qui empêcha le comte Nicolas de Thy de Milly de monter dans les carrosses du Roi. Ses preuves paraissent avoir profité à son frère en 1785. Voy. ci-après le n° 1091, et l'*Ann. de la Nobl.*, VII, 314.)

**1087**. 1784, 13 sept., Chaillot. — Testament de haut et puissant sgr Nicolas-Christiern de Thy, chevalier, comte de Milly, prem. lieutenant hon. des Suisses de la Garde de Monsieur, Frère du Roy, chev. de l'O. R. et Mil. de Saint-Louis, mestre de camp de dragons, membre de l'Acad. Royale des Sciences, instituant pour son seul héritier et son légat. univ. le chevalier de Milly, son frère, et pour son exécuteur testam. M$^r$ Delaplace, son confrère de l'Acad. des Sciences. — (Berzé, orig. parch. non coté.)

**1088**. 1784, 19 sept., Chaillot. — Procès-verbal d'apposition, reconnoissance et levée de scellés après le décès de messire Nicolas-Christierne de Thy, comte de Milly, ch$^{er}$, mestre de camp de dragons, chev. de l'O. R. et Mil. de St-Louis et de l'Aigle Rouge de Brandebourg, membre de l'Acad. des Sciences de Paris, de Madrid, d'Erfurt, de Lyon, de Dijon, etc., décédé ce jourd'huy sur les 8 heures du matin au village de Chaillot lès Paris dans un appartement qu'il occupait en garni et qu'il tenoit du s$^r$ Marie, entrepreneur de bâtiment. — (Arch Nat., Y. 15395, orig. pap.)

**1089.** — Inventaire des biens dud. défunt. — (Arch. de Saône-et-Loire, B. 1320.)

**1090.** 1785. — Chapitre noble de Leigneux, dioc. de Lyon : «... N... de Thy... » — (Poncelin de la Roche-Tilhac, *État des Cours*, 1785, part. II, p. 40.)

**1091.** 1785, 2 avril. — Le comte de Thy (Antoine-François) est admis aux honneurs de la Cour. — (Saint-Allais, II, 472. — Il ne figure pas dans la liste précitée de M. Borel d'Hauterive.)

**1092.** 1786, 1$^{er}$ mai. — Mémoire en forme d'Inventaire des pièces et titres de Généalogie de la maison et du nom de Thil ou du Thy ou des Thy, orig. du Beaujollois, avec filiation suivie, en justification de son anc. extraction et noblesse, à nos sgrs de la Chambre des Comptes de Bourgogne, par Philibert-Joseph de Thy, chev., sgr de Thoirias. — (Arch. de la Côte-d'or : série B. Ch. des compt., n° 11099.)

**1093.** 1786, 20 avril-8 mai. — Aveu au Roi et dénombrement de la terre et sgrie de Thoirias par Philibert-Joseph de Thy, chev. — (*Ibid.*)

**1094.** 1787, 29 mars. — Mêmes aveu et dénombrement par « Monsieur Philibert-Joseph, comte de Thy, chev., sgr dud. Thoiriat et a. l., comme fils aîné de sa maison et en qualité de donnataire univ. de feu Messire Alexandre, comte de Thy, sgr desd. lieux, et dame Christine de la Fage, ses père et mère ». — (*Ibid.*)

**1095**. 1787. — Chanoinesses comtesses du chapitre de Coize, dioc. de Lyon : «... N... de Thy... » — (Poncelin de la R. T., *Etat des cours*, 1787, part. II, p. 25.)

**1096**. 1789. — Assemblée de la Nobl. du Forez: «... M$^r$ de Thy de Milly... » — (De la Tour Varan, *Armor. et généal. des fam. de St-Étienne*, p. 5.)

**1097**. 1789, 10 juin, Constantinople. — Dépêche du comte de Choiseul-Gouffier, amb$^r$ du Roi près la Sublime Porte, au comte de Montmorin, ministre des aff. étrangères : «... Je ne saurois donner trop d'éloges au zèle de M. le comte de Thy, commandant les forces du Roi en Levant, ainsi qu'à la vigilance des officiers qui sont sous ses ordres, particulièrement du comte de Ferrières, commandant la corvette *La Belette*... » — (Arch. des aff. Étrang., *Turquie*, 1789, n° 179, pièce 150.)

**1098**. 1794, 5 fév. — Contrat de mariage d'An-

-toine-François, comte de Milly, avec dame madame de Luzy de Couzan, ci-devant chanoinesse du chapitre de l'Ordre de Malte, ayant été forcée de se retirer par l'effet de la Révolution. — (Berzé, *Invent.*)

**1099.** 1795, 15 mai (26 floréal an 3). — Naissance de Louis-François-Chrétien, comte de Thy de Milly, marié le 13 mai 1815 avec d$^{lle}$ Marie-Eugénie Perrin de Précy, dont : Louis-Philippe-Erman, comte de Thy de Milly, né le 5 avril 1816, marié, le 5 septembre 1840, avec Joséphine Leschenault de Villarol, dont : 1° Louis-Jean-Baptiste-Gabriel, comte de Thy de Milly, ancien maire de Pouilly-sous-Charlieu, chevalier de l'Ordre Pontifical de St-Grégoire le Grand. 2° Marie-Louise-Philiberte de Thy de Milly, née en 1844, morte le 18 octobre 1859. — (Berzé, *Notes généal.*)

**1100.** V. 1809. — *Lettre de... au comte de Thy de Milly, son cousin-germain* : «... Les titres produits à M. Chérin pour entrer dans les carrosses du Roy et aller à la chasse avec luy, sont signés parfois *de Thilio*, de Til et de Thil. Votre grand-père et le mien ont changé ce nom en supprimant l. Antoine de Thil, notre grand-père commun, eut 3 fils ; l'aîné fut Alexandre, père de Philibert-Joseph et Alexandre, qui ont fait la représentation de 4 siècles. Le 2ᵉ fils d'Antoine de Thil eut 2 fils. L'aîné est mort sans postérité. Le 2ᵉ, Antoine-François, est père de Louis de Thil, âgé de 14 années.

« Le fils de Philibert-Joseph a 3 fils, nommés Pierre-Louis, Antoine-Louis et Philippe-Louis, tous cousins issus de germain, mêmes noms et mêmes armes ; ce qui forme deux branches de la tige de De Thy.

« La branche aînée est encore en possession de la croix que les sires de Thil ont rapportée des guerres que la Noblesse fit à Jérusalem, lorsque St Louis, roy de France, convoqua toute la Noblesse de luy accompagner defendre les Sts lieux ; c'est ce qu'on appelle le tems des croisades. Elle en veint chacun avec une croix passée à la boutonnière de leurs habits. Chose particulière, elle étoit passée avec un ruban bleu, qui existe tel que si il étoit neuf, dans une petite boule d'or. L'émaille a beaucoup remburnie, mais non où est reposé le bois de la vraie Croix que l'on voit par une glace que l'on ouvre par un ressort. La croix n'est guère plus large que celle de St-Louis... » — [1] (Berzé, orig. non coté.)

---

[1] Cette croix est actuellement en la possession de M. le vicomte Ludovic de Thy, marié à Mlle de Montmorillon.

1101. — « Bernard de Thy, chev., sgr de Corcelle, la Douze, le Thil, les Loges, etc., espousa Nicolette de Nagu. — *Autre branche.* Charles de Thy, chev., sgr du Clozet, à Champrenard, esp. Marg. de Faugère (ou Fougère). Léonet I$^{er}$, chev., sgr du Clos et Avenas, esp. Jeanne de Lugny. — Guillaume de Thy, fils de Remond, prit la qualité de messire et de noble ; il esp. Peronne de Chavagneux, 23$^e$ fév. 1523. Antoine, son premier fils, chev., sgr de Milly, esp. Isabeau Dodieux ; eut un frère chev. de S$^t$-Jean de Rhodes. — Léonet II, qualifié messire et escuyer, sgr de Corcelles, commanda l'arr.-ban du Beaujolois ; il esp. Françoise de Servissac, 1574 ; il fut frère d'Antoine et de François, ch$^{er}$ de Rhodes. — Claude, fils de Léonet, prit la qualité de noble et d'escuyer, sgr de Milly ; il esp. Marie de la Porte, 13 janv. 1598. Pierre de Thy, chev., sgr de Vaubresson ; esp. Sibille de Mazille. Guyot, fils de Claude, prit la qualité de sgr de Milly et des Loges ; il esp. Elisabeth Gau de Novian. — Antoine de Thy, escuyer, sgr des Oulières, fils cadet de Léonet, fut comte de S-Jean de Lyon et quitta sa comté pour aller à la guerre. Il fut guidon de la comp. de gensdarmes du baron de Termes. Il esp. Renée de Colonge (8 oct. 1612), dont il eut Curty, où il habita. Il eut 2 fils. Le cadet s'en alla, espousa la fortune à Venize où il commanda l'armée navale des Vénitiens, et mourut pendant le siège de Candie. Le second fut Hugue, qui prit la qual. de messire et chevalier, sgr de Milly et Curty ; il servit longtems en Allemagne dans l'armée suédoise, et ensuitte fut capitaine du rég. de cav. allemande de Beauvau. Il esp., 21 jan. 1644, Antoinette Geoffroy de Civry ; il en eut plusieurs enfans, dont 2 furent tués aux prem. guerres d'Holandes, en 1672. » — (Berzé, *Fragment de Notes Généal. sur la Maison de Milly de Thy*, mss. XVIIIe s. non coté.)

**1102.** — Continuation de la notice généalogique donnée par le s[r] de la Chenaye-Desbois : « 2e *branche*. Alexandre de Thy de Milly, sgr de Claveisolles et de Thoiras (Thoiriat), épousa Christine de la Fage-Péronne, baronne de St-Huruge, dont dix enfans. L'aîné, Philibert, comte de Thy de Milly (mort en 1817), ancien cornette au rég. de Penthièvre cav., épousa d[lle] de Villers la Faye, grand'mère de Pierre-Louis[1], Antoine-Louis[2] et

---

[1] « Mort sans enfans. »
[2] Mort en 1848, ayant épousé, 18 août 1818, Augustine-Henriette de Quercize, dont Jeanne-Louise de Milly de Thy, née 30 nov. 1819, mariée à Alfred de Comeau, et Louis-Henri, comte de Milly de Thy, né 30 avril 1823, marié le 23 sept. 1851 à Mathilde de Comeau, dont : 1° Ludovic-Augustin, vicomte de Milly de Thy, né 13 juin 1852, marié le 23 avril 1881 à Marie-Caroline-Joséphine de Montmorillon, dont : *a.* Louis-Emmanuel-Marie, né 6 juin 1882 ; *b.* Marie-Louise-Marguerite,

Philippe-Louis[1], établis aux environs d'Autun et ayant des enfans. — 3ᵉ *branche*. Claude-Louis de Thy de Milly, sgr de la Bruyère en Beaujolais, 2ᵉ fils d'Antoine et de Renée de Viry de Claveysolles, épousa, par contrat du 23 nov. 1723, Jeanne-Louise de Brosse de la Bruyère, dont 1º Nicolas, qui suit; 2º Antoine, dit le chᵉʳ de Milly; 3º, 4º et 5º Jeanne, Marg.-Claudine, Nicolette, religieuses à l'abb. de Marcigny; 6º Françoise-Brigitte, dame d'honneur de S. A. S. la Margrave de Brandebourg, mariée au comte de Liancourt.

« Nicolas de Milly de Thy, comte de Milly, lieut. au rég. de Condé cav. en 1742, aide-de-camp du Prince de Condé en 1750, chev. de Sᵗ-Louis et capitaine au dit rég. en 1759, colonel, adjudant général et premier Chambellan du duc régnant de Wurtemberg en 1763, prem. lieutenant de la Garde Suisse du Comte de Provence en 1770, chevalier grand-croix de l'Aigle Rouge de Brandebourg, lieut. des Maréchaux de France à Montbar et à Mâcon en 1771, mestre-de-camp du rég. de Coigny dragons en 1772, membre de l'Acad. des Sciences de Paris et des Acad. de Madrid, Erfurth, Lyon, Dijon, etc.,

---

née 13 août 1883; *c.* Louis-Alfred-Marie-Jean, né 25 nov. 1884; 2º N..., religieux; 3º la vicomtesse de la Celle; 4º la comtesse de Grivel.

[1] « Épousa, 1818, Victorine Espiart de Clamecy, dont 3 filles, mariées une à M. Masson, marquis d'Authume, les 2 autres à Messieurs de Thinceaux (Tinseau) frères. »

ayant fait en chimie plusieurs découvertes importantes, fit les preuves pour monter dans les carrosses du Roi et eut plusieurs fois cet honneur. Il mourut sans postérité, ayant épousé (*en blanc*), et institua son frère, le ch$^{er}$ de Milly, son légataire universel.

« François-Antoine de Milly de Thy, dit le ch$^{er}$ de Milly, 3$^e$ fils d'Antoine-Claude et de Jeanne-Louise de Brosse de la Bruyère, garde de la marine en 1756, major au service du duc de Wurtemberg en 1761, puis adjudant-général, chambellan du Margrave de Brandebourg-Anspach avec pension de 10,000 fr. en 1773, fut l'héritier univ. de son frère en 1784. Arrêté sous la Terreur, au moment où il s'apprêtait à rejoindre l'armée de Condé, il échappa miraculeusement à la faux révolutionnaire, et, le 6 fév. 1794, épousa dame Marthe-Catherine de Luzy-Couzan, chanoinesse de l'Ordre de Malte, fille de Balthazar de Luzy-Pélissac, marquis de Couzan, prem. baron du Forez, dont un fils qui suit.

« Louis-Philippe-Irman de Thy de Milly, ch$^{er}$ de l'Ordre de S$^t$-Jean de Jérusalem, se distingua, en 1832, lors du choléra, avec quelques hommes dévoués, au service des hôpitaux. Il sauva par ses soins et son courageux dévouement plusieurs officiers russes, déposés à l'hospice du Gros-Caillou, et reçut en récompense le cordon et la croix de

St-Wladimir. » — (Berzé, *Notes généal.*, mss. non coté.)

**1103.** — Alexandre de Milly de Thy, chev., sgr de Claveisolles et Thoiriat, mort en 1758, eut de son all. avec Christine de la Fage, baronne de Saint-Uriège, dix enfants, entre autres : Thomas, enseigne des vaisseaux du Roi, aide-major de la marine, marié, à La Martinique, à Suzanne Le Gal, dont Louis-Lézin, né à la Martinique en 1755, père de : 1º Adrien-Gustave, qui suit ; 2º Adolphe de Milly, gentilhomme de la Chambre de S. M. le Roi Charles X[1], officier de la Légion d'honneur, commandeur des Ordres du Christ de Portugal et de St-Stanislas de Russie, chevalier des Ordres de Charles III d'Espagne et de l'Étoile Polaire de Suède, conseiller général du dép. de la Seine, savant distingué, grand industriel, mort le 19 avril 1876, ayant épousé : 1º, en 1829, Clémence Clermont, dont : *a* Sophie, mariée en 1864 à Jules Bouis, chimiste, mort en 1886 ; *b* Lucie, mariée en 1865 à Édouard des Brières, ingénieur ; 2º en 1840, Amélie Bussy, dont : *c* Georges de Milly, capitaine au 7e chasseurs à cheval, tué en mai 1871 au siège de Paris ; *d* Blanche, morte jeune ; *e* Hen-

---

[1] A qui il eut l'honneur d'adresser une ode sur sa visite au camp de Châlons (1829).

riette, veuve du général de division Clinchant, gouverneur de Paris, gr.-off. de la Légion d'honneur.

Adrien-Gustave, comte de Milly, mourut, le 22 juin 1819, laissant de son alliance avec Marie-Pauline-Virginie-Henriette Landon (20 juin 1820) le comte Léon de Milly, vivant, au château de Canens (Landes), marié le 1er mars 1851 à Lucie Thierry, dont : 1º Henri, né le 19 janv. 1852 ; 2º Raoul, né le 11 fév. 1863, mort le 1er juillet 1865 ; 3º Lucien, né le 16 août 1869. — (*Arch. du chât. de Canens.*)

**1104.** 1815, 15 mai, Semur-en-Brionnais. — Contrat de mariage entre Louis de Thy, fils mineur d'Antoine-François de Thy de Milly, proprre, dem. à Pouilly-les-Nonains, dép. de la Loire, et de dame Louise-Marthe Catherine de Luzy de Couzan, — et demoiselle Marie-Eugénie Perrin de Précy, fille mineure de Pierre, proprre à Semur, et de dame Philiberte-Christine Dullyer. — (Berzé, cop. coll.)

**1105.** — Lettre de Monseigneur le Comte de Chambord à Mr Alphonse de Milly.

« 12 décembre 1845.

« Je vous dois bien des remercîments, Monsieur, pour l'envoi de votre Revue analytique et critique des romans contemporains. Au milieu de ce déluge de doctrines perverses dont la France est inondée, il est heureux que des voix éloquentes et chrétiennes s'élèvent pour signaler à la vigilance des pères de famille les écueils où la foi et la vertu de ce qu'ils ont de plus cher sont exposés, tous les jours, à venir se briser. Je vous félicite d'avoir entrepris, pour votre part, cette sainte et noble tâche. C'est un véritable service que vous rendez à la Religion et à la société.

« Croyez, Monsieur, à toute mon estime et à mon affection.

« HENRI. »

(*Monsieur le C*<sup>te</sup> *de Chambord, Corresp.*, 1871, p. 49.)

**1106.** 1870, 4 mai, Lyon. — Mariage de Louis-J.-B.-*Gabriel*, comte de Thy de Milly, avec Jeanne-Chantal-*Marguerite* Gérentet, fille d'Antoine et de Joséphine Michoud. — De cette alliance sont issus : 1° Joseph-Jacques-*Enguerrand*, né le 16 oct. 1872 ; 2° Pierre-Gaston-*Henri*, né le 23 fév. 1875 ; 3° Marie-Thérèse, née le 23 juin 1878. — (*État civil.*)

# INDEX DES SOURCES

# INDEX DES SOURCES [1]

Anjou (*Collection d'*) ; aux Mss. de la B. N.

ANSELME (le P.), *Hist. généal. de la Maison de France*, etc., 9 v. in-fol.

ARBOIS DE JUBAINVILLE (H. d'), *Hist. des ducs et comtes de Champagne*, 6 v. in-8.

*Assises de Jérusalem*, publ. par le C$^{te}$ Beugnot, 2 v. in-fol.

Barbeau (*Cartul. de l'abb. de*) ; ms. lat. 10943.

Beaupré (*Cartul. de l'abb. de*) ; ms. lat. 9973.

BEAUVILLÉ (V. de), *Documents inédits sur la Picardie*, 4 v. in-8.

BELLAGUET (L.), *Chroniq. du relig. de S. Denis*, 2 v. in-4.

BELLEVAL (M$^{is}$ René de), *Trésor généal. de la Picardie*, in-18.

---

[1] Les manuscrits latins ou français, dont le lieu de dépôt n'est pas spécifié, sont au département des Mss. de la Bibliothèque nationale.

Berzé-le-Châtel (*Chartrier du château de*), à M. le Comte Gabriel de Milly de Thy.

Beugnot (C$^{te}$), *Les Olim*, 4 v. in-4. Voy. *Assises de Jérusalem*.

BLANCHARD (F.), *Les Présidens à mortier au parl. de Paris*, 1647, in-fol.

Blancs-Manteaux (*Cartul. des*), ms. lat. 17109.

BOREL D'HAUTERIVE, *Annuaire de la Noblesse de France*, 1843-1887, 43 v. in-12.

BOUQUET (Dom), *Recueil des hist. des Gaules et de la France*, 23 v. in-fol.

Bourgogne (*Collection de*), aux Mss. de la B.N.

BOUTARIC (E.), *Actes du parlement de Paris*, 2 v. in-4.

BRÉQUIGNY, *Table chronol. des diplômes etc.*, 10 v. in-fol.

CARNANDET (J.), *Trésor des pièces rares et curieuses de la Champagne*, 1863, in-8.

CARPENTIER (J.), *Hist. de Cambrai et du Cambrésis*, 1664, in-8.

*Carrés d'Hozier* (Collection dite des), au Cab. des titres de la B. N.

*Catologue des actes des Comtes de Champagne*, par H. d'Arbois de Jubainville ; à la suite de son *Hist. des ducs*, etc.

Champagne (*Collection de*), aux Mss. de la B. N.

*Chartes de Croisade*, ms. lat. 17803.

Chérin (Collection), au Cab. des titres de la B. N.

Clairambault, *Titres scellés*; au Cab. des titres de la B. N.

Courson (C$^{te}$ Aur. de), *Cartul. de l'abb. de Redon*, in-4.

De Camps, *Nobiliaire Historique*, 8 v. in-fol.; au Mss. de la B. N.

Delaborde (H.-Fr.), *Chartes de Terre-Sainte*, 1880, in-8.

Delaville le Roulx (J.), *Archives de l'Ordre de S. Jean de Jérusalem*, 1883, in-8.

Delisle (Léopold), *Actes de Philippe-Auguste*.

Delley de Blancmesnil (C$^{te}$ de), *Les Salles des Croisades*, in-4.

Denais (J.), *Armorial de l'Anjou*, 3 v. in-8.

Du Cange, *Les familles d'outre-mer*, publ. par E.-G. Rey, in-4.

Du Chesne (André), *Hist. de la Maison de Chastillon*, in-fol.

— *Hist. Francorum Scriptores*, 3 v. in-fol.

— *Hist. de la Maison de Guines*, in-fol.

Du Fourny, *Gens d'armes de l'hostel du Roy*; B. N., Cab. des titres, 684, non pag.

Félibien (Dom), *Hist. de la ville de Paris*, 5 v. in-fol.

Foucarmont (*Cartul. de l'abb. de*), ms. lat. nouv. acq. 248.

Froidmont (*Cartul. de l'abb. de*), ms. lat. 11001.

Froissart, *Chroniq.*, éd. par Buchon, 4 v. in-4.

Gaignières, *Églises et Abbayes*, ms. lat. 17048.

— *Extraits de comptes*, ms. franç. 20684-85.

— *Extraits de titres et mém.*, ms. lat. 17129.

*Gallia Christiana*, 17 v. in-fol.

Goussencourt (le P. de), *Armorial des Croisades*, ms. franç. 23120-23121.

Guérard, *Cartul. de l'abb. de S. Père de Chartres*, 2 v. in-4.

— *Cartul. de N.-D. de Paris*, 4 v. in-4.

Hozier (d'), *Armoriaux et Généalogies*. B. N. Cab. des titres, 1079.

— *Fragmens Généalogiques*. Cab. des titres, 903.

Igny (*Cartul. de l'abb. d'*), ms. lat. 9904.

*Impôt du sang* (L'), par d'Hozier; publ. par L. Paris, 3 v. in-8 en 6 parties.

Lalore (l'abbé Ch.), *Collection des Cartulaires relatifs au dioc. de Troyes*, 6 v. in-8.

La Roque (G.-A. de), *Hist. de la Maison d'Harcourt*, 4 v. in-fol.

— *Traité du ban et de l'arr.-ban*; à la suite de son *Traité de la Noblesse*, in-4.

Loisel, *Mém. des pays de Beauvais et de Beauvaisis*, 1617, in-4.

Longnon (E.), *Vassaux de Champagne et de Brie*, in-8.

Longpont (*Cartul. du prieuré de N.-D. de*), Lyon, 1880, in-8.

Louvet (P.), *Antiq. du pays de Beauvoisis*, 2 v. in-8.

Mabile (E.), *Cartul. de l'abb. de Marmoutier pour le Dunois*, 1874, in-8.

Marmoutier (*Cartul. de l'abb. de*), B. N., ms. lat. 5441 [1-4].

Marsy (Cte A. de), *Fragments d'un cartul. de l'Ordre de S. Lazare de Jérusalem*; ap. t. II. des *Arch. de l'Orient Latin*.

Mas-Latrie (Cte L. de), *Hist. de Chypre*, 4 v. gr. in-8.

Merlet (Lucien) et Moutié, *Cartul. de l'abb. de N.-D. des Vaux de Cernay*, 2 v. in-4.

Michaud, *Biblioth. des croisades*, 2 v. in-8.

— *Hist. des croisades*, 1838, 4 v. in-8.

Mondonville (Mémoires de Laisné, prieur de), aux Mss. de la B. N.

Montierender (*Cartul. de l'abb. de*), Ms. lat. nouv. acq. 1251.

*Montres d'armes* (Collection dites des), aux Mss. de la B. N.

Moreau (*Collection*) : aux Mss. de la B. N.

Morice (Dom), *Preuves de l'hist. de Bretagne*, 2 v. in-fol.

Muller (Joseph), *Documenti sulle relazioni delle città Toscane coll'Oriente cristiano*. Florence, 1879, in-4.

Paris (L.) *Hist. de l'abb. d'Avenay*, 2 v. in-8.

Pauli (le P. Séb.), *Codice diplomatico dell'Ordine Gerosolimitano*, 2 v. in-fol. — Toutes les citations sont du tome I.

Peigné-Delacourt, *Hist. de l'abb. d'Ourscamp*, in-4.

Picardie (*Collection de*) ; aux Mss. de la B. N.

Pièces Originales (*Collection dite des*) ; au Cab. des titres de la B. N.

Poli (V$^{te}$ Oscar de), *Essai d'Introduction à l'Histoire Généalogique*, in-18.

— *Précis généalogique de la Maison de la Noüe*, in-18.

— *Robert Assire*, 1887, in-18.

— *Hist. généalogique des Courtin*, 1888, in-4.

Pontigny (*Cartul. de l'abb. de*). Ms. lat. 17049.

Quantin (M.) *Cartul. de l'Yonne*, 2 v. in-4.

*Quittances* (Collection dite des), aux Mss. de la B. N.

Ragut (*Cartul. de St-Vincent de Mâcon*, in-4.

Rey (E.-G.), *Colonies Franques de Syrie*, in-8. — Voy. Du Cange.

Roger (P.), *Noblesse et chevalerie de Flandre, Artois et Pic.*, gr. in-8.

— *La Noblesse de France aux Croisades*, gr. in-8.

Rosny (E. de la Gorgue de), *Recherches généalogiques*, 4 v. gr. in-8.

Rozière (E. de), *Cartul. du S. Sépulcre*, in-4.

Saint-Sépulcre (*Cartul. du*); Ms. lat. 10190.

*Sceaux*. Voy. Clairambault, *Titres scellés*.

Strehlke (Ern.), *Tabulæ Ordinis Theutonici*. Berlin, 1869, in-8.

# INDEX DES FAMILLES

## A

Abbeville, 158.
Abon, 294.
Achey, 14.
Achy, 85.
Aigueperse, 234.
Airion, 93.
Ambly, 168.
Amerval, 231.
Angerville, 14.
Aniort, 139, 141.
Arbois, 319.
Archiac, 201.
Armentières, 260.
Arquinvilliers, 218.

Artaise, 140.
Assigny, 14, 244, 270.
Aubigny, 180.
Aubusson. Voy. Feuillade (la).
Auchy, 222, 275.
Audrehem, 181, 186.
Aulnoy, 86, 103.
Aumarets, 199.
Auneuil, 137.
Auteuil, 122.
Auzouville, 233.
Avella, 177.

# B

Babute, 200.
Baigneux, 199.
Bailleul, 237.
Balagny, 232.
Bar, 215.
Barbanson, 192, 193.
Barjot, 246.
Barthélemy, 214, 261.
Barre (la), 231.
Barres (des), 176.
Barret, 146.
Basoches, 154.
Bastart, 264.
Bastier (le), 218, 230.
Baux, 11, 150, 174, 177.
Beaufort, 14.
Beaujeu, 174, 204, 210, 223.
Beaulieu, 177.
Beaumanoir, 205.
Beauvais, 199.
Beauvau, 302, 310.
Beauvillé, 319.
Bellaguet, 319.
Bellême, 43, 46.
Bellencourt, 235.

Belleval, 144, 319.
Belloy, 225, 275.
Bessan, 66, 67.
Béthisy, 186, 202, 227, 237.
Béthune, 67, 82, 121, 172.
Bettencourt, 212.
Bérenger, 264.
Berthelein, 275.
Berthellain, 203.
Berthelon, 296.
Berles, 247, 252.
Beugnot, 319, 320.
Bigny, 210, 215.
Bigue, 263.
Billy, 178.
Bizart, 241.
Blainville, 164, 169.
Blanchard, 320.
Blassel, 269.
Boëlier, 235.
Boffa, 173.
Bois (du), 171.
Boisgiroud, 209.
Boishuboud, 169.
Bonhomme, 233.

Bonnetain, 276, 280.
Bordeaux, 183.
Borel, 303, 305, 320.
Boucicault, 204, 212.
Boufflers, 266.
Bouillon, 5, 27.
Bouis, 313.
Boulogne, 161.
Bouquet, 320.
Bourbon, 104, 142, 203, 209, 210, 234, 248, 290, 292.
Bournonville, 265.
Boury, 202.
Boutaric, 320.
Bouteiller, 11, 92, 147, 156, 165, 197.
Boutron, 82.
Bouville, 168, 175, 181.
Boyer, 291, 292.
Brac, 286.
Brandebourg, 311, 312.
Braque, 194, 197.
Bray, 187.
Brazeux, 275.
Bréquigny, 320.
Breteuil, 56, 74, 97.
Breton (le), 227.

Brévillers, 225, 231.
Bricquebec, 14.
Bricqueville, 14.
Brienne, 41, 108, 112.
Brières, (des), 313.
Brimeu, 240.
Briois, 213.
Briot, 81.
Brisepot, 244.
Bristel, 203, 262, 265, 269.
Brocourt, 219.
Brosse, 286-291, 296, 311, 312.
Brosses, 299.
Broutin, 135.
Brucourt, 14.
Brulart, 274.
Brunswick, 273.
Brunvillers, 202, 224, 250.
Bruvillers, 231, 232.
Buffle (le), 28, 29, 64, 65, 67, 68, 71, 72-80, 82, 83, 86, 90, 91, 162, 196.
Buisson (du), 172.
Bulles, 7, 52-54, 58, 61, 63, 98, 206.
Burcy, 127.
Bussy, 313.

# C

Cadier, 200.
Caïeu, 182.
Cambray, 203.
Campremy, 194.
Cantiers, 238.
Carnandet, 320.
Carné, 281, 294.
Carpentier, 320.
Carré, 291.
Carrouges, 14.
Caurel (du), 257.
Cayeu, 183.
Cayphas, 83.
Celle (la), 311.
Cépoy, 180.
Césarée, 82.
Châlons, 149, 167.
Chambes, 286.
Chambly, 168.
Chamisso, 301.
Champeaux, 203.
Champluisant, 133.
Chanteloup, 253, 254.
Chantre (le), 172, 174.
Chanwla, 142.
Chappollier, 269.

Chardon, 223, 224.
Charreton, 263.
Charrier, 230.
Chastel (du), 176, 177.
Chastenet, 86.
Châteauneuf, 190.
Châteauporcien, 149, 155.
Châteauvillain, 161.
Châtillon, 68, 88, 106, 149, 155, 172, 258.
Châtre (la), 104.
Chaulieu, 55, 141.
Chaumont, 171.
Chavagnieux, 244, 248, 262, 278, 309.
Chenau, 236.
Chérin, 285, 287, 307, 321.
Chevallier, 261.
Chevenon, 210, 215.
Chevreuse, 144.
Chillac, 279.
Chobar, 102.
Choisel, 162.
Choiseul, 179, 180, 284, 295, 306.
Chonville, 142.

## INDEX DES FAMILLES

Chrestien, 126, 133.
Chuwla, 148.
Cigueil, 146.
Clabaut, 212.
Clairambault, 321.
Clément, 243.
Clerc (le), 221.
Clermont, 313.
Clermont-Tonnerre, 298.
Clinchamp, 14.
Clinchant, 314.
Clisson, 205.
Cobourg, 287.
Coigny, 291, 311.
Colombert, 282.
Colonges, 272, 276, 277, 309.
Comeau, 310.
Condé, 135, 227.
Conflans, 148.
Conty, 94, 112, 125, 132, 134, 200, 202, 238 - 240, 242, 243, 250, 253.

Coq (le), 175, 235.
Coquatrix, 174.
Cordova, 217.
Cormeilles, 122.
Cornu (le), 176.
Cornut (le), 203.
Cortambert, 287, 288.
Costel, 218.
Cotin, 131.
Coulours, 111.
Courbet, 191.
Couret, 33.
Courroy (du), 58.
Courson, 109, 321.
Courtenay, 67, 92, 172, 181, 270.
Cousances, 87.
Creil, 49.
Créqui, 222, 262, 263.
Crespin, 14.
Crest (du), 272.
Crèvecœur, 74, 185, 248.
Croy, 144, 178.

## D

Dainville, 201.
Damas, 287.
Damesme, 220.

Dampierre, 12, 171.
Damenois, 49.
Dargies, 131, 132, 134.

De Camps, 321.
Delaborde, 321.
Delaplace, 304.
Delaville le Roulx, 321.
Delisle, 321.
Delley, 321.
Denais, 321.
Deparis, 281.
Depoin, 32, 118, 188, 195-197, 219.
Desmazières, 32.
Dicy, 175.
Dodieu, 254.
Dodieux, 309.
Donquerre, 237, 242.

Dorel, 82.
Doucet, 279.
Dournel, 286.
Drach (du), 182, 185.
Dreux, 142.
Du Cange, 321.
Du Chesne, 321.
Dufour, 211.
Du Fourny, 322.
Dugué, 278, 285.
Dullyer, 314.
Dumont, 287.
Dupas, 210.
Durand, 290.
Duvierre, 252.

# E

Ebre, 69.
Entragues, 203.
Epernay, 49.
Epineuse, 220.
Erard, 261.
Escoffier, 225.
Espernon, 277.

Espiard, 311, 347.
Estampes, 54.
Estendard (l'), 11, 161, 167, 173, 177, 191-193, 196, 198, 201, 205, 217, 219, 223, 228.
Estrées, 178, 203, 257.

## F

Fabre, 140.
Fage (la), 287, 290, 303, 306, 310, 313.
Fantosme (le), 212.
Fauconnier (le), 77.
Faugère, 309.
Faugières, 237, 241.
Favre, 277.
Fay, 199.
Febvre (le), 263.
Ferrières, 306.
Feuillade (la), 277, 278.
Feuquières, 255.
Fèvre (le), 220, 264.
Fiennes, 172.
Fismes, 126.
Flandre, 11, 15, 27, 50, 66, 92, 128, 142, 172, 175.
Fleury, 69.
Fluy, 190, 192, 193.
Foix, 129, 245, 277.

Fontaine (la), 203, 272, 277.
Fontaines, 199, 200, 228.
Forbin, 281.
Forceville, 255.
Forme, 245, 254.
Fouchères, 62.
Fougère, 309.
Fougières, 234.
Fouilleuse, 193.
Foulognes, 14.
Four (du), 211.
Fournival, 63.
Fosseux, 198.
Français, (le), 28, 38, 65, 66, 67, 72-79, 88, 90, 91.
France, 69.
Frucourt, 194.
Frutay, 264.

## G

Gal (le), 313.
Galopin, 221.
Gamaches, 189, 193, 250.
Gand, 127.
Gargan, 203.
Garin, 234.
Garnier, 66, 67.
Gau, 309.
Gaucourt, 216.
Gavres, 112.
Gazeran, 124.
Géant (le), 41.
Geoffray, 280. Voy. Geoffroy.
Geoffroy, 244, 277, 278, 310. Voy. Geoffray.
Gerberoy, 70, 80, 102.
Gérentet, 315.
Gerfaut, 270.
Giblet, 67, 82.

Gibouin, 127.
Giverlay, 270.
Gouffier, 258, 306.
Goumans, 65.
Gorgue (la), 325.
Gournay, 104.
Goussencourt, 322.
Grand (le), 253.
Grandpré, 283.
Gras (le), 48.
Grasse, 302.
Greux, 5.
Grigny, 191.
Grin, 224.
Grivel, 311.
Gueldres, 172.
Guérenard, 241.
Guiche (la), 293.
Guillet, 264.
Guise, 268.

## H

Hallencourt, 275-276.
Hannaches, 44.

Hanecourt, 202.
Hanyn, 97.

Harcourt, 5.
Hautecourt, 183.
Hayes (des), 14.
Hébert, 242, 246.
Heilly, 249.
Hellande, 228, 229.
Helle (le), 194.
Helley, 195.
Hénencourt, 237.
Héron, 112, 213, 217.

Hiort-Lorenzen, 4, 32.
Hospital (l'), 182.
Houssoye (la), 69.
Houppin, 97, 274.
Hozier, 322.
Huchet, 237.
Humbercourt, 240.
Humières, 202.
Husson, 55, 56.

# I

Ibelin, 68, 74.
Isle (l'), 275, 276.

Isle-Adam (l'), 98.
Ivry, 49.

# J

Joinville, 112.

# L

Lalore, 323.
Lamartine, 290, 291.
Laplace, 304.

Lautrec, 245, 249.
Laval, 293.
Lengles, 236.

Leonde, 278.
Leschenault, 307.
Lesglantier, 208.
Lestendart, 11. Voy. Estendard (l').
Lèves, 108, 124, 159.
Lévis, 139, 141.
Liancourt, 311.
Lihus, 76, 178, 220, 222.
Limermont, 213.
Limésy, 14.
Lisle, 224, 275, 276.

Loisel, 323.
Lomellini, 228.
Longeville, 14.
Longnon, 323.
Lorme, 233.
Lorris, 11, 91, 92, 156.
Los, 108.
Louvet, 69, 323.
Lugny, 309.
Lusignan, 67.
Luzy, 307, 312, 314.

# M

Mabile, 323.
Magnac, 228.
Maillard, 14.
Mailly, 169, 223.
Mainville, 270.
Mairieux, 234.
Malegrappe, 175.
Malicorne, 146, 147.
Malinguehen, 279.
Mallet, 14.
Manneville, 14.
Mantes, 10, 40.
Marcellies, 219.
Maret, 299.

Marguerie, 187.
Marie, 304.
Marigny, 182.
Marisy, 258.
Marquis, 32.
Mars, 262, 263.
Martin, 269.
Marsy, 323.
Mas-Latrie, 323.
Masson, 311.
Mauchevalier, 194.
Maufras, 241.
Maupas, 214.
Mauvoisin, 59.

Mavilly, 211.
Mazille, 290, 309.
Mehun-sur-Yèvre, 101.
Meingre (le), 204, 212.
Mellein, 125. Voy. Merlein.
Mello, 89, 104.
Melun, 42.
Merlain, 136. Voy. Mellein.
Merlet, 58, 59, 323.
Merlier (du), 235.
Mesnil-Grand pré (du) 283.
Meulan, 187.
Michoud, 315.
Milias, 29, 232.
Mirebel, 189.
Mirenval, 186.
Monceaux, 69, 85, 91, 94-97, 107, 166, 189, 227.
Monstrelet, 221.
Montbéliard, 140.

Montberon, 270.
Montérollier, 228.
Monteynard, 299.
Montferrat, 110.
Montfort, 130, 172.
Montgermont, 148, 157.
Montigny, 102, 171.
Montils (des), 97.
Montjournal, 225, 234.
Montmorency, 57, 114.
Montmorillon, 308, 310.
Montmorin, 306.
Morel, 111.
Moreuil, 246, 265.
Morhier, 192.
Morvilliers, 115, 116.
Mouchy, 133.
Moutié, 323.
Moy, 46, 185.
Muxy, 188.

# N

Namur, 172.
Naturel, 277.

Nemours, 11, 91, 92, 111.
Nesle, 184, 186, 219.

## O

OEulliot, 265.
Omécourt, 208, 211.
Onzonville, 233.
Onjon, 107, 108.
Orelle, 272.
Orgemont, 171, 197.

Origny, 160.
Orival, 186.
Orreville, 150.
Ouarville, 109.
Oudeuil, 171.

## P

Pacy, 149, 155.
Papillon, 298.
Paris, 281, 322, 324.
Passac, 195.
Patin, 128.
Pennet, 291.
Pernes, 277.
Perrin, 307, 314.
Petit (le), 67.
Phelypeaux, 275, 298.
Picquigny, 144, 147, 188, 197, 232.
Piédefer, 246.
Pierrefonds, 44.
Pierrepertuse, 139.

Pilleronce, 195.
Pintart, 257.
Pipes, 191.
Pisseleu, 231, 238, 240.
Plancy, 67, 68.
Plantes (des), 239.
Plessis-Bellière (du), 280.
Ploymont, 199.
Poëllnitz, 301.
Poirier, 241.
Poitiers, 68.
Poix, 178.
Poli, 178, 188, 324.
Polin, 105, 107.
Poly, 112.

Ponceaux, 236.
Porte (la), 279, 309.
Postel, 206, 208, 211.
Pouilly, 268.
Poyet, 282.
Prahe (la), 236.
Préaux, 14, 164, 169.

Précy, 307, 314.
Presles, 91.
Pressy, 214.
Prestre (le), 224.
Prévost, 276.
Provins, 101.
Prully, 220.

## Q

Quantin, 325.
Quatresols, 357.
Quercize, 310.

Quesnes (des), 109, 208, 221, 250.
Quiéry, 122.

## R

Rabutin, 178.
Raguier, 207, 216, 218.
Ragut, 325.
Raimbaut, 273.
Rame, 66, 87.
Rameru, 38.
Rannes, 283, 284.
Reculet, 58.
Renneval, 194.
Rey, 325.
Richard, 179.

Rieu, 222.
Rieux, 236.
Rigoley, 280.
Rivière (la), 14.
Rochefoucauld (la), 259, 302.
Rochette (la), 174.
Rodney, 302.
Rohais, 66, 67.
Roissy, 171.
Roll, 287.

Rosenwert, 295.
Roserot, 32, 258.
Rosny, 325.
Rossellate, 254.
Rotangy, 58.
Roudillon, 252.
Rougemont, 171.

Roullin, 292.
Roussel, 267.
Rousset, 303.
Roye, 209.
Rozière, 325.
Rubempré, 191.
Rune, 233.

# S

Sabran, 295.
Sabrevois, 192.
Sains, 214.
Saint-Brice, 76, 77.
Sainte-Colombe, 209, 210, 216, 244.
Saint-Fuscien, 259.
Saint-Germain, 293, 300.
Saint-Gilles, 64.
Saint-Omer, 76, 118, 122.
Saint-Puits, 81.
Saint-Samson, 231, 232.
Saliguy, 179.
Salneuve, 218.
Salornay, 179.
Sancerre, 11, 92, 156, 165, 166, 169, 172, 181, 195.
Sarcus, 160, 240, 242, 249.

Sarrazin, 154, 220.
Satonnay, 178.
Saulnyer, 275.
Sauvage (le), 106, 121, 123.
Saveuse, 203, 259, 261, 267.
Savonnières, 48.
Saxe-Cobourg, 287.
Ségur, 188.
Seignelay, 97.
Selvein, 55.
Senlis, 11, 92, 147, 156, 165.
Servisac, 267, 278, 309.
Simony, 278.
Soirant, 229.
Soissons, 14, 260, 261.

Soisy, 183.
Sommereux, 80.
Sons, 208.
Souternon, 283.
Soyecourt, 189, 200, 203, 253, 256, 257, 267, 272.

Stendardo, 11, 161, 173, 177.
Strozzi, 262.
Sully, 11, 92, 156, 168, 180, 181.

# T

Tardif, 326.
Tartarin, 186.
Teil. Voyez Thil, Thy.
Tellier (le), 277, 282-284.
Teulet, 326.
Thierry, 313.
Thil, 21, 22, 204, 210, 216, 221, 223, 229, 244, 267-269. Voy. Thy.
Thoron, 66, 67, 68, 74, 93, 110.
Thourotte, 145.
Thoury, 203.
Thy, 21, 22, 30, 32, 170, 174, 225, 230, 234, 236, 238, 241, 244, 246, 247, 251, 253-255, 259, 262, 263, 270, 272, 276-289, 299, 301-315, 347.
Tillet (du), 277.
Tilloy, 184, 185, 188.
Tinseau, 311.
Tournelle (la), 74.
Tournemine, 160.
Touse, 165, 166.
Trécesson, 279, 281.
Tricot, 122.
Trie, 187, 201, 202, 209.
Tristan, 142, 155.
Tyrel, 134.

## U

Urcel, 41.   Ursins (des), 261, 265.

## V

Vaillant (le), 243, 245.
Vallette (la), 277.
Varey, 246, 251, 263.
Vassy, 43.
Vast (du), 43, 46.
Vaudémont, 259, 273.
Vendôme, 53, 236, 240, 244, 245, 271.
Veneur (le), 93.
Verchère, 289.
Verdun, 46.
Vergier (du), 254.
Vermes, 157.
Versailles, 38.
Vibil, 210.
Vichier, 153.
Vienne, 189, 220.

Vieuxmaisons, 167.
Vigneron, 247, 273.
Vigny, 260-262, 264, 266.
Villaines, 201, 204, 221.
Villards, 285.
Ville, 209.
Villebon, 159.
Villemontée, 260.
Villers, 202.
Villers-la-Faye, 303, 310, 347.
Villette, 166.
Villevieille, 261, 326.
Viret, 268.
Viry, 282, 284-286, 311.
Vivens, 283.
Voisins, 132.
Voves, 14, 270.

# W

Warluzel, 203, 260.
Warnier, 263.
Warty, 162, 168, 252.

Wurtemberg, 287, 293-297, 300, 301, 311, 312.

# ERRATA

N° 1100, *page* 308, *ligne* 5 : L'auteur de la lettre était mal renseigné : ce fut Philibert-Joseph lui-même, et non son fils, qui eut trois fils, Pierre-Louis, Antoine-Louis et Philippe-Louis.

N° 1102, *page* 310, *lignes* 8-9 : M¹¹ᵉ de Villers la Faye, épouse de Philibert-Joseph, comte de Thy de Milly, fut la mère et non la grand'mère de Pierre-Louis, Antoine-Louis et Philippe-Louis.

*Page* 311, *note* 1, *ligne* 1 : au lieu de « Espiart de Clamecy », lire « Espiard de Clamerey ».

# TABLE DES MATIÈRES

| | |
|---|---|
| INTRODUCTION. | |
| Etymologie | 1 |
| Origines | 4 |
| Armoiries | 7 |
| Milly du Gâtinais | 9 |
| Milly de Normandie | 13 |
| Milly de Flandre | 15 |
| Milly d'Anjou | 17 |
| Milly de Bourgogne | 18 |
| Milly de Champagne | 20 |
| Milly de Thil ou Thy | 21 |
| Services rendus à la Religion | 23 |
| Services Militaires | 25 |
| Croisés | 27 |
| Honneurs | 30 |
| INVENTAIRE DES TITRES | 35 |
| INDEX DES SOURCES | 317 |
| INDEX DES FAMILLES | 327 |
| ERRATA | 347 |
| TABLE DES MATIÈRES | 349 |

FIN DE LA TABLE

---

Imprimerie de DESTENAY, Saint-Amand (Cher).

www.ingramcontent.com/pod-product-compliance
Lightning Source LLC
Chambersburg PA
CBHW060601170426
43201CB00009B/850